双塔单索面超宽幅钢箱混合梁斜拉桥施工关键技术

汤 明 ◎ 主 编
张宝刚 李春宏 ◎ 副主编

人民交通出版社
北京

内 容 提 要

本书介绍了双塔单索面超宽幅钢箱混合梁斜拉桥施工关键技术,由武汉理工大学冯仲仁教授团队编写。本书主要内容包括:绪论、桩基施工技术、承台施工技术、引桥墩身施工技术、0号块和上下塔柱施工技术、现浇箱梁施工技术、钢箱梁施工技术、STC 钢桥面铺装施工技术、桥面系施工技术。全书涉及许多桥梁重要部位施工的关键技术和创新技术,可供同行学习和借鉴。

本书结合工程实际,内容详尽、图文并茂,可作为桥梁工程领域设计、施工技术人员和高校相关专业师生的参考用书。

图书在版编目(CIP)数据

双塔单索面超宽幅钢箱混合梁斜拉桥施工关键技术/汤明主编. —北京:人民交通出版社股份有限公司,2025.5. —ISBN 978-7-114-19810-6

Ⅰ.U448.25

中国国家版本馆 CIP 数据核字第 2024HT0886 号

Shuangta Dansuomian Chaokuanfu Gangxiang Hunheliang Xielaqiao Shigong Guanjian Jishu

书　　名:	双塔单索面超宽幅钢箱混合梁斜拉桥施工关键技术
著 作 者:	汤　明
策划编辑:	任雪莲
责任编辑:	李　敏
责任校对:	赵媛媛
责任印制:	张　凯
出版发行:	人民交通出版社
地　　址:	(100011)北京市朝阳区安定门外外馆斜街 3 号
网　　址:	http://www.ccpcl.com.cn
销售电话:	(010)85285911
总 经 销:	人民交通出版社发行部
经　　销:	各地新华书店
印　　刷:	北京建宏印刷有限公司
开　　本:	787×1092　1/16
印　　张:	13.75
字　　数:	306 千
版　　次:	2025 年 5 月　第 1 版
印　　次:	2025 年 5 月　第 1 次印刷
书　　号:	ISBN 978-7-114-19810-6
定　　价:	75.00 元

(有印刷、装订质量问题的图书,由本社负责调换)

PREFACE 前言

进入 21 世纪以来,中国桥梁建设快速发展、不断进步,在设计、施工等各方面都取得了显著的成就。广东省清远市北江四桥是一座双塔单索面超宽幅钢箱混合梁斜拉桥,将广东省省级职业教育示范基地和佛山—清远—从化高速公路(以下简称佛清从高速公路)紧密地联结起来,对北江两岸及新旧城之间的交通分流及疏导亦会起到巨大作用,对城区扩容提质、促进区域协调发展都具有重要的意义。

在建设过程中,本项目取得了多项技术创新成果,其中具有代表性的有:

(1)以北江四桥为工程项目背景,广东省公路管理局开展了 2017 年度科技项目计划"双塔单索面超宽幅钢箱混合梁斜拉桥关键技术研究";

(2)创新性地发明了一种用于桥梁的调高测力球形支座,并取得发明专利和实用新型专利各一项。

本书编者围绕北江四桥建设过程中的关键施工技术,对施工中遇到的难点与解决措施进行了分析总结,形成了系统的施工技术专著。本书各章具体内容如下:

第 1 章为绪论,对本工程概况和地质环境条件进行介绍。

第 2 章介绍了在工程项目段的特大桥梁桩基础施工中,针对桥址处地质岩溶发育等施工难题,采用在桩基施工前进行溶洞预处理,根据不同的溶洞条件采用不同的预处理方式。通过对岸上溶洞桩半旋挖半冲击的施工,为溶洞桩基施工采用旋挖钻提供了宝贵的施工经验,保证了施工的正常进行。

第 3 章对主墩、边墩、引桥的承台施工技术进行阐述,主要包括承台模板的设计、承台大体积混凝土温控措施等,为今后大体积承台施工设计以及温度裂缝的控制提供了工程实例。

第 4 章介绍了引桥墩身施工技术,从脚手架设计、钢筋的制作安装、模板的制作安装、混凝土施工、支座安装到脚手架的拆除,完整地呈现了整个墩身的施工流程。同时,针对墩身的模板采用有限元进行了分析计算,确保了设计的合理性与安全性。

第5章介绍了0号块和上下塔柱的施工技术,其中在0号块的施工过程中利用自制的滑轨吊架安装系统解决了主墩支座质量过大无法顺利安装的问题。

第6章、第7章主要介绍了现浇箱梁和钢箱梁的施工技术。其中详细介绍了现浇箱梁的预应力施工采用智能张拉系统取代传统张拉技术。钢箱梁施工中主要介绍了建设过程中取得的一些经验,如钢箱梁预抬高度控制、交叉作业控制等。

第8章、第9章主要介绍了STC钢桥面铺装、桥面系施工技术。其中钢箱梁采用铺设STC(超高韧性混凝土)和SMA-10(改性沥青玛琋脂)的方案,大幅提高了桥面的刚度,改善了钢桥面和铺装层的应力应变幅值和局部竖向变形,解决和改善了传统钢箱梁桥桥面铺装易破损和钢箱梁自身钢结构的疲劳开裂问题。

本书依托实际工程项目,内容全面,在撰写过程中收集了施工过程中大量原始资料,是科学研究和工程实践相结合的成功实践,对广大桥梁科技工作者、高校师生及工程技术人员都具有实用价值。

由于编者水平有限,加之桥梁工程技术的发展日新月异,书中难免存在错误和不妥之处,请读者批评指正。

编　者

2025年1月

CONTENTS 目录

1 绪论 ······ 001
   1.1 工程概况 ······ 001
   1.2 地质环境条件 ······ 002

2 桩基施工技术 ······ 004
   2.1 桩基工程概况 ······ 004
   2.2 桩基施工方案简介 ······ 004
   2.3 桩基施工准备 ······ 006
   2.4 桩基施工工艺 ······ 008
   2.5 施工控制措施 ······ 021
   2.6 桩基施工亮点及改进措施 ······ 024

3 承台施工技术 ······ 026
   3.1 概述 ······ 026
   3.2 承台施工工艺 ······ 027
   3.3 承台温控措施 ······ 043

4 引桥墩身施工技术 ······ 045
   4.1 概述 ······ 045
   4.2 墩身施工工艺 ······ 046
   4.3 支座垫石施工及支座安装 ······ 053
   4.4 脚手架的拆除 ······ 054
   4.5 质量通病主要原因及防治措施 ······ 055

  4.6 墩身模板计算 ･･･ 056

5 0号块和上下塔柱施工技术 ･･ 062

  5.1 0号块施工技术 ･･ 062

  5.2 上塔柱施工技术 ･･ 076

  5.3 下塔柱施工技术 ･･ 086

6 现浇箱梁施工技术 ･･･ 108

  6.1 工程概况 ･･ 108

  6.2 箱梁施工流程和施工工艺 ･･ 112

  6.3 辅助设施施工 ･･ 115

  6.4 模板施工 ･･ 124

  6.5 钢筋施工 ･･ 126

  6.6 混凝土施工 ･･ 128

  6.7 预应力工程施工 ･･ 130

7 钢箱梁施工技术 ･･･ 134

  7.1 钢箱梁概述 ･･ 134

  7.2 施工方案简介 ･･ 135

  7.3 钢箱梁吊装施工工艺 ･･ 136

  7.4 经验总结 ･･ 157

8 STC钢桥面铺装施工技术 ･･ 159

  8.1 工程概况 ･･ 159

  8.2 桥面铺装结构形式 ･･ 160

  8.3 施工准备 ･･ 160

  8.4 总体施工部署 ･･ 162

  8.5 钢桥面铺装各环节施工工艺 ･･ 167

  8.6 现场施工组织重难点保障措施 ･･ 182

  8.7 特殊气候条件下施工应急处理 ･･ 184

  8.8 钢-STC桥面施工总结 ･･･ 186

9 桥面系施工技术 · · · · · · 187

9.1 工程简介 · · · · · · 187
9.2 防撞护栏 · · · · · · 188
9.3 人行(非机动车)道 · · · · · · 192
9.4 混凝土预制板 · · · · · · 194
9.5 桥面排水 · · · · · · 197
9.6 钢护栏及花槽 · · · · · · 200
9.7 伸缩装置 · · · · · · 203
9.8 保障措施 · · · · · · 205

参考文献 · · · · · · 210

1 绪论

1.1 工程概况

广东省清远市北江四桥(图1.1-1)是城市主干道清晖路跨越北江的一座特大桥,位于凤城大桥和伦洲大桥之间,距两座桥均为2.2km,地理位置十分重要,是清远市区新的城市景观中轴线。北江四桥建成后,将广东省省级职业教育示范基地和佛清从高速公路紧密地连接起来,对北江两岸及新旧城之间的交通分流及疏导起到巨大作用,对城区扩容提质、促进区域协调发展都具有重要意义。相应项目的实施对清远市实施"桥头堡"战略,建设"两区两城",融入"珠三角"具有重要的先行作用。

图1.1-1 北江四桥

本项目采用"政府与社会资本合作(Public-Private Partnership,PPP)模式"运作实施。具体运作方式为:由社会资本方负责项目设计(就本项目而言,指优化设计建议)、投融资、建设,在项目交工验收后移交政府,政府方再委托社会资本方在一定期限内负责本项目的运营维护,政府方在约定的期限内支付可用性服务费和运营绩效服务费。

北江四桥采用一级公路兼城市主干道的技术标准,设计速度为60km/h,起讫桩号K1+760.00~K3+632.262,总长1872.262m(其中桥梁长1512m,引道长约360m),采用Ⅲ级航道标准,全桥跨径布置为100m+218m+100m,采用双塔单索面斜拉桥。桥梁段采用主车道双向六车道对称布置(带人行道),标准段桥宽43.0m(含绿化带)。

1.2 地质环境条件

1.2.1 地形地貌

清远市位于广东省中部,居南岭山脉与山前冲积平原的交界处,地势呈西北向东南倾斜之势,西北部为山区,南部为平原及丘陵,北江从北部入境向西南流,沿岸多为冲积平原。

北江四桥位于北江中下游、飞来峡水利枢纽下游约27km处。桥位处江面开阔,河床底高程一般为1.16~9.46m,两岸河流阶地地面高程为13.80~20.10m。北岸多为民居、农田和经济作物种植地,南岸为已建楼盘。

据野外钻探资料,场区上覆地层为第四系全新统人工填土层(Q_4^{ml}),第四系全新统河流相冲积层(Q_4^{al})、残积层(Q_4^{el}),基岩主要为泥盆系帽子峰组(DCm)泥质粉砂岩、天子岭组(D_3t)石灰岩。

根据《建筑抗震设计规范(2016年版)》(GB 50011—2010),场区抗震设防烈度为Ⅵ度,设计基本地震加速度值为$0.05g$,设计地震分组为第一组。

1.2.2 气象水文

清远市气候属于亚热带季风气候,降雨量充足、气候宜人、日照时间长、无霜期长。主要气候特点:热量丰富,气候适宜,年均气温差不大,在18.4~21.7℃之间,1月份平均气温最低,为9.0~12.8℃,7月份平均气温最高,为26.8~28.9℃;雨量充沛,暴雨频繁,年降雨量在1628.5~2202.1mm之间,主要集中在4~9月的汛期,全市年平均暴雨日为7天左右,是广东省暴雨多发区之一;气象灾害种类多,主要气象灾害有暴雨洪涝、台风、强对流(冰雹、雷雨及龙卷风)、干旱、低温阴雨、寒露风、寒潮等,其中以暴雨洪涝灾害较突出。

1.2.3 不良地质

控制本区的断裂主要为清远—安流断裂,断裂总体呈近东西走向。该断裂形成于古生代,燕山期活动最强烈,近代仍有活动。地质详勘显示,地质基岩均为石灰岩,岩溶发育,从揭露的溶洞分布情况可发现以下规律:

本次钻探遇石灰岩的16个钻孔中有13个遇到溶洞,见洞率81.25%。

溶洞呈多层、串珠状分布,洞顶埋深18.5~72m。溶洞高度一般为0.2~12.2m,其中洞高<1m的占35.42%,介于1~3m的占41.67%,洞高≥3m的占22.91%。

溶洞主要为全填充或无填充,少量为半填充,填充物主要为软塑—可塑状粉质黏土,钻进时多发生微漏水—全漏水现象。

钻孔揭露洞顶石灰岩多呈微风化状,可见不同程度溶蚀现象,顶板厚度一般为0.4~12.2m。其中顶板厚度≤1m的占33.33%,顶板厚度1~3m占43.75%,顶板厚度≥3.0m的占22.92%。

1.2.4　航运交通

主桥横跨北江内河航道(Ⅲ级航道),往来船只较多,以货船、抽沙船为主。项目开工后,南北两岸的材料及混凝土运输主要通过已建成的伦洲大桥(距离桥位下游2.2km),人员往来以交通船为主。

2 桩基施工技术

2.1 桩基工程概况

全桥桩基共计164根。主墩下设16根φ2.2m嵌岩桩,共32根,桩基持力层为微风化石灰岩;过渡墩下设4根φ2.2m嵌岩桩,共16根,持力层为微风化石灰岩;引桥采用花瓶板墩配双桩基础,桩径φ2.5m的共有44根、φ2.2m的共有8根、φ1.6m的共有52根;桥台采用6根φ1.6m灌注桩,共12根。

现有地质详勘及地质超前钻显示:地质基岩均为石灰岩,覆盖层为素填土、中粗砂、卵石质砂砾层,水中部分岩溶较发育,南岸引桥22~28号墩段基本无溶洞,29~31号墩部分存在溶洞,北岸引桥0~6号墩段基本无溶洞。

2.2 桩基施工方案简介

水中桩基地质溶岩较发育,采用冲击钻进行桩基施工。南岸引桥岸上部分两侧均为城市楼房,北岸引桥岸上部分穿过村庄,为避免桩基施工过程噪声扰民,考虑岸上引桥(0~9号墩、22~31号墩)采用旋挖钻进行桩基施工,减少桩基施工过程中对周边居民和建筑物的影响。

0~9号墩、22~31号墩共有桩基84根,其中0号、31号墩为桥台,每个桥台6根桩,其余墩均为4根桩。根据详勘及超前钻地质资料,如果溶洞高度大于2m且无填充,则按照溶洞内压浆处理方案处理后再采用旋挖钻进行桩基施工(对于特大溶洞,溶洞预处理后,采用旋挖钻施工覆盖层,冲击钻施工岩层),溶洞高度小于2m或全填充溶洞则直接采用旋挖钻进行桩基施工。旋挖钻施工工艺流程及施工过程示意图如图2.2-1、图2.2-2所示。

2 桩基施工技术

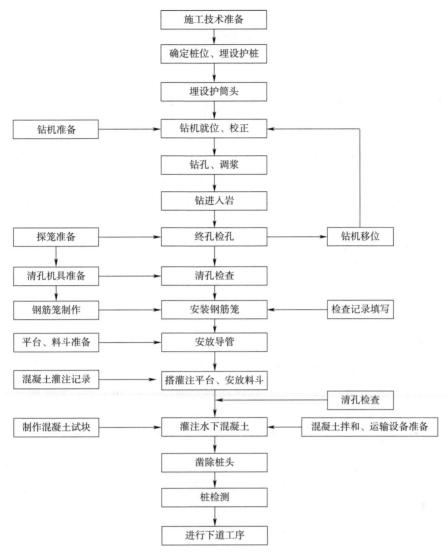

图 2.2-1 旋挖钻施工工艺流程图

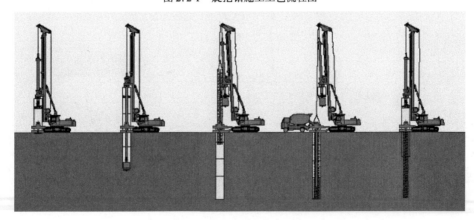

图 2.2-2 旋挖钻施工过程示意图

2.3 桩基施工准备

施工准备工作主要有水中栈桥及平台搭设、测量控制网建立及桩基础放样、门式起重机安装及调试、钢护筒制作与下放，以及水、电设施布置等工作。

1）水中栈桥搭设

在桥位的两岸河堤边分别向河中主墩位处施工点搭设栈桥，满足水中墩基础、塔墩身及上部结构施工的交通、运输需要。本桥共搭设两段水中钢栈桥，其中北岸侧栈桥长327m，南岸侧栈桥长297m。钢栈桥设计交通荷载为公路—Ⅱ级；桥宽6m，单向通行；标准跨径为15m。结构形式：基础由钢管桩和横联组成，主承重梁为贝雷桁架梁，桥面系由28号槽钢或I12.6工字钢、花纹钢板、栏杆等附属结构组成。栈桥实体结构形式如图2.3-1所示。

2）水中平台搭设

本桥的10～15号墩、16～21号墩位于水中，均需搭设平台，满足水中墩的桩基、承台、下部结构及上部结构施工时的材料堆放、车辆行驶和设备作业需要。平台两侧分别设置有检修通道和人行通道。为避免受船撞击，平台江、岸两侧设置有靠船桩。

15号、16号墩为主墩，桩基施工平台设计长60m、宽26.5m，每个平台配置一台跨径22.5m的60t门式起重机。14号、17号墩为边墩，桩基施工平台设计长51m、宽22m，其余水中引桥墩平台设计长48m、宽16m，采用50t履带式起重机配合施工。所有水中平台顶面设计高程为17.0m。平台分为行车区、桩基钻孔区及材料堆放区三大区域。行车区及材料堆放区上部为简支贝雷梁上搭设2I25a工字钢分配梁与I12.6工字钢、花纹钢板的面板结构，下部为钢管打入桩和钢管横联结构；桩基钻孔区上部为贝雷梁上铺设2I45a工字钢承重梁及2I36a工字钢冲击轨道梁，下部为钢管打入桩和钢管横联结构。栈桥平台整体施工图如图2.3-2所示。

图2.3-1　栈桥实体结构形式图

图2.3-2　栈桥平台整体施工图

3）测量控制网建立及桩基础放样

平面坐标采用 1980 年西安坐标系；高程采用 1985 国家高程基准。在设计单位提交的平面及高程控制网成果的基础上，结合现场施工的需要对控制网进行加密，建立桩基施工的测量控制网。

桩基础放线采用全站仪，用坐标法放出各桩的平面位置，实地标出各桩定位标志，并做好护桩，用于钻孔；采用普通等外水准测量控制桩基高程。桩基施工过程精度控制要求为：

(1) 桩的中心位置：偏差不得大于 10cm。

(2) 孔径：不小于设计桩径。

(3) 倾斜度：钻孔 <1/100。

(4) 孔深：摩擦桩不小于设计规范值。

4）门式起重机安装及调试

北江四桥主墩 15 号、16 号墩配置两台 60t 门式起重机进行起吊作业。门式起重机选择专业厂家进行设计、加工、安装及调试，报验合格后方可投入使用，并做好使用期间的检查、保养工作。门式起重机实体结构如图 2.3-3 所示。

图 2.3-3　门式起重机实体结构图

5）钢护筒制作与下放

(1) 主墩：钢护筒内径 ϕ250cm，壁厚 25mm；钢护筒平均长度 11m，分 2 节制作，节段组合为 14m+8m。

(2) 过渡墩：钢护筒内径 ϕ250cm，壁厚 12mm；钢护筒平均长度 12m，分 2 节制作，节段组合为 12m+12m。

(3) 水中引桥墩：钢护筒内径 ϕ280cm，壁厚 12mm；钢护筒平均长度 12m，分 2 节制作，节段组合为 12m+12m。

(4) 岸上引桥墩：岸上引桥墩仅埋设 3m 临时钢护筒头，壁厚 12mm。

钢护筒在现场加工制作,护筒底节刃脚处进行局部加强,然后由平板车转运至施工现场进行下放。

6)水、电设施布置

各墩在墩位利用水泵直接抽取北江河水以满足施工用水需要。离水源较远的墩可利用水箱贮水。施工用电从已报装的变压器上,通过电缆、配电箱、开关箱引入。

2.4 桩基施工工艺

2.4.1 桩基施工布置

对于北江四桥桩基施工,主桥、水中引桥通过搭设钢栈桥和钢平台进行施工,岸上引桥场地平整后可直接施工。桩基施工在所设置的钢护筒中进行。钢护筒在加工场完成加工制作,长度大的钢护筒采用分节制作、分节安装的方式。钢护筒采用汽车运输至施工现场。

由冲击钻完成桩基成孔施工时,主墩配置6台冲击钻,16根桩基3个循环内完成,采用60t门式起重机配合施工;边墩各配置2台冲击钻,8根桩基4个循环内完成,采用50t履带式起重机配合施工。桩基施工前,需先对存在溶洞的桩基进行超前钻和预处理,主墩增加桩孔CT扫描。

南北两岸各4个水中引桥平台,每个平台4根桩,共16根桩。每边配置4台冲击钻,4个循环内完成。南北岸上桩基共80根,各配置6台冲击钻,其中北岸配置1台旋挖钻,北岸部分桩基无溶洞。

钢筋笼在钢筋加工场完成加工制作,采用分节接长的方式在桩孔内完成下放安装,钢筋笼利用汽车分节运送至施工现场,主墩吊装采用门式起重机,边墩及引桥墩采用履带式起重机。桩基混凝土由拌和站完成拌制,通过混凝土运输车运送至浇筑现场,由混凝土泵车将混凝土输送至桩位处。桩基混凝土采用水下混凝土浇筑方法完成浇筑。

2.4.2 溶洞预处理

1)溶洞产生的危害

本工程水中全部桩基及岸上部分桩基溶洞比较发育,在进行桩基施工前,编制了详细的溶洞预处理方案,并严格按照方案执行,杜绝了因溶洞漏浆而产生的危害。在溶洞区进行桩基施工,如果提前处理不到位,容易产生以下危害:

(1)卡锤。卡锤的主要原因是对溶洞的分布情况不明确,在冲到离溶洞顶板很近时采用高落程冲击,使锤头冲破溶洞顶板岩石,锤头倾斜,卡在溶洞顶板位置。

(2)斜孔、偏孔。穿越溶洞时,对洞顶和洞底岩层倾斜、岩层厚度不均、基岩面陡倾不平整的溶洞进行冲孔施工时,容易产生斜孔、偏孔。

(3)塌孔。遇溶洞、溶穴、溶槽,孔内水头突然损失,覆盖层失稳容易造成塌孔。塌孔常引起冲击钻倾翻,主要原因是桩位处的地面强度弱,当孔内发生局部塌壁时,引起地面塌陷,造成冲击钻倾翻。

遇到较大的土洞、空溶洞或连体薄层深洞时,处理不当很容易出现大面积垮塌现象。

(4)漏浆。发生漏浆的主要原因:一是冲孔通过与地下水暗流相连的强透水性地层,砾石间空隙和孤石较多,孔壁不密实;二是遇到未填充的溶洞、溶穴、溶槽等,施工到溶洞或裂隙处,由于溶洞或裂隙往往具有连通性,泥浆会顺着溶洞或裂隙的空隙大量流失,表现为孔内水头突然下降。如果是溶孔或大裂隙,孔内泥浆迅速漏光,易造成施工事故。

(5)埋钻。埋钻也有两种情况:一是沉渣埋钻,二是塌孔埋钻。钻头长时间停留在孔底造成沉渣埋钻;施工中发现漏浆应立即将冲击钻提至孔外,如果未及时提钻,漏浆后塌孔,钻头就会被埋在孔中,造成塌孔埋钻。

溶洞桩基施工过程中一旦出现上述意外情况,将给施工带来巨大的安全、质量、进度隐患。根据以往溶洞区桩基施工经验,溶洞桩基因方法不当,溶洞反复处理的工期可长达一年。

为了消除溶洞桩基施工中的安全、质量、进度隐患,保证全桥的总体工期计划,使得施工能够安全、顺利进行,要求桩基施工一次成型。结合同类型溶洞处理的成功案例,针对本工程地质情况制订该桥的桩基溶洞处理方案。

2)溶洞预处理总体施工工艺简介

为进一步查明溶洞大小、填充及渗水情况,为溶洞处理提供依据,根据设计要求,桩基施工前先进行超前钻施工,主桥超前钻完成后增加 CT 扫描。根据不同施工环境,全桥溶洞桩基分水中桩基、北江河堤两侧桩基和重要结构物周边桩基三种形式,并对不同环境的桩基采用不同的处理方法。

(1)超前钻施工。

本次超前钻工作在详勘的基础上,进一步摸清地质情况,严格按设计单位要求进行。每根桩的钻孔数量为 1~3 个,全桥共布置 386 个孔。

超前钻的终孔原则:一般情况按连续完整基岩厚度不小于 $5d$(d 为桩径,下同);探孔深度超过高程 $-75m$ 时,可按连续完整基岩厚度不小于 $4d$ 控制;如探孔深度超过 $-75m$,连续完整基岩厚度仍小于 $4d$ 或在 $-70m$ 以下仍存在溶洞,须及时将地质资料报给设计单位,由设计单位计算后确定是否需要继续加深。16 号主墩超前钻孔位布置图如图 2.4-1 所示。

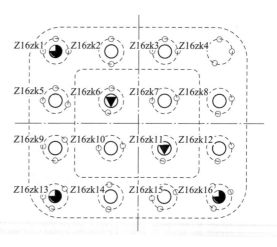

图 2.4-1　16 号主墩超前钻孔位布置图

(2)CT扫描。

通过CT扫描将不同断面的桩基地质情况准确地反映出来,可以更清晰地了解溶洞情况。本工程部分CT扫描的断面形式及成果如图2.4-2～图2.4-5所示。

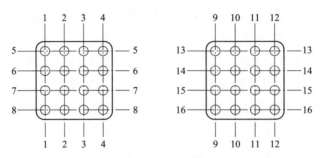

图2.4-2 主墩CT扫描断面图

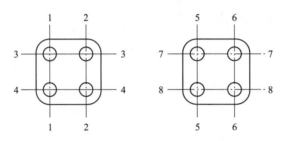

图2.4-3 边墩CT扫描断面图

图2.4-4 引桥墩CT扫描断面图

(3)不同环境桩基的处理方法。

①水中桩基。

根据详勘资料,10号~21号墩的桩基均存在溶洞(主桥桥位处溶洞发育)。为确保水上施工平台安全,降低桩基施工风险,所有水中施工平台的支撑桩均采用覆盖层静压注浆。水中桩基溶洞处理采用覆盖层注浆(静压或帷幕注浆)、溶洞内压浆固结、充填封闭、溶洞内灌注混凝土、钢护筒跟进等方法,具体见表2.4-1。

②北江河堤两侧桩基。

7号、8号墩桩基础在北江北岸河堤两侧,21号、22号墩桩基础在北江南岸河堤两侧。覆盖层以粗砂、卵石层为主,且有堤坝车辆行走引起的震动与侧压力的影响,在施工中若出现突然漏浆等突发事件,极易造成孔壁不稳,引起塌孔、埋钻等事故。若河堤两侧溶洞连通,一旦桩基施工出现意外,甚至可能影响到河堤安全。为安全起见,河堤两侧的桩基均采用覆盖层注浆、溶洞内压浆固结、溶洞内灌注混凝土、充填封闭的方法进行处理,具体见表2.4-2。

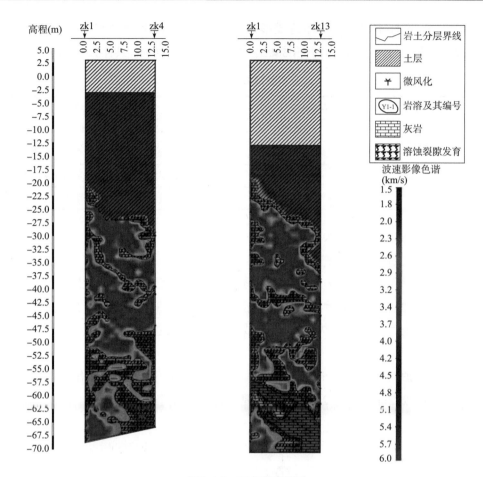

图 2.4-5 CT 扫描成果图

分类处理方法表（一） 表 2.4-1

溶洞类别	溶洞高度 h(m)	处理措施
半填充及无填充溶洞	≤10	覆盖层注浆＋溶洞内灌注混凝土＋充填封闭
	>10	覆盖层注浆＋钢护筒跟进＋充填封闭
全填充溶洞	≤10	覆盖层注浆＋溶洞内压浆固结＋充填封闭
	>10	覆盖层注浆＋钢护筒跟进＋充填封闭

分类处理方法表（二） 表 2.4-2

溶洞类别	溶洞高度	处理措施
半填充及无填充溶洞	所有溶洞	覆盖层注浆＋溶洞内灌注混凝土＋充填封闭
全填充溶洞	所有溶洞	覆盖层注浆＋溶洞内压浆固结＋充填封闭

③重要结构物周边桩基。

0 号～6 号墩位于北岸村庄内，周边民房林立；24 号～31 号墩位于两个大型楼盘之间。

为确保施工安全,保证不对周边房屋造成影响,这些墩位处的溶洞处理采用覆盖层注浆、溶洞内压浆固结、充填封闭、溶洞内灌注混凝土、钢护筒跟进等方法,具体见表2.4-3。

分类处理方法表(三) 表2.4-3

溶洞类别	溶洞高度 h(m)	处理措施
半填充及无填充溶洞	≤10	覆盖层注浆+溶洞内灌注混凝土+充填封闭
	>10	覆盖层注浆+钢护筒跟进+充填封闭
全填充溶洞	≤10	覆盖层注浆+溶洞内压浆固结+充填封闭
	>10	覆盖层注浆+钢护筒跟进+充填封闭

3)溶洞预处理具体施工方法

(1)覆盖层静压注浆。

覆盖层静压注浆采用套管法自下而上分段注浆,压浆范围为岩面以上整个覆盖层。一般覆盖层地层注浆配合比先稀后浓,水灰比先采用1:1,再采用0.8:1,最后采用0.6:1;若地层漏水严重,则直接采用水灰比0.8:1或0.6:1进行注浆。

①布孔。

1.6m桩基在护筒外侧30~50cm圆周上均匀布置6个孔,单孔压浆作用范围为1.5m,如图2.4-6所示。2.2m桩基与2.5m桩基都是均匀布置8个孔。

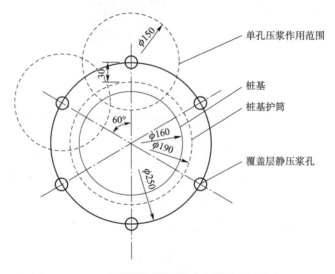

图2.4-6 1.6m桩基覆盖层静压注浆布孔图(尺寸单位:cm)

②施工参数。

水泥:42.5级;水灰比:1:1~0.6:1;外掺剂:水泥用量5%~7%的$CaCl_2$作为速凝早强剂;注浆压力:0.5~1.5MPa。

当注浆压力上升至1.5MPa,地层吸浆量较小(5~10L/min)时,可停止注浆;当注浆压力明显下降时,需换高一等级水灰比进行注浆,注浆量累计达3.5m^3/m时可停止注浆。

(2)溶洞内压浆固结。

利用钻机把安装在注浆管底部侧面的特殊喷嘴(单喷嘴)置入土层设计预定深度后,利用高压泥浆泵把浆液以15~25MPa的高压从喷嘴中喷射出去,形成高压喷射流,冲击破坏岩土体,同时借助注浆管的旋转和提升,使浆液与从土体崩落(切割)下来的土粒、砂粒搅拌混合,经凝固后,便在岩土体中形成水泥、砂、土体混合的一定强度的固结体。

①布孔。

桩基护筒内壁厚30cm,沿护筒均匀布置3个孔。

②施工参数。

施工泵压力为15~25MPa;流量为60~70L/min;提升速度为5~10cm/min;旋转速度为5~10r/min;反复喷射2~3次。喷射段为洞顶上延1m,洞底下延1m。

高压旋喷水泥浆材料采用32.5R水泥,水灰比为0.8∶1~1.0∶1。

(3)溶洞内灌注混凝土。

①布孔。

沿桩基护筒内壁30cm范围内以桩中心对称布置3个孔作为灌浆孔,在灌浆时先灌注单个孔压砂浆或小石子混凝土,另外的孔用于排水、排气、返渣、检验,灌注完第1个孔后,再利用另外的孔补灌,如图2.4-7所示。

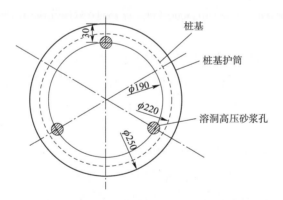

图2.4-7 溶洞内灌注混凝土布孔图(尺寸单位:cm)

②施工参数。

溶洞灌注的混凝土采用32.5R水泥、中(粗)砂、小碎石及清水配制,应保证其流动性,以利泵送。混凝土强度等级为C20,以试验室试配确定,或参照以往灌浆M20砂浆配合比(具有CMA资格试验室配制),每立方米砂浆材料用量为:水泥∶中粗砂∶水=480kg∶1200kg∶348.8kg。

符合以下任一条件可终止灌浆:a.灌浆压力控制:灌浆孔泵送压力为10~15MPa,达15MPa时续灌10min可终止;b.吃浆量控制:灌浆孔泵送压力为10~15MPa,吃浆量不大于0.05m³/min时续灌10min可终止。

(4)钢护筒跟进。

最内层钢护筒的内径 $D = d + 30\text{cm}$（d 为设计桩径），第二层钢护筒的内径为 $D' = d + 50\text{cm}$，依此类推。长度 $L = h + 30\text{cm}$（h 为平台面至溶洞底的高度）。钢护筒壁厚 $\delta = 25\text{mm}$，在钢结构加工场用卷板机集中卷制加工制作，每节制作长度为 $7.5 \sim 9.0\text{m}$。

本工程内置钢护筒主要是防止贯通溶洞时漏浆而造成孔壁塌孔，通过内置护筒的作用，即可顺利穿越溶洞至设计桩底高程，达到顺利终孔的要求。同时避免无法灌注至设计桩顶高程等情况。

正常冲进至溶洞上方约 1m 处，采用浮式起重机、振动锤，先将内钢护筒分节打入土层至岩面，再进行冲进成孔。同时采用水平尺严格控制好各节护筒连接的垂直度，不得超过施工规范要求的 1/200，力求钢护筒垂直入土。

2.4.3 桩基成孔工艺

1）总体布置

当桩基成孔采用冲击钻时，利用大吨位冲锤进行。冲击钻采用高压泥浆泵将泥浆压入孔底，利用泥浆悬浮钻渣至孔顶，使之流出孔外。对于钻渣，大颗粒冲渣通过所设滤网被排出，泥沙通过泥浆处理器清除、排出。在冲孔过程中以及在浇筑桩基混凝土过程中的多余冲渣和泥浆则由泥浆车运至岸上，经泥浆处理器（带式泥浆压滤机）处理后集中堆放，再进行外运处理。

在桩位处，根据桩基直径先埋设对应桩基护筒，钻机就位后，调整钻杆垂直度，对准桩位坐标即开孔，采用桩径大小钻头开钻，采用泥浆护壁，钻至岩面后，如进尺顺利，则直接采用桩径大小钻头钻至桩底；如遇坚硬岩层，则考虑分两阶段进行，先采用小钻头钻进，再采用桩径大小钻头扩孔，直至挖至桩底高程。

当采用旋挖钻成孔时，钻头下降到预定深度后，旋转钻头通过液压杆及本身自重施加压力，将土挤入钻头内，仪表自动显示装满时，钻头底部关闭，提升钻头将土卸于堆放地点。钻机施工过程中保证泥浆面始终不得低于护筒底部，保证孔壁稳定性。通过钻头的旋转、削土、提升、卸土和泥浆撑护孔壁，反复循环直至成孔。

(1)控制钻头钻进、提升速度。

①旋挖钻成孔过程中应严格控制钻进速度，避免钻进尺度过大，造成埋钻事故。

②若钻机升降钻头时速度过快，则钻头外壁和孔壁之间的泥浆冲刷孔壁，再加上钻头下部产生较大负压作用，易造成孔壁颈缩、坍塌现象。所以钻头提升时应严格控制其速度。经现场实践得知，钻头升降速度宜保持在 $0.75 \sim 0.8\text{m/s}$。当钻头在粉砂层或亚砂土层时，升降速度应更加缓慢。

(2)钻进施工时出现埋钻的处理措施。

埋钻是旋挖钻最易发生的施工事故，处理埋钻的方法如下：

①直接起吊法:采用起重机直接向上起吊即可。

②钻头周围疏通法:用水下切割或反循环等方法,清理钻筒周围沉渣,然后起吊即可。

2)泥浆系统布置

泥浆系统利用相邻孔钢护筒设置。根据相邻孔不同时开钻的实际情况,选择相邻孔钢护筒作为沉淀池。钻孔位钢护筒、相邻沉淀池钢护筒通过溜槽、泥浆泵管形成循环系统。沉淀池钢护筒通过泥浆泵及专设管路与泥浆船上废浆池相连,将废弃泥浆抽至船上废浆池进行处理。处理后的泥浆再由泥浆泵通过专设的回流管路抽至钢护筒沉淀池内。钻孔过程中的大颗粒钻渣通过溜槽中的滤网被排出,大量泥沙通过泥浆净化器排出循环系统。作为沉淀池的钢护筒,可以是已完成浇桩施工的钢护筒,也可以是未开冲的钢护筒。对于未开冲的钢护筒,由于其沉入河床足够深,所以具有足够的防漏性能,符合使用要求。如果钢护筒内深度太大,可预先在其中回填,以得到所需深度。水上泥浆循环系统平面布置如图 2.4-8 所示。

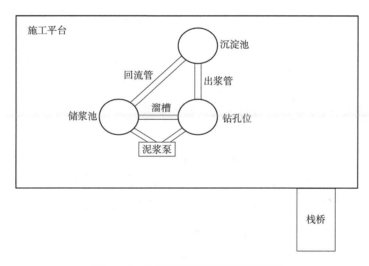

图 2.4-8 水上泥浆循环系统平面布置图

3)冲击成孔

(1)冲击钻机就位、检查与调试。

钻机拼装完成并检验合格后,根据测量放样点调整钻机位置,并将钻机底盘调成水平状态,底座用枕木或钢材垫实塞紧。使冲锤垂直对准桩位,确保施工过程中不发生倾斜、移位等影响施工质量的情况,并在冲击成孔过程中经常检查钻机底盘的水平和稳定性。

以上工作完成后,由测量人员对桩位进行复查,保证满足规范要求后,通过钻机试运行,将钻机调试至工作状态。

(2)成孔。

①开孔与造浆。

水中及河滩中桩孔直接在钢护筒内投入黏土,用冲锤以小冲程反复冲击造浆,逐渐形成泥浆用以循环。岸上桩孔先用冲锤以小冲程反复冲击,形成一定孔深(2~3m),然后直接投入黏土并加水,再用冲锤以小冲程反复冲击造浆,逐渐形成泥浆用以循环。泥浆面应低于护筒顶面0.3m,以防溢出。

②正常冲击需注意的要点。

在钢护筒内冲击宜采用1~2m的中小冲程,起锤要平稳,以防冲锤撞击护筒。冲孔通过护筒脚时应慢速进尺,当护筒脚为软弱土层时,尤其应注意孔壁的稳定,防止漏浆、塌孔等现象。必要时在护筒脚上1m左右开始投入片石或袋装水泥,用冲锥以小冲程反复冲击,使泥膏、片石挤入孔壁。必要时须重复回填、反复冲击2~3次,使护筒脚处土层密实。

在砂、砾等松散层正常冲击时,必要时可按1:1投入黏土和小片石(粒径不大于15cm),用冲锤以小冲程反复冲击,使泥膏、片石挤入孔壁。必要时须重复回填、反复冲击2~3次。对砂、卵石土层、岩层等,泥浆损失较大,冲击过程中要不断添加黏土以保持泥浆指标符合使用要求。

冲程大小和泥浆稠度可按土层情况调整。当冲孔通过护筒刃脚和砂、砂砾石或含砂量较大的卵石层时,宜采用1~2m的中小冲程,并调整泥浆指标,反复冲击使孔壁坚实,防止塌孔。当通过基岩之类的土层时,采用1.5~2m的冲程,使基岩破碎。进入岩层或岩层发生变化时,要立即通知质检人员与监理工程师进行现场查看,并与地质勘探资料进行对比,捞取岩样,以小塑料袋装存,贴好标签进行密封。标签上要标好捞取时间、孔内进尺、岩样风化程度、岩层高程等。

在任何情况下,最大冲程不宜超过2m,防止卡冲、冲坏孔壁或使孔壁不圆。

为正确提升冲锤的冲程,宜在钢丝绳上涂红油漆(或系红绳)作为长度标志,防止冲程过大而造成断绳。因其他原因停冲,锤头不得停留在孔底,必须提升到泥浆面以上;再次开冲时,应由低冲程逐渐加大到正常冲程以免卡冲。

在冲击过程中,要有专人在泥浆槽里不断捞渣,避免泥浆槽里沉淀过多而影响泥浆循环。

(3)清孔换浆。

由大功率空压机、风管、风包、导管及已有泥浆循环系统进行气举反循环清孔,把冲孔内钻渣、泥渣等清出孔外,并将孔内泥浆指标调整至所要求范围内(含砂率降至2%以下,黏度控制在17~20s,相对密度控制在1.03~1.10)。

钻进至终孔高程后,根据钻进进尺情况以及钻渣岩样,最终确定终孔高程。一次清孔利用泥浆泵进行正循环清孔,泥浆护壁。二次清孔结合除砂器,采用空压机进行气举反循环清孔,如图2.4-9所示。

4)钢筋笼制作与下放

钢筋笼在钢筋加工场采用长线法加工制作,采用分节方式运输至施工现场,由门式起重机或汽车起重机进行分节接长和下放。

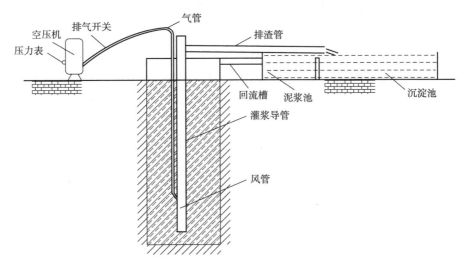

图 2.4-9 气举反循环示意图

（1）钢筋笼制作

在加工制作场内布置加工线,利用长线胎架整体分节制作钢筋笼。钢筋笼加工台座示意如图 2.4-10 所示。

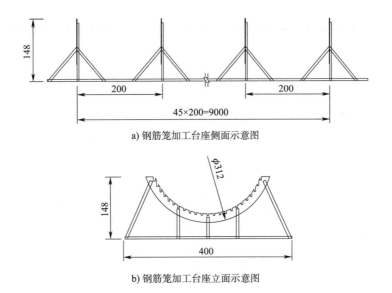

a) 钢筋笼加工台座侧面示意图

b) 钢筋笼加工台座立面示意图

图 2.4-10 钢筋笼加工台座示意图(尺寸单位:cm)

主筋下料按设计尺寸要求摆放在台座第一节的位置上,待下半圆部分钢筋主筋安装完毕,调整加劲箍筋位置,并焊接固定,接着把上半圆主筋摆放固定在加劲箍筋上,并焊接固定,然后盘上螺旋箍筋,螺旋箍筋与主筋采用点焊方式固定。注意第一节钢筋笼前端要用挡板挡住,使前端平齐,声测管穿过挡板。桩基声测管均匀设置在钢筋笼内侧,每根通长,声测管与钢筋笼的主筋通过 U 形卡焊接固定。按照同样的方法,主筋通过直螺纹套筒连接,进行下节钢筋笼的制作。在钢筋笼加工过程中,确保钢筋笼垂直度及主筋直螺纹套筒连接的精度,以保证现场钢筋笼的顺利接长并下放。

制作好的钢筋笼,无套筒的一端套上塑料保护帽保护螺牙,并按安装要求分节、分类编号,统一堆放。同一根桩钢筋笼堆在一起,严禁多层堆放。为防止钢筋笼运输、安装过程中变形,在钢筋笼加劲箍筋上设置三角形内撑。

(2) 钢筋笼下放。

钢筋笼保护块采用和桩基同强度等级的混凝土制作,呈滚轮式。钢筋笼下放前所有保护块应安装完成,保护层间距按设计图纸要求。桩基成孔后,经终孔检验合格,即可开始下放钢筋笼。钢筋笼采用门式起重机或者汽车起重机下放。

为避免钢筋笼在吊装过程中变形,钢筋笼从运输车上起吊时使用专用吊架,以防止钢筋笼顶端变形。钢筋笼吊架结构示意如图 2.4-11 所示。

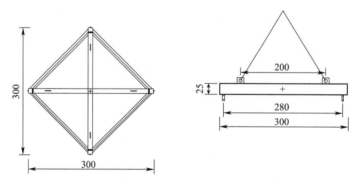

图 2.4-11　钢筋笼吊架结构示意图(尺寸单位:cm)

每下放一节钢筋笼,向声测管内灌注清水以检查声测管接头密封性能。钢筋笼下放时速度要慢,防止碰撞孔壁。在钢筋笼接长过程中,需将钢筋笼固定支撑在钢护筒或施工平台上。

钢筋笼吊装到位后,由预先设在钢筋笼顶的 4 束吊绳将钢筋笼吊放在钢护筒顶口上,保持钢筋笼定位在设计位置上。吊绳采用回绕方式设置。当桩基混凝土浇筑完成后,可将吊绳回收。吊绳在钢筋笼上的吊点须设置加强钢板结构。为防止钢筋笼在浇筑水下混凝土时上浮,可在钢筋笼顶部预先焊设 2~4 根型钢,并将其引出水面,再在钢护筒上设置反力装置,将型钢压住,从而防止钢筋笼上浮。

5) 混凝土灌注

(1) 准备工作。

导管选用无缝钢管制作,导管内径为 $\phi 35$ cm。其水密性、承压和抗拉性能是否满足要求,需通过做水密性压力试验确定,以保证混凝土灌注过程中不漏水、不爆管。

储料斗、漏斗用 5mm 的 A3 钢板和型钢制成。储料斗及漏斗容量由计算确定。桩基直径为 2.5m 时,计算出首批混凝土数量至少为 11m³,为确保首批混凝土浇筑成功,储料斗按

12m³ 加工；桩基直径为 2.2m 时，计算出首批混凝土数量至少为 10m³，储料斗按 11m³ 加工。漏斗的法兰盘应与导管的法兰盘对接。

(2) 混凝土灌注工艺过程。

桩基工程使用的混凝土强度为 C35，所采用的原材料必须严格按规范要求进行抽检试验，合格才能使用。混凝土的坍落度要求控制在 180～220mm 范围。

灌注水下混凝土前，先使导管、储料斗、漏斗就位。导管与孔底的间距控制在 40cm 左右。根据漏斗高度确定储料斗设置高度。储料斗设置高度通过其下支架进行调整。

灌注水下混凝土时，混凝土由输送泵泵送至桩位旁就位好的储料斗里。混凝土通过储料斗阀门流至漏斗、导管。第一次灌注时，将储料斗和漏斗中灌满混凝土，并在其他工作都完全准备好以后即可剪球进行灌注。剪球前，漏斗预留 15cm 不装混凝土，在储料斗阀门打开后才能剪球。当首盘混凝土灌注以后，孔口的泥浆不再溢出时，测量人员应立即进行测量，检查埋管深度是否满足要求（不小于 1m）。测量组在测量混凝土面相对高程时，必须在桩基上选 3 个以上的测点进行测量，测量结果取混凝土面高程值中的小值进行导管埋深计算。

第一次灌注后，即可持续进行混凝土浇筑。导管埋置深度控制在 2～6m 之间。浇筑混凝土的顶面高程应比设计高程高 0.5m 以上，并在灌注结束后立即把高出部分的混凝土清除至设计高程以上 20cm 的位置，以减少以后桩头凿除的工作量。高出的 20cm 混凝土在承台施工时凿除。在混凝土浇筑过程中，被置换出来的泥浆通过泥浆车运走或存放，以备清除或重复使用。

(3) 灌注水下混凝土注意事项。

①首批混凝土一定要有足够数量，以满足灌注后导管埋入混凝土中 1.0m 以上的要求。灌注后及时测量混凝土面的高度，以确定首批混凝土埋管深度，如不符合要求，则立即使用空压机通过导管吸去已灌注混凝土，准备重新灌注。

②混凝土导管使用前一定要进行水密性试验，并检查止水胶垫是否完好，有无老化现象，以保证灌注过程中不漏水、不破裂。

③在混凝土灌注过程中，设专人测量孔深，准确掌握混凝土面上升高度，以便严格控制导管埋深在 2～6m 之间，防止埋管过深导致上层部分混凝土初凝，导管提不起来的事件发生。同时做好混凝土灌注记录备查。

④在混凝土拌和过程中，实行试验人员值班制，确保混凝土按设计配合比拌制，并经常抽查混凝土工作性能指标，严禁将不合格的混凝土供应到灌注现场。

⑤提升和下放导管时，动作要慢，以免钩挂钢筋笼或提空导管。

⑥混凝土开始灌注后，不得中途停顿，须连续灌注，争取在短时间内完成。为此，在混凝土灌注前，必须全面、严格检查各种机械，排除故障、隐患。在灌注过程中，维修人员跟班作业，出现故障及时抢修。

⑦钢筋笼下放到位后应将骨架固定在护筒上，以防浇筑混凝土时钢筋笼上浮。

⑧为保证声测管的通畅,在下放完钢筋笼后应对声测管进行灌水检查,合格后进行签字确认。在进行二次清孔过程中,应注意不得损坏声测管。在浇筑完混凝土后,应用ϕ15.2mm钢绞线或其他物体穿插声测管,防止声测管堵塞。确认声测管无问题后,将管顶进行严密封盖,防止杂物进入声测管,确保声测管完好。

(4)灌注水下混凝土事故预防及处理。

①导管进水。

主要原因:

A. 首批混凝土储量不足,或混凝土储量已够,但导管底口距孔底的距离过大,混凝土下落后不能埋没导管底口,以致泥水从底口进入。

B. 导管接头不严,接头间橡皮垫被导管高压气囊挤开,或焊缝破裂,水从接头或焊缝流入。

C. 导管提升过猛,或量测出错,导管底口高出混凝土面,底口涌入泥水。

为避免发生导管进水,事前要采取相应措施加以预防。一旦发生,要当即查明事故原因,采取以下处理方法:

A. 若是第一种原因引起的,应立即将导管提高,在导管内安装内风管和出水弯头,然后通气清孔,将孔底混凝土清出,再重新进行混凝土浇筑。

B. 对于第二种原因,将原管提出,改用新管清除孔底混凝土,再用新管重新浇筑混凝土。

C. 对于第三种原因,利用原管清除孔底混凝土,再用原管重新浇筑混凝土。

②卡管。

在灌注过程中,混凝土在导管中下不去,称为卡管。卡管有以下两种情况:

A. 初灌时隔水栓卡管,或由于混凝土本身的原因,如坍落度过小、流动性差、夹有大卵石、拌和不均匀,以及运输途中产生离析、导管接缝处漏水、雨天运送混凝土未加遮盖等,混凝土中的水泥浆被冲走,粗集料集中而造成导管堵塞。

B. 机械发生故障或其他原因使混凝土在导管内停留时间过长,或灌注时间持续过长,最初灌注的混凝土已经初凝,增大了导管内混凝土下落的阻力,使混凝土堵在管内。

发生卡管的处理及预防方法:

第一种情况用吊绳抖动导管,或在导管上安装附着式振捣器等使隔水栓下落。如仍不能下落,则须将导管连同其内的混凝土提出到孔外,进行清理和修整。

第二种情况灌注前应仔细检修灌注机械,并准备备用机械,发生故障时立即调换备用机械;同时采取措施,加快混凝土灌注速度。

以上处理工作完成后,须将已浇混凝土清除,然后再重新浇筑桩基混凝土。

③夹渣夹泥。

夹渣夹泥即清孔不彻底,孔底有泥渣。在混凝土浇筑过程中,孔壁泥渣掉落至已浇混凝土顶面。当含有泥渣的混凝土达到一定凝结程度后,其被后浇混凝土穿破、穿过,因而该部分含有泥渣的混凝土被留在了桩身某一高程处,从而形成桩身的夹渣夹泥情况。

对夹渣夹泥的预防措施是保证清孔后的泥浆质量符合要求,并保证清孔质量符合要求。另外,在混凝土浇筑过程中,要防止导管碰撞钢筋笼造成孔壁坍塌,也要防止孔口杂物掉落至孔内。对已发生或估计发生夹渣夹泥的桩,应采取措施判明情况,用压浆补强方法处理。

④断桩。

工程上常见断桩的原因有:混凝土质量不满足要求,引起卡管导致混凝土无法继续浇筑;首盘混凝土方量少,不能完全埋住导管;埋管太深,导致上层混凝土初凝无法提升导管;浇筑过程埋管过少甚至提空导管;导管被卡住等。

断桩事件的预防和处理方法主要是:

A. 严格按照施工配合比进行混凝土生产,混凝土的搅拌、运输、浇筑必须在规定时间内完成。

B. 首盘混凝土的方量,必须满足设计要求。

C. 及时进行量测,确认埋管深度。严控埋管深度在 2~6m 范围内,记录好导管节段和拆管情况。

D. 钢筋笼下放过程中应检查内撑是否已全部拆除,并留有记录。导管的提升应缓慢,定位时放置在钻孔中心。

E. 整个浇筑过程应科学组织,以尽快的速度一气呵成。

2.5 施工控制措施

2.5.1 施工工艺控制措施

溶洞处桩基施工比较困难,施工过程中要严格控制各施工工艺并采取有效的措施,确保桩基施工按照施工计划顺利完成。针对施工过程中遇到的问题,通过总结各施工工艺,采取如下相关控制措施。

1) 冲孔过程中泥浆指标的控制措施

溶洞处桩基在冲孔过程中,对于泥浆指标的控制非常重要,冲孔过程中注意观测泥浆指标,结合现场实际情况,应满足以下泥浆指标要求:相对密度 1.25~1.35,黏度 25~30s,含砂率小于 8%,砂层可放大到 12%。不满足要求要及时调节,尽量避免加水,相对密度、黏度偏低时加黄泥,含砂率较大时利用除砂器进行除砂。

2) 冲至溶洞前的各项准备工作

(1) 每台冲击钻作业定人定岗,冲进过程中需有专人负责在孔口观察水头变化情况,观察员不在岗,则该机提锤停冲,到岗后方可继续开冲。

(2)距离溶洞顶50cm,减小冲程,按冲程1m控制。

(3)孔口位置安装好2台抽水泵,2台泥浆泵(1台泥浆泵放入江中),全部接好电源待用。

(4)黄泥装袋后放在贝雷架上,吊至孔口附近,片石准备2斗放至孔口附近,平板车上装好2斗黄泥停在平台待用。

(5)铲车、平板车、门式起重机驾驶员在现场待命。

以上指标是结合现场实际情况而制定的。

利用导管二次清孔时,受导管下放框架影响,导管不能横移到桩基周边,只能在中间部位清孔,可能会导致桩基周边清孔不到位,建议将导管的下放架做成活动可拆散的,不影响导管移到周边进行清孔,使清孔效果更佳。

3)钢筋笼下放过程遇到的问题及控制措施

(1)两节笼对接处,外箍筋(ϕ14mm)与主筋(ϕ28mm)结合处常出现空隙,每拉紧一段箍筋,就立即将其和主筋点焊到一起或者将绑扎的扎丝增加到4根。

(2)针对声测管出现漏水现象(6根管有5根漏水),经检查发现接头处未夹好,现场加工的钢筋笼的声测管每个接头必须夹扣好。

(3)针对钢筋笼下放架强度不够的情况,在4个受力点的下方还需加强双拼25号工字钢;下放架必须放平,否则4个点受力不均会导致较大变形。

(4)针对丝头标记的油漆线太粗,现场很难控制接头两端的长度的问题,采用毛笔细小的尖头进行标记;针对丝头对接困难的问题,钢筋笼在吊装时采用吊架以防因变形引起丝头对接困难。

(5)针对工人操作不熟练、配合不到位的问题,后期下笼尽量用同一班工人。

(6)针对护筒顶距笼顶较高约12m,接4条定位筋和6根声测管耗时较长的问题,提前将材料准备到位,利用门式起重机,工人需做好配合。

(7)针对钢筋笼下放过程中占用门式起重机,其他桩基在冲孔过程中出现漏浆,不能及时回填黄泥的问题,在下笼过程中,能利用履带式起重机吊黄泥的桩基可以开冲,其他桩基尽量不要开冲。

2.5.2 施工材料管理制度

(1)建立健全施工材料管理制度,成立以物资部为牵头、召集部门的材料管理小组,以降低损耗、提高效率为目的,具体负责施工材料的进场、存放、领用、发放、回收等工作。

(2)加强对现场材料的平面布置管理,严格按照平面图设计安排进场材料存放,确保进场、输送道路通畅,减少二次转运。

(3)根据施工进度和用料信息,做好平衡调剂,正确组织材料进场,及时准确地保证施工需要,并根据需要做好月度材料盘点工作。

(4)材料应按照原材料、半成品、成品等种类分类存放,制作统一的标志牌,将材料的状态标识在标志牌上,以防混淆或错用。

(5)认真执行材料的验收、保管、发料、退料、回收等手续制度,建立健全原始记录和各种台账,妥善保管原始凭证。

(6)材料进场必须以施工用料计划为准,严格进行验收并做好验收记录,并积极配合相关方做好材料检验工作。

(7)材料领取采取限额领取及发放的方式,并建立、完善相关台账。

(8)施工材料存放应注意:

①材料码放整齐,按照要求布置并满足安全要求,不得乱堆乱放。

②严格执行上盖下垫的要求,垫高不得小于30cm,存放地应有排水措施。

③特殊物资必须专库存放,并满足防损及安全的要求。

2.5.3 施工质量控制与保证

施工质量控制与保证,通过建立桩基施工质量控制与保证体系而实现。此外,在桩基施工中采取一些总体、基本性的质量保证措施,以及一些有针对性的专门具体措施,保证桩基施工质量。

施工质量控制与保证体系由质量管理机构,质量管理方法、制度,质量管理工作程序三部分组成。质量管理机构是保证体系的指挥、控制中心,是保证体系中方法、制度及工作程序的执行机构。质量管理方法、制度是工程质量保证所需的一系列方法和制度。质量管理工作程序是落实质量管理方法和制度,确保工程目标实现的有关工作程序。

总体、基本性的质量保证措施和具体保证措施对质量控制和保证都很重要。前者是基础性的管理措施,是桩基施工的根本保证,后者是指具体工序上的措施,是桩基施工质量的直接保证。综合以上分析,为保证Ⅰ类桩的比例,主要的质量控制措施包括:

(1)混凝土配合比应合理,质量稳定,强度波动范围小,工作性能良好,不易发生离析,成型阶段水泡及气泡应较少。

(2)混凝土原材料供应应稳定、持续,不能轻易更换原材料种类,否则会因粒径变化、质量波动造成声波变化。

(3)需配制性能优异的泥浆用于成孔,并及时进行更换或调整,减少泥浆含砂量,并防止产生塌孔。

(4)必须严控清孔指标,不达标不能浇筑混凝土,减少孔底沉渣厚度。

(5)声测管制作、安装要规范,要求牢固、顺直、等距、平行、密封良好。

(6)钻锤钻杆提升、下放以及钢筋笼下放应小心、缓慢,严禁冲撞孔壁。导管下放、提升也应小心、缓慢,防止提空导管或产生孔洞,且应上下小幅度移动以增加混凝土密实度。

(7)泥浆循环系统要稳定,根据实际情况及时调整,剪球前泥浆循环停止时间不宜超过10min。

(8)桩基浇筑完成后,初凝阶段不得在相邻桩位施工,并减少外在震源,防止桩基混凝土产生裂缝等。

(9)桩基检测前及检测时,做好各项准备工作(如灌注清水、校对仪器等),保证检测工作的顺利进行。

2.6 桩基施工亮点及改进措施

1)岸上溶洞桩旋挖钻施工亮点

北岸上0~6号墩共有桩基30根,其中0号墩为桥台,有6根桩,其余墩均为4根桩。岸上溶洞桩旋挖钻施工资料见表2.6-1。

钻进资料表　　　　表2.6-1

地质条件	钻头选用	钻杆选用	加压方式	转速(r/min)	旋挖进尺(m)	提钻速度(m/s)
一般黏性土	单层底旋挖钻头、短螺旋钻头、分体式钻头	摩擦钻杆+机锁钻杆	油缸+自重加压	20~50	≤0.8	≤0.8
杂填土、粉土、砂土、松散卵砾石层	双层底旋挖钻头			20~30	≤0.5	≤0.6
强风化岩	锥形螺旋钻头或双层底斗齿旋挖钻头			9~20	≤0.5	≤0.6
中风化岩	截齿或牙轮筒式钻头、锥形斗齿螺旋钻头、双层底斗齿旋挖钻头			9~15	≤0.5	≤0.8

通过对岸上溶洞桩半旋挖半冲击的施工,加快了施工进度,为溶洞桩基施工采用旋挖钻提供了宝贵的施工经验。具体施工经验如下:

(1)对于溶洞小于2m的桩基通过开展旋挖施工,平均每根桩4~6d成桩,比冲击钻机冲桩快3~4d,有效地提高了施工效率。

(2)对于溶洞大于2m的桩基先进行溶洞预处理,覆盖层采用帷幕高压旋喷注浆,溶洞内进行压浆处理;预处理完成之后,采用旋挖钻孔入岩,根据每根桩的地质情况,钻至溶洞顶上1m时停钻,后用冲击钻机进行冲进,直至完成桩基成孔。通过这样的措施,加快了覆盖层施工进度,入岩后遇到大溶洞,由于提前做好预处理工作,所以在钻机冲进过程中减少了溶洞漏浆的发生频繁,一定程度上避免了因溶洞漏浆导致塌孔情况的发生。

(3)通过旋挖钻和冲击钻机相结合的施工工艺,顺利完成了北岸岸上溶洞桩基施工,为以后岸上溶洞桩施工提供了有益的施工经验。现场旋挖钻施工如图2.6-1所示,泥浆池开挖如图2.6-2所示。

图2.6-1 岸上旋挖钻施工　　　　　　　图2.6-2 泥浆池开挖

2)桩基施工改进措施

(1)对于溶洞桩需进行详细的地质探勘,根据设计详勘资料,进行新一轮超前钻地质钻探,详细对比详勘和超前钻地质资料,针对大溶洞桩基编制详细的溶洞预处理施工方案,并严格按照方案执行。

(2)对于岸上桩基采用冲击钻机施工时,泥浆池开挖比较随意,泥浆排放有时会污染城市道路或行车道,在今后桩基施工中编制桩基施工标准化流程,泥浆池按照标准化开挖并做好安全防护措施。现场泥浆池防护如图2.6-3所示。

图2.6-3 岸上标准化泥浆池防护

3 承台施工技术

3.1 概 述

3.1.1 水文概况

北江四桥位于北江中下游,属老年期河流,河床断面呈 U 形,侵蚀作用已停止,侧蚀作用较微弱,以沉积作用为主。桥位处北江河面宽约 800～900m,常水位水深 4.2～9.7m。水位受上游飞来峡枢纽和潮汐控制,日水位落差一般在 20～50cm 之间。

3.1.2 施工方案简介

水中引桥承台和主墩承台均采用钢板桩围堰施工。钢板桩支护具有施工简单,工期短,对空间的要求低,不受天气条件的制约,互换性良好,且钢板桩可以重复使用等特点。钢板桩采用德国拉森Ⅳ型钢板桩,单根长 15m。钢板桩从上游分两边同时往下游侧打,在下游侧闭合,并在围堰内部设置两道圈梁及内撑。钢板桩打设完成后,整平至计算封底混凝土底高程处。水下封底第一次浇筑厚度为 1.2m,待达到水下封底强度后,另外干封 0.3m 厚混凝土进行找平,再抽干围堰内水进行承台施工。主墩承台分两次浇筑混凝土,第一次浇筑 2.0m,第二次浇筑 3.0m。引桥承台浇筑混凝土一次完成。岸上承台选择直接放坡开挖,并及时做好基坑防护。

3.1.3 承台模板设计

承台模板设计,主要包括对主墩承台、边墩承台、引桥承台处的模板数量、质量进行设计,具体设计如表 3.1-1 所示。

清远北江四桥承台模板设计　　　　　　表 3.1-1

类型	结构尺寸	适用部位	加工数量(套)	质量(t)	备注
主墩承台	17.5m×17.5m×5.0m	Z15、Z16,共2个承台	2	76.5	两主墩各配置1套
边墩承台	8.2m×8.2m×3.5m	Z14、Z17,共4个承台	2	12.2	两边墩各配置1套
引桥承台	10.25m×4.0m×3.2m	Z7~Z13/Z18~Z21,共22个承台	2	20.1	两岸各配置1套
	9.1m×3.6m×3.0m	Z6/Z22,共4个承台	1	1.2	加工部分模板,其余与上述承台模板周转共用
	6.6m×2.6m×2.0m	Z1~Z5/Z23~Z30,共26个承台	2	9	南北岸各配置1套
合计				119	—

3.2 承台施工工艺

3.2.1 承台施工工艺流程图

水上承台施工工艺流程图,如图 3.2-1 所示。
岸上承台施工工艺流程图,如图 3.2-2 所示。

3.2.2 水上承台详细施工工艺及操作细则

1)钢板桩围堰施工

(1)施工准备工作。

①钢板桩围堰内撑圈梁加工制作。

钢板桩围堰内撑圈梁采用 2 I 56a 工字钢,中间内撑采用 $\phi630mm$ 螺旋钢管。内撑在加工场加工制作好后运输至施工现场进行拼装。

②钢板桩的检查工作。

钢板桩采用拉森Ⅳ型钢板桩,现场准备需足够的钢板桩。钢板桩经过装卸、运输后会出现撞伤、弯扭以及锁扣变形等情况,在插打钢板桩前必须检查,检查及处理事项如下:

A. 检查钢板桩锁口,确保钢板桩锁口完好;

B. 剔除锁口破裂、扭曲变形的钢板桩;

C. 剔除钢板桩表面的焊接钢板、钢筋以及混凝土残渣;

D. 在钢板桩锁口内涂上黄油,以减小插打时锁口间的摩擦,并减少钢板桩围堰的渗漏;

E. 统计合格钢板桩数量是否能够满足设计要求。

③钢板桩接长工作。

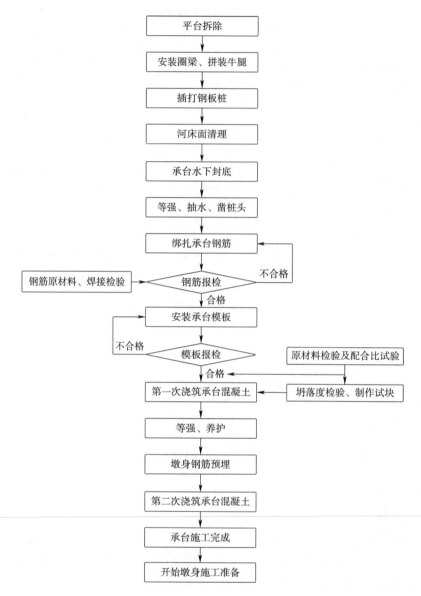

图 3.2-1 水上承台施工工艺流程

(2)桩基施工平台拆除及内撑拼装牛腿焊接。

为尽可能缩短承台施工时间,将水上施工转换为岸上施工,将平台拆除时间提前。

①桩基施工平台拆除。

桩基施工完成,即可拆除左幅桩基施工平台,拆除时与平台搭设相反,即先拆除面板及钢板网、工字钢、中间一排贝雷,拆除贝雷时须注意邻近承台范围内的贝雷不能拆除。

②内撑拼装牛腿焊接。

利用水上交通船,在桩基护筒上与内撑安装高程对应位置处焊接圈梁拼装支撑牛腿,牛腿顶面高程按11m进行控制,牛腿采用I25a工字钢直接焊接在桩基护筒上。

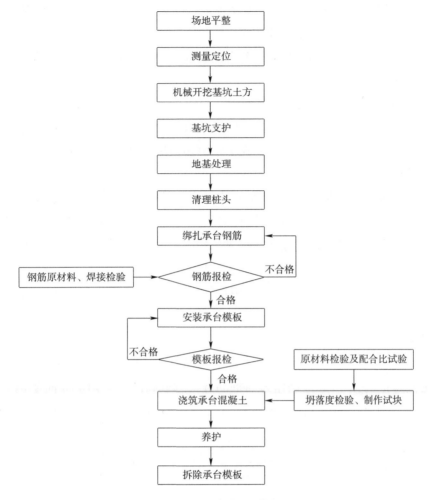

图 3.2-2　岸上承台施工工艺流程图

(3) 桩基施工完成后拆除平台。

待桩基施工完成后,再拆除余下平台,拆除时,注意中间一排钢管桩需拔除。

(4) 河床清理。

桩基平台施工完成后,利用抓斗或抽砂设备对河床面进行挖除及清理,清理至封底高程即 2.7m 处。主墩处河床清理如图 3.2-3 所示。

(5) 安装围堰内撑圈梁。

钢板桩围堰内撑圈梁采用双拼 2 I 56a 工字钢,内撑采用 φ630mm 钢管桩,第一道围堰内撑安装中心高程为 10m,第二道围堰内撑安装中心高程为 6.5m。圈梁安装前,根据内

图 3.2-3　主墩处河床清理

撑结构尺寸进行放样,然后采用水上起重设备进行圈梁的拼装,拼装完毕后焊接圈梁内撑。导梁拼装、焊接时必须严格按照图纸进行施工,保证导梁平面尺寸及高程和设计图纸一致,确保焊接处的焊缝饱满密实。焊接完成后,测量组需重新进行放样,确保内撑安装准确无误。

(6)钢板桩插打施工。

①钢板桩插打顺序。

施工时,先插打上水侧中间钢板桩,中间钢板桩打设完毕后分东、西两侧同时推进,最后量测合龙块尺寸,通过制作异形钢板桩,在下水侧转角进行合龙,完成钢板桩插打施工。

②插打钢板桩。

将钢板桩从堆放处吊起,使钢板桩呈垂直状态,移向安插位置,插入已就位的钢板桩锁口中,同时确保钢板桩靠紧内撑圈梁。插打第一根钢板桩(定位桩)时一定要保证其垂直度。插打钢板桩时需在钢板桩槽口位置涂抹黄油,这样在减小钢板桩之间摩擦力的同时可以保证钢板桩之间的密封性,防止钢板桩漏水。此外,桩身垂直、顺利合龙的措施是加设外导框及施工过程中随时纠偏,当偏斜过大不能用拉挤方法调正时,应拔起重插,在防止与纠正无效时,可用特制楔形桩合龙。施工过程中,现场施工员需记录每一块钢板桩的入土深度,确保入土深度满足设计要求。

插打时必须有可靠的导向设备。先在围堰每条边上插打2片钢板桩(间距6~10m),在两片钢板桩侧焊接上、下两层型钢作为插桩的导向,同时在上、下两层导向型钢上分别临时点焊卡板夹住钢板桩锁口,阻止钢板桩移位,以精确控制钢板桩的位置和两个方向的垂直度。

当吊桩起重设备高度不够时,可改变吊点位置,但不低于桩顶以下1/3桩长。钢板桩插打采用履带式起重机配合打桩机振动下沉。宜先将全部钢板桩逐根或逐组插打稳定,然后依次打到设计高程。

钢板桩因倾斜无法合龙时,应使用特制楔形钢板桩,楔形的上、下宽度之差不得超过桩长的2%。同时,钢板桩相邻接头应上下错开不小于2m。围堰将近合龙时,应经常观测四周的冲淤状况,并采取预防上游冲空涌水或下游淤淀的措施。同一围堰内,使用不同类型的钢板桩时,应将两种不同类型钢板桩的各一半拼接成异型钢板桩。

若锁口漏水,可用板条、旧棉絮条等在内侧嵌塞,同时在漏缝外侧水面撒细煤渣与木屑等,使其随水流自行堵塞,必要时可外部堵漏。对于较深处的渗漏,可将煤渣等运送到漏水处堵漏。打钢板桩过程中,当导向设备失效,钢板桩顶达到设计高程时,平面位置允许偏差。

③施工过程控制。

钢板桩平面位置偏差≤±30mm,垂直度<2%。在钢板桩插打过程中,要做到"插桩正直、分散偏差、有偏即纠、调整合龙"。钢板桩顶面高程以5.5m控制。

④钢板桩的固定。

钢板桩插打到位后,在钢板桩上每隔约6m焊一个牛腿(牛腿采用I25a工字钢)作为内撑圈梁的支撑牛腿,并将牛腿和圈梁进行焊接固定,然后割除桩基上的圈梁支撑牛腿,将圈梁的自重荷载转换到钢板桩上,完成钢板桩围堰的加固。

⑤插打钢板桩预防倾斜措施。

A.在插钢板桩前,在锁口内涂以润滑油以减少锁口摩阻力。从开始插打的第一根桩开始,必须保持垂直不偏,插打一块或几块稳定后,即可依次插打。

B.插打过程中使用仪器对钢板桩随时进行检查、控制,纠正钢板桩的垂直度。

C.及时采用手拉葫芦纠正钢板桩的横向倾斜,并用铁件与已稳定的钢板桩焊连,保障纠偏成果。

D.当倾斜较大,很难纠正时,应将钢板桩拔起重新插打。

E.在插钢板桩前,检查钢板桩外观质量,当出现过于弯曲、有焊接头、毛刺等情况时,不可使用。

F.通过测量放样,定出钢板桩角桩位置,并且拉线确定钢板桩围堰位置,焊制导向框,从上游靠航道侧角桩位置开始插打钢板桩,沿着导向框插打,以保证最后钢板桩合龙时能顺利合龙。

(7)围堰内、外清理。

围堰施工完成后,河床面受到水流影响,会有高低不平的现象产生,需对河床面再度进行整平清理。若河床面较低处整平后还达不到设计高程,可在封底底面铺设彩条布,并用沙袋压住,完成后进行整平,使之满足封底高程要求。

为尽可能减少水流对钢板桩的冲刷,要求在承台外围堆砌沙袋,沙袋高度不小于1.0m。

(8)封底混凝土与钢板桩及桩基护筒的清理。

考虑到桩基护筒打设时间较长,为保证封底混凝土质量,在进行承台水下封底前须将封底混凝土与钢板桩及桩基护筒之间清理干净。

(9)围堰内水下封底。

由于墩位处覆盖层为透水层,考虑采用水下封底进行施工。封底采用C25混凝土,封底总厚度为1.5m(1.2m+0.3m)。为保证承台水下封底混凝土质量,在桩基施工平台拆除后进行施工,根据现场实际情况,采用垂直导管法结合汽车泵进行封底。导管作业半径按4m进行布置,封底时从桩基护筒周围上下游两侧对称向中间作业,最后完成封底。水下封底时,除测量导管附近混凝土面高程外,还要测量导管作业半径边缘处高程,控制好封底混凝土高程。施工过程中如果导管附近高程过高,可以适当抽插导管,但要注意控制导管提起的高度,避免导管提空,尽量保证封底混凝土顶面平整,避免局部过高或过低,防止底层淤泥因局部荷载过大造成底部局部隆起、不平整。封底混凝土浇筑必须确保混凝土顶面平整并不高于承台底面高程。在围堰四个角各设一个集水井,深0.4m,用ϕ820mm钢管制作,抽干水,并在第二次抽干时进行封底预埋。封底混凝土用量大,施工前应充分备料。水下封底应有周密施工组织,严格按照浇筑顺序及操作工艺进行施工。主墩承台封底施工如图3.2-4所示。

图 3.2-4 主墩承台封底施工

(10) 钢板桩围堰内抽水、清理。

当封底混凝土强度达设计强度要求后(按以往经验,3d 即可达到强度要求),便可进行围堰内抽水,抽水采用 4 台 $30m^3/h$ 潜水泵。抽水时如发现板桩锁口有渗漏水,围堰内河床以上部分由潜水员在围堰外侧用棉絮堵塞缝隙,围堰内封底混凝土与桩基护筒、钢板桩接触部分则在内侧用玻璃胶或环氧树脂等堵漏剂进行封堵,当缝隙较大时,可用焊钢板或塞木尖等方法封堵。

(11) 割除护筒、凿桩头。

抽水完成后可按照设计高程割除多余的桩基护筒,凿除多余桩头,同时进行封底混凝土顶面清理。

(12) 承台钢筋安装。

桩头处理完成经监理验收合格后即可开始承台钢筋的绑扎,在钢筋加工场内按设计图纸要求分类制作,并按图纸要求经检验合格后,再转运至现场绑扎,整个承台钢筋绑扎要求一次成型。钢筋制作和绑扎过程中要求严格按图纸及相关规范进行,并确保保护层的厚度,保护层垫块采用预先预制好的混凝土垫块。

墩身钢筋预埋进入承台 1.5m。墩身预埋钢筋须严格按图纸设计进行安装,底部固定方法:在承台竖向钢筋上焊接水平 ∠70×5 角钢,直接将墩身预埋钢筋立在其上。平面位置固定方法:承台顶面钢筋上焊接水平 ∠70×5 角钢框架,墩身预埋钢筋靠立在槽钢上。钢筋安装完成后,必须先通过现场质检部门及监理检查合格后方可进行下一道工序。主墩承台钢筋绑扎如图 3.2-5 所示。

图 3.2-5 主墩承台钢筋绑扎

在进行承台钢筋安装时,需注意以下几点:

①钢筋成型前要除去表面油渍、浮皮、铁锈,钢筋应顺直,无局部折曲,无削弱钢筋截面的伤痕。

②钢筋弯制和末端的弯钩按设计要求制作,设计未提要求时应按标准弯钩制作。

③承台内所用钢筋接头宜采用闪光对焊或电弧焊连接,并以闪光对焊为主。闪光对焊所用设备,必须符合闪光对焊钢筋规格的要求。操作人员必须有资格认可证方可上岗。

④绑扎钢筋时,钢筋位置、混凝土保护层厚度均应符合设计要求。钢筋骨架应绑扎牢固并有足够的刚度,在混凝土灌注过程中不应发生任何松动。

⑤墩身预埋筋及其他预埋件按规定位置安装并牢靠定位。

另外,在承台施工时,注意其他预埋件应在浇筑混凝土前进行埋设。

钢筋加工质量标准如表3.2-1所示。

钢筋加工质量标准　　　　　　　　表3.2-1

项目	允许偏差(mm)
受力钢筋顺长度方向加工后的全长	±10
弯起钢筋各部分尺寸	±20
箍筋、螺旋筋各部分尺寸	±5

钢筋安装质量标准如表3.2-2所示。

钢筋安装质量标准　　　　　　　　表3.2-2

项目		允许偏差(mm)
受力钢筋间距	两排以上排距	±5
	同排	±20
箍筋、横向水平钢筋、螺旋筋间距		±10
钢筋骨架尺寸	长	±10
	宽、高或直径	±5
绑扎钢筋网尺寸	长、宽	±10
	网眼尺寸	±20
弯起钢筋位置		±20
保护层厚度		±10

在利用墩身、承台钢筋作避雷引下线的情况下,通常采用ϕ14mm或以上直螺纹钢筋作为引下线。避雷引下线的连接为搭接焊接,搭接长度为圆钢直径的6倍,因此,不允许用螺纹钢代替圆钢作搭接钢筋。

(13)冷却管安装。

混凝土结构内部需埋设冷却循环水管(冷却循环水管采用黑铁管),通过冷却水循环,降低混凝土内部温度,减少内表温差。冷却循环水管与钢筋骨架应固定牢靠,以防混凝土灌注时水变位及脱落而发生堵水和漏水。浇筑混凝土前,应进行通水,检查管道的密封性,防止管路漏水和阻塞。每层循环水管被混凝土覆盖并振捣完毕,即可进行通水。自混凝土浇筑开始,冷却循环水管连续通冷却水14d。

(14)模板的制作及安装。

承台模板采用标准模板,先在加工场加好加劲肋,满足要求后再转运至墩位处安装,考虑到承台分两次进行浇筑,模板按照一次 5.0m 进行安装。承台模板安装完毕后,应通过测量组复核套箱模板顶的平面位置及尺寸,当误差超出规范要求时,采用手拉葫芦等工具对模板平面位置及尺寸进行调整。调整完毕后,按照图纸要求安装足够数量的对拉螺杆。

模板施工过程中,需注意以下几点:

①保证混凝土结构和构件各部分设计形状、尺寸和相互间位置正确。

②模板应具有足够的强度、刚度和稳定性,能承受新浇筑混凝土的侧压力及施工中可能产生的各向荷载。

③接缝不漏浆,制作简单,安装方便,便于拆卸和多次使用。

④能与混凝土结构和构件的特征、施工条件和浇筑方法相适应。

⑤模板拼缝紧密,表面平整,支撑牢靠,表面涂刷脱模剂。在组拼场地分块组拼后,用汽车运至现场,由履带式起重机起吊安装。

(15)承台混凝土浇筑。

承台混凝土采用 C40 混凝土,分两次进行浇筑,第一次浇筑高度为 2.0m,第二次为 3.0m。考虑泵送需要,混凝土坍落度控制在 16~18cm。混凝土由拌和楼拌制好后采用混凝土运输车及输送泵输送至承台进行浇筑。

浇筑混凝土时应进行分层浇筑,每层混凝土厚度为 30cm,混凝土分层浇筑时,两次浇筑间隔时间应不超过混凝土的初凝时间;混凝土的浇筑应连续进行,如因故必须间断,间断时间应根据混凝土初凝时间和气温确定,若超过允许间隔时间,则按施工缝处理,并做记录;混凝土由高处自由落下的高度不得超过 2m,否则应采用串筒或溜槽。

浇筑混凝土期间,应设专人检查模板、钢筋、预埋件等的稳固情况,随时检查安全情况。当发现模板有松动、变形、移位情况时,应及时处理。

混凝土初凝后,模板不得振动,伸出的钢筋不得承受外力。

在晚间浇筑混凝土时,应备有足够的照明设施。

承台混凝土按有关规定制作混凝土试件,并指定专人填写混凝土施工记录,详细记录浇筑日期和时间、原材料质量、混凝土的配合比、坍落度、拌和质量、混凝土的浇筑和振捣方法、浇筑进度和浇筑过程中出现的问题等。

主墩承台第一层混凝土浇筑如图 3.2-6 所示。

混凝土振捣按以下要求操作:

①振捣应在浇筑点和新浇筑混凝土面上进行,振捣器插入混凝土或拔出时要快插慢拔;

②振捣器要垂直地插入混凝土内,并要插至前一层混凝土,以保证新浇混凝土与先浇混凝土结合良好,插进深度一般为 50~100mm;

③当使用插入式振捣器对混凝土进行振捣时,插入式振捣器移动间距不得超过有效振动半径的1.5倍;

④当使用插入式振捣器时,应尽可能地避免模板、钢筋及其他预埋构件相接触;

⑤不能在模板内利用振捣器使混凝土长距离流动或运送混凝土,以免引起混凝土离析;

⑥混凝土振捣时间一般为20~30s,以混凝土停止下沉、不冒气泡、表面泛浆为度。

图3.2-6 主墩承台第一层混凝土浇筑

(16)凿毛及养护。

第一次混凝土浇筑完成后,应及时在全承台范围内对面层凿毛,凿毛以凿除表层浮浆露出新鲜、完整混凝土面为标准,并及时对承台混凝土洒水养护。

当混凝土初凝并达到一定强度后(>2.5MPa,约混凝土入模后48h),开始进行混凝土表面凿毛。混凝土表面凿毛过程中,注意养护,养护采用淋水养护。为保证混凝土质量,凿毛要凿至集料出露。凿毛完成后,用高压水冲洗,墩身施工前,再次用空压机吹出浮渣(同时包括焊渣、残余物等)。

(17)承台模板的拆除。

承台养护满2d后拆除承台模板,拆除时采用浮式起重机配合作业,拆除时应特别注意保护承台混凝土棱角。拆除完毕后,视水位情况考虑是否继续洒水进行养护。

(18)钢板桩围堰的拆除。

待主墩承台施工完毕后,先不拆除钢板桩围堰,待第一节墩身施工完成后再拆除钢板桩围堰,先拆除内撑及圈梁,然后采用浮式起重机配合振动锤逐条拔出钢板桩,在拔除过程中遇到钢板桩与封底壁连接紧密的地方,可考虑略微锤击使钢板桩与封底混凝土脱离。

2)钢套箱围堰施工

(1)施工准备。

①平台的拆除。

桩基施工完成经声测合格后即可拆除桩基施工平台。平台的拆除:按照从上到下的拆除顺序,注意各个联结方式。钢管桩的拔除方法:利用浮式起重机、振动锤等进行拔除。

②河床清淤。

16号墩河床面高程约为2.0m,套箱底面高程1.7m,由于桩基施工过程中钻渣的排放会使河床面高程抬高,桩基施工后期,实地测量河床面高程,根据实际测量结果确定河床清淤的工程量,河床清淤利用长臂钩机或吹砂法组织施工。

③底梁、底板预制。

底板、底梁提前在场地内预制,上承重工字钢梁利用平台拆除的材料制作。预制构件时确保预埋件的位置及数量准确。

主墩承台底板安装如图3.2-7所示。

图3.2-7 主墩承台底板安装

预制构件质量控制要点如下:

A. 吊杆预留孔的孔径为5cm,可采用PVC管或圆钢管制作。预留孔定位时需确保其位置的准确,要求其位置偏差不大于0.5cm。吊杆预留孔与主梁主筋有冲突时,可挪动钢筋位置,但不可以割断主筋。

B. 预制时需确保底梁预埋钢筋位置和数量的准确,预埋筋安装好后需进行复检,要求其偏差不大于1cm。

C. 在预制承台四周的底板时,需进行预埋钢板,钢板定位时需保证其偏位不大于1cm。同时,为防止承台模板安装时出现较大的空隙,底板预制时应保证其底面和顶面的平整度(小于1%)。

D. 钢护筒与其边上的预制底板存在5cm间隙,在底板预制时应定位好其圆环大小(内径2.60m)。底板浇筑完后,应在其顶面插入20cm长的ϕ12mm钢筋,钢筋纵横间距为40cm,插入深度为10cm。

E. 底梁、底板预制时,对钢筋构件的形状、尺寸、直径、根数、间距以及位置应进行全面检查,看是否符合设计要求。钢筋绑扎、搭接长度、焊接质量必须符合规范要求。

④模板制作加工。

A. 套箱在钢结构加工场分块加工制作,包括模板、圈梁和内撑。

B.模板加工顺序:根据实际需要的尺寸,对模板进行切割或拼接处理,主要工作是进行圈梁的焊接制作。

焊接时严格按焊接工艺要求执行,焊接后产生的角变形可由火焰调平。焊接好的钢模板接缝必须保证不漏水,接缝应打磨处理,面板间的错台不能超过2mm。

C.套箱模板共加工1套。

(2)套箱吊架系统安装。

套箱上吊架系统:体系转换前为护筒顶部的2I36a工字钢,体系转换后为焊接在钢护筒上的2I25a工字钢牛腿。套箱下吊架系统为预制混凝土底梁。

上承重梁:桩基施工完成后,在护筒顶部放置2I36a工字钢,注意使之牢固。为加快安装进度,2I36a工字钢和2I25a反力梁可预先拼装制作好。

体系转换后:利用在护筒上穿孔穿牛腿(25a)作为上承重结构,在浇筑完第一次封底混凝土抽水后进行焊接。

下承重梁:底板主梁采用60cm×40cm的混凝土梁,次梁采用40cm×40cm的混凝土梁。主梁采用分段预制,采用湿接头连接,底梁应在预制场内加工好后再转运到现场拼装。

①承重系统安装施工。

A.焊接牛腿:在主墩桩基础施工过程中,在低潮位时焊接临时安装牛腿,牛腿顶高程暂定为11.5m。主墩桩基混凝土灌注完后立即拆除承台范围内的桩基施工平台,将桩基护筒割平,注意每个墩的所有钢护筒高程必须相同。

B.安装底梁:平台拆除完后,马上进行底梁的安装并进行湿接缝浇筑。

C.上承重梁的安装:底梁安装完成后,便可以进行上承重梁的安装。安装时需保证工字钢与钢护筒固定牢固。

D.安装吊杆:上承重梁安装好后,穿上吊杆并拉紧。在安装吊杆时应注意先将体系转换处的连接器、垫板及螺母一起装好并固定在适宜高度。

E.安装底板:底板共32块,为方便安装,底板与底板预留20cm的湿接缝,底板与护筒之间预留5cm空隙。底板与护筒间的空隙通过预先加工好的环形钢箍进行封堵。环形钢箍预先放在底板上,等到套箱下放完毕后再派潜水员下水进行安装锁紧。

②模板安装。

套箱的底板安装完成后,便可进行模板的安装,套箱承台模板总高9.5m。模板利用门式起重机进行吊装,模板的安装工艺如下:

A.模板先在工厂分块制作好,在场地内预拼装好后,再利用平板车转运到平台处进行拼装。

B.模板应根据测量组预先在底板上放样出的承台轮廓线进行定位安装。

C.模板应按照一定的顺序进行安装。模板安装通过预制底板上的预埋钢板进行模板脚的定位及固定。模板吊装到位后,由于模板脚已通过预埋钢板固定到位,模板顶端通过1t手拉葫芦调节并经吊垂球证实垂直后方可安装下一块模板,以后每块模板的安装均紧靠前一块,经调垂直后通过接口螺钉连接在一起。每安装一块模板,在模板与底板或护筒之间焊接斜撑进行临时固定。

D. 套箱模板脚的定位通过在预埋钢板上焊接10号槽钢作为临时定位卡,以此控制钢套箱下口线的平面位置,保证模板底定位准确且不跑模。而钢套箱上口固定及控制采用在钢护筒顶口焊制定位导向装置,该装置伸出的端面与钢套箱下口定位卡保持在同一垂直线上,使其既能起到对钢套箱壁体拼装时的临时支撑作用,又能对钢吊箱下放时垂直度进行控制。为更好地控制套箱下放时的垂直度及稳定性,套箱拼装到位后在套箱顶部搭设临时支撑。

E. 模板拼装完成后,马上安装外圈梁和内撑系统,外圈梁和内撑系统的安装必须按照图纸中的顺序进行。

F. 为防止漏水,模板间的法兰接头需加5mm厚的橡胶垫。拧紧螺钉后再涂玻璃胶。

G. 模板整体安装固定好后便可进行套箱的整体下放等工作。

(3) 套箱下放。

① 下放准备。

下放前应对相关人员做好下放技术交底工作。同时必须对面梁、反力梁、钢套箱、导向装置、千斤顶等结构进行一次全面的检查,主要检查结构的焊缝、连接是否稳固及千斤顶性能。

为确保混凝土底板准确预留孔位及顺利下放,需要详细测量每个护筒的平面位置及垂直度,根据测量结果看是否需要调整底板铺设位置。

② 正式下放。

A. 在下放前先将套箱向上提起5cm,然后割除牛腿,开始下放。

B. 用20个50t的螺旋千斤顶,通过千斤顶反力梁分别控制20条吊杆,顶升千斤顶,反力梁采用2I25a工字钢。

C. 依靠该吊杆上的反力梁挡位螺母提住整个套箱,然后松开各吊杆上承重螺母,使之上移10cm左右,慢慢松千斤顶,吊杆上承重螺母重新受力时,整个套箱已被下放10cm左右。如此反复,直到套箱到达指定的位置。

③ 套箱下放时测量控制。

套箱底梁安装调平后,在底梁上放样出承台的纵横中轴线,以便于底板安装。底板安装完成后,在底板上放样出承台的边线角点并弹线,进行套箱模板的安装定位,在安装过程中,利用线锤进行模板垂直度的控制。套箱安装完毕后,在套箱顶面复测角点坐标,符合精度要求时方可进行下一道工序,否则进行模板调整,直至满足精度要求。套箱下放时,先在吊杆上预先统一做好刻度,刻度以一个千斤顶的行程为标准(一般为15cm)。在下放过程中为了确保整个套箱下放平整,每下放5个行程后进行套箱顶面高程测量,根据高差进行千斤顶行程的调整,直至整个套箱下放到设计高程。整个套箱下放到设计高程后,进行套箱角点坐标复测,满足测量精度后进行内撑加固,准备下一道工序;若不满足,则进行模板调整直至满足精度要求,然后进行加固工作,准备下一道工序。

④纠偏措施。

缓慢下放钢套箱,并由测量组实时进行监控,一旦发现有不均匀处,立即停下来调整。具体做法:每下放10cm作为一个行程,在桩基护筒上标白油漆线,每50cm高度再做一个标记,方便指挥人员检查下放是否平整。下放时应注意上承重梁的平衡,发现千斤顶受力不平衡,应暂停下放,避免个别千斤顶受力过大,甚至破坏。钢套箱下放到位后,应检查套箱控制点的平面位置及高程,偏差过大时,可通过千斤顶进行调整。

下放注意事项:

A. 下放时要由专人统一指挥,统一协调下放的行程。

B. 下放时对吊杆预先统一做好刻度,刻度以10cm为标准间距,由于下放的行程较长,每下放50cm的行程需要复测整个套箱模板顶面的高程,及时调整整个套箱的水平,避免吊杆和底梁受力不均匀。

整个下放流程如下:第一步为下放2m的行程后,将螺母拧紧;第二步为再次下放2m的行程,将螺母拧紧;第三步为用螺旋千斤顶将套箱下放到指定的高程,拧紧承重螺母;第四步为拆除反力梁,同时派潜水员下水将桩基护筒和底板间的空隙用钢围簕封死,准备进行承台封底。

(4)承台封底。

承台第一次封底厚度为1.2m,高程为2.5~3.7m,采用C25混凝土,封底混凝土采用垂直导管法施工,从桩头位置开始,向边上扩散。

成功灌注封底混凝土,对于承台套箱施工有重要意义。封底混凝土不仅能起隔水作用,而且利用它的自重与桩基的摩擦力还能抵抗浮力,所以要求封底混凝土浇筑质量均匀,不能出现局部薄弱的地方,以免引起大规模的漏水。

①封底准备。

A. 环向箍安装。在套箱下放过程中,桩基护筒与混凝土底板之间预留5cm的间隙,封底前采用环向箍对该缝隙堵塞,环向箍采用5mm钢板制作,在套箱下放到位后,安排潜水员将环向箍螺栓拧紧。

B. 桩基护筒清理。考虑到桩基护筒打设时间较长,为保证封底混凝土质量,在进行承台水下封底前须将封底混凝土与桩基护筒之间清理干净。

C. 封底平台搭设。对于承台封底平台,考虑利用桩基护筒焊接型钢作为支撑结构,在上方搭I25a工字钢,组成平台。

D. 导管布置。导管采用桩基施工的导管,根据平台搭设高度来确定所需导管的长度。导管使用时须经过水密试验,合格后方可使用。

E.模板开孔,保持水压。封底前在靠近施工水面的模板开孔以保证钢套箱内外贯通,使整个封底过程中内外水头保持一致,从而消除因套箱内外水头变化对底板荷载的影响以及对封底混凝土质量的影响。

②一次封底。

采用天泵进行水下封底,导管作业半径按 4m 进行布置,封底时从桩基护筒周围一端向另一端推进,最后完成封底。水下封底时除测量导管附近混凝土面高程外,还要测量导管作业半径边缘处高程,控制好封底混凝土高程。封底临近结束时,全面测出混凝土面高程,重点监测导管作业半径交界处、护筒周围、套箱内侧周边等部位,根据测量结果对高程较低的测点区域增加混凝土浇筑方量,力求封底混凝土顶面平整,并保证满足封底混凝土厚度要求。

当所有测点高程均满足要求时,终止混凝土浇筑,上拔导管,冲洗堆放。

③围堰内抽水。

当封底混凝土强度达设计强度 80% 以上时,便可进行围堰内抽水,抽水前,将围堰侧壁的孔封堵。当围堰内水位下降至一定的高度时,暂停抽水,观察围堰内水位变化及变形情况,如水位无变化,则继续抽水至封底混凝土顶面。

④体系转换。

抽完水后,即可焊接牛腿,牛腿采用 2 I25a 工字钢,位于第二层封底混凝土中,为保证焊接质量,焊接前必须将钢护筒外壁的残余物、水泥浆、铁锈等清理干净,施焊前将水分烘干,牛腿需预开 45°单面坡口,牛腿焊缝应紧密、均匀和满焊,焊缝厚度不小于 10mm。

牛腿焊好之后,开始进行体系转换。具体做法如下:向下拧紧精轧螺纹钢筋螺母,要注意各个点的螺母都要收紧,然后开始松掉上吊架上的螺母。顺序应该遵循从中间到两端的原则。待所有螺母都松掉之后,即表示已完成体系转换,即可拆除上吊架体系,准备进行承台钢筋绑扎施工。

体系转换完成后,即可进行混凝土二次干封底,混凝土强度等级为 C25,封底厚度为 30cm,要求封底混凝土表面平整,顶面高程为 4.0m。

(5)割除护筒、凿桩头。

第二次封底结束后,可按照设计高程割除多余的桩基护筒,凿除多余桩头,考虑部分桩头较高,可考虑采用风镐配合微膨胀剂进行凿除,以加快施工进度。同时解开连接器将吊架解除,整理好后周转用于其他套箱的施工。

(6)承台钢筋、预埋件安装。

①钢筋施工。

A.钢筋施工应遵守设计和规范要求,尤其注意焊接与机械连接的质量是否满足要求。

B.当承台钢筋与模板、预埋件的位置发生冲突时,可适当调整钢筋位置,但不得随便割断钢筋。

C. 塔座预埋钢筋应随承台钢筋一起绑扎安装。

D. 为确保主墩预埋钢筋保护层和位置的准确,考虑采用定型劲性骨架定位。因此在承台第一层钢筋绑扎时需预埋定位架,以确保第二层主墩钢筋顺利安装。

②预埋件安装。

A. 在承台施工过程中,应注意各种预埋件的埋设时间与位置。

B. 预埋件的定位必须准确无误,埋设质量必须满足设计要求。

C. 为防止预埋件受污染或锈蚀,要求所有预埋件均需进行防腐处理,安装前对其表面进行清理后涂刷防腐油漆。

D. 塔柱施工时需在塔座上预埋劲性骨架,考虑将塔柱劲性骨架设计方案随塔座施工方案另行上报。

(7) 承台混凝土浇筑。

①第一层混凝土施工。

第二次封底完成后,即可进行承台施工。

浇筑第一层混凝土对于承台套箱有重要意义。第一层混凝土成功浇筑,可以说套箱施工的基本问题得以解决。为保证第一层混凝土浇筑成功,在技术工艺上应采取以下措施:

A. 浇筑顺序为从中间向两端进行。

B. 混凝土性能指标:初凝时间要求8~10h,坍落度18~22cm,和易性好。

C. 混凝土的振捣:采用插入式振动器振捣,每隔30~50cm一个振捣点。混凝土按一定厚度、顺序、方向分层浇筑,应在下层混凝土初凝或能重塑前浇筑完成上层混凝土。振动器与侧模保持5~10cm的距离;插入下层混凝土5~10cm;每一振捣部位的振捣时间不能过长或过短,应振捣到该处的混凝土停止下沉,不再冒气泡,表面平坦、泛起浮浆为止;每一处振动完毕应边振动边徐徐提出振动棒;应避免振动棒碰撞模板、钢筋及其他预埋件。对桩基及模板周边的混凝土应加强振捣。输送泵管分布于内撑梁顶。

②第二层混凝土施工。

在浇筑第二层混凝土时,可从上水往下水方向平铺浇筑,浇筑混凝土的时间较长,要求混凝土的各项性能都能满足要求,以保证混凝土浇筑质量;在浇筑第二层混凝土之前要确保塔座预埋钢筋的位置准确。

浇筑混凝土前,应对模板、钢筋和预埋件进行检查,做好记录,符合设计要求后方可浇筑。承台混凝土属于大体积混凝土,在混凝土内埋设冷却水管,用流动的冷水降低混凝土温度。浇筑前对安装好的混凝土冷却管进行试通水,防止管道漏水、阻塞。

承台分两层浇筑,为减小由于龄期差对混凝土造成影响,要求两层混凝土的施工龄期差不超过7d,并按规范处理好施工缝。

3.2.3　岸上承台详细施工工艺及操作细则

1)施工准备

(1)施工前,应仔细阅读图纸,对施工的地质进行现场核对,确定0~9号墩、22~30号墩采用放坡开挖基坑进行承台施工。

(2)根据线路布置,22号、23号墩承台基坑开挖会影响施工北江一路的通行,故在进行基坑开挖时,需对施工便道侧进行边坡维护及插打木桩或使用型钢进行临时性支护。

(3)承台基坑开挖前,清除桩基原地面周围泥浆、弃土等杂物,并将杂物弃于指定地点,做好防排水工作,防止汛期雨水漫进开挖后的基坑,并准备排水设备。

(4)经现场技术人员认可具备开挖条件后,与作业区测量班联系放出承台轮廓大样及开挖深度,施工班根据桩位,撒上红线。同时埋设护桩,以便在开挖过程或开挖完毕后及时恢复基坑轮廓原样。

2)基坑放样

根据承台平面尺寸及开挖深度、预留工作面宽度、集水沟宽度等确定基坑开挖的尺寸。开挖前,先放出承台四个角点桩位、基础轴线,并按照开挖深度、开挖边坡(1∶0.75)、支模空间(0.8~1.0m)计算开挖边线,然后进行基坑开挖。

3)基坑开挖

采用明挖法施工,即用挖掘机一次挖至设计高程,用人工开挖至基底10cm并找平。开挖过程中随时测量基底高程及平面位置,避免超挖。在地质情况较差或靠便道侧易塌方段采用木桩或钢桩支护。开挖时注意挖掘机不能碰撞桩头。

基坑的开挖坡度以保证边坡的稳定为原则,根据地质条件、开挖深度、现场的具体情况确定。当基坑壁坡不易稳定或放坡开挖受场地限制,或放坡开挖工作量大不经济时,可按具体情况采取加固坑壁措施,如挡板支撑、混凝土护壁、钢板桩、锚杆支护、地下连续壁等。

基坑顶面应设置防止地面水流入基坑的措施,如截水沟等。当基坑地下水采用通常的排水方法难以解决时,可采用井点法降水,井点类型根据其土层的渗透系数、降水的深度及工程特点确定。

(1)开挖时,用全站仪放出承台四角坐标后,承台设计边线每边加宽60cm作为基坑开挖的控制底线,用白灰画第一道标记线。从第一道线向外平行增加开挖加宽量,用白灰画第二道标记线,作为开挖的控制边线。

(2)开挖过程中应经常核对基坑底部高程及边坡坡度,防止超挖,并在基底预留20~30cm厚的土层由人工进行清理,防止机械施作时扰动基底土体的结构。

(3)为防止机械碰撞桩身,桩身四周的土体应由人工进行清除。

(4)开挖完的基坑要在基顶外1.0m处,沿周围设置高0.3m、底宽0.5m左右的拦水坝,防止地表水流进入基坑内;在基坑开挖线以外 5m 处设置纵横向截水沟,将地表水排入天然水沟。基坑排水采取在基坑四周设排水沟及集水坑,并由专人负责排除基坑积水,严禁积水浸泡基坑。

(5)挖除的土应运至指定地点弃掉,临时堆放在基坑周围的土方,必须保证弃土堆的坡脚与坑顶缘的距离不小于开挖基坑的深度,以免影响施工或对坑壁稳定造成影响。

4)基坑排水

当地下有渗水时,分别在四侧各开挖一条 20～30cm 深的排水沟,采用人工配合水泵进行排水。

沿基坑四周人工开挖集水沟、汇水井。开挖集水沟时,应注意沟底高程的控制,便于水顺利汇于汇水井中。用水泵把汇水井中的水抽出坑外排出,排水管口应在基坑边缘 5m 以外,以防水再次渗回基坑,致使边坡坍塌。根据汇水井的汇水量,采取相应的抽水频率,直至承台施工完毕。

5)承台主体结构施工

岸上承台实体结构钢筋、冷却管、模板、混凝土浇筑等施工工艺与水上承台施工工艺一致。

3.3 承台温控措施

大体积混凝土施工时遇到的普遍问题是温度裂缝。由于混凝土的体积大,聚集的水化热大,在混凝土内外散热不均匀以及受到内外约束的情况时,混凝土内部会产生较大的温度应力,导致裂缝产生,为结构埋下严重的质量隐患。因此,大体积混凝土施工中的温度监控是控制裂缝的关键。

(1)合理选择原材料,优化混凝土配合比。

①水泥。选用水化热低、安全性好的水泥,并在满足设计强度要求 40MPa 的前提下,尽可能地减少水泥用量,以减少水泥的水化热。

②集料。尽量选用粒径大、级配较好的粗集料。

③外加剂。掺加适量的磨细的粉煤灰和减水剂。

(2)施工方法。

混凝土水平分层浇筑,第一层为 3m,第二层为 2m,封底为 1.2m + 0.3m。

(3)当浇筑温度偏高时,采取砂石料洒水降温的措施,降低混凝土的入模温度。测量混凝土入仓温度,以便推测混凝土的内部温度,并与实测的温度进行比较,用来确定冷却水的流量、温度和混凝土的保温措施。

(4)混凝土结构内部埋设冷却水管和温控点,通过冷却水循环,降低混凝土内部温度,减小内表温差,及时调整冷却水的流量,控制温差。

①埋设冷却水管。冷却循环水管采用黑铁管,埋设在混凝土浇筑层的中心位置稍靠下。每层水管的进、出水口互相错开,且出水口有调节流量的水阀和测流量设备。

②冷却水管安装时,钢筋骨架应固定牢靠,以防混凝土灌注时水管变形及脱落而发生堵水和漏水,并做通水试验。

③每层循环水管被混凝土覆盖并振捣完毕,开始初凝即在该层水管内通水。循环冷却水的流量可控制在 10~20L/min,使进、出水的温差小于 10℃。自混凝土浇筑开始,冷却水管中连续通冷却水 14d。

④冷却水管使用完毕,需压注水泥浆封闭。

(5)严格控制混凝土的坍落度,施工中随时抽样做试验,混凝土分层浇筑和振动,振动上层混凝土时,振动棒要在下层混凝土初凝前插入下层混凝土一起振动,确保上、下层连接良好。振动时快插慢拔,以保证混凝土密实。

(6)养护。

混凝土浇筑完后,应进行表面蓄水养护。

4 引桥墩身施工技术

4.1 概 述

4.1.1 工程概况

北江四桥引桥墩身采用花瓶板墩,为矩形断面,高度为3.391~19.715m不等,平均墩高为9.348m,包括直线段和曲线段两部分,曲线段高度为3m和3.7m两种。墩顶设置钢筋混凝土挡块,防止桥墩与梁脱离。引桥墩身横断面如图4.1-1所示。

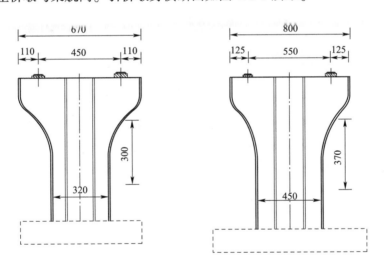

图4.1-1 引桥墩身横断面图(尺寸单位:cm)

4.1.2 施工方案简介

墩身采用扣件式钢管支架施工,在承台上架设I25a工字钢,再搭设扣件式钢管支架,墩身分次浇筑完成。首先施工直线段墩身,采用砂浆、小块模板调整高程,使直线段模板顶高程和曲线段模板底高程一致,最后施工曲线段。

4.2 墩身施工工艺

4.2.1 墩身施工工艺流程图

墩身施工工艺流程见图 4.2-1。

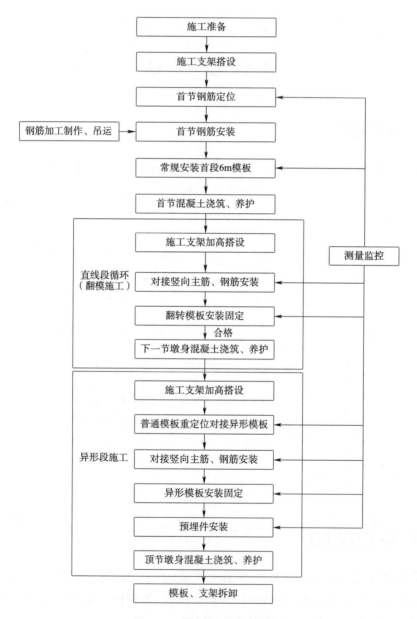

图 4.2-1 墩身施工工艺流程图

4.2.2 墩身施工准备

承台施工完成后,根据脚手架设计图纸进行测量放样,铺设Ⅰ25a工字钢。为防止墩身预埋钢筋的锈蚀,须进行墩身预埋钢筋的涂膜镀锌防护。对墩身与承台结合面施工缝进行凿毛,并将混凝土表面清理干净,直至露出新鲜混凝土及承台混凝土石子清晰可见。同时在承台顶面测量放线,放出墩身纵横十字线及墩身边线。

4.2.3 墩身施工脚手架设计与搭设

脚手架工程是整个墩身施工的基础,也是墩身钢筋顶端固定的支点,还是施工人员上下的通道。墩身内侧采用脚手架搭设操作平台和支撑架,必须搭设牢固、可靠、合理。在两薄壁墩间脚手架上设置一可靠扶梯供施工人员上下,以保证安全。脚手架随墩身混凝土的升高而升高,为保证脚手架稳定、可靠,必要时可在墩身上预埋钢板。

墩身施工中每节段钢筋、模板及混凝土荷载由承台和已浇筑好的墩身承受,施工脚手架主要用于承受施工过程中安装钢筋、模板及浇筑混凝土时施工人员及小型机具的荷载。施工脚手架采用扣件式钢管支架,支架通过拉设抗风缆以加强其稳定性。主墩支架搭设如图4.2-2所示,水上支架搭设布置如图4.2-3所示。

图 4.2-2 主墩支架搭设

墩身施工在铺设完Ⅰ25a工字钢后,按照设计搭设扣件式钢管脚手架,脚手架纵、横向用 $\phi 48mm \times 3.5mm$ 钢管连接,施工脚手架绕墩柱布置,四边均设为2排,横桥向立杆布置间距为 $7m \times 0.9m + 0.6m + 7m \times 0.9m$,纵桥向立杆布置间距为 $0.9m + 0.85m + 2m \times 0.9m + 0.85m + 0.9m$,纵横水平杆与立杆交叉连接,水平杆竖向间距2m,在底面以上20cm纵横向设置扫地杆,在爬梯位置水平杆处作相应调整。在脚手架四周设置剪刀撑。在爬梯范围密布走道板,脚手架四周施工操作平台走道板隔层布设,爬梯及走道板采用竹串片脚手板。施工脚手架搭设完毕后,应对其平面位置,节点联系,纵、横向稳定性进行全面检查,经自检及监理工程师验收合格后方可投入使用,进行下一道工序。

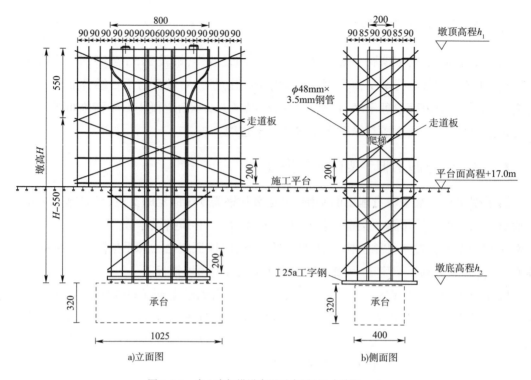

图 4.2-3 水上支架搭设布置示意图(尺寸单位:cm)

4.2.4 墩身钢筋制作与安装

在施工脚手架搭好后即可进行墩身钢筋安装。

原材料进场必须经检验合格后方可使用。检验时要注意钢筋端头是否有弯曲,钢筋外观、钢筋直径是否符合要求。钢筋应有出厂质量保证书或试验报告单,并做机械性能试验。钢筋必须按不同钢种、等级、牌号、规格及生产厂家分批验收、分别堆存,不得混杂,且应立牌标明以资识别。钢筋运输、存放应避免锈蚀、污染,露天堆放时应垫高并加遮盖。钢筋外表有严重锈蚀、麻坑、裂纹夹砂和夹层等缺陷时,应予以剔除,不得使用。

墩身钢筋在钢筋加工区集中预制,主筋的接长采用镦粗直螺纹连接,预制完成并经检验合格后,再用平板车转运到现场安装,转运过程中应特别注意保护钢筋连接的螺牙。主筋下料长度标准节段长12m,墩身钢筋保护层采用锥形塑料垫块,保护层按 100cm × 100cm 矩阵结构布置。现场安装时先逐根接长主筋,然后安装箍筋。主筋安装采用钢管与脚手架连接做成井字架,用来定位钢筋并保证主筋的垂直度。钢筋安装时采用钢管和竹串片脚手板在墩身周围设置施工平台。箍筋绑扎高度至第一次浇筑混凝土高度为宜,第一节墩身钢筋绑扎好后,采用钢管与脚手架连接固定,保证墩身钢筋的稳定性。钢筋的加工、安装必须满足设计和规范要求。

墩柱钢筋安装前,对预埋于承台内的预埋钢筋表面进行除锈处理,并对主筋位置进行校正,保证预埋主筋在安装前是竖直的。保护层厚度的锥形塑料垫块误差控制在 0~5mm 范围内,钢筋的其他制作要求应符合本桥有关技术规范要求。

墩身骨架钢筋的位置要准确地放样出来。钢筋由制作加工厂加工成半成品运到现场绑扎成型。受力主筋的接点不设于最大应力点处,并使接头交错排列,钢筋焊接的区段内,对接钢筋的面积不超过钢筋总面积的 50%,同一根钢筋相邻两焊接接头的间隔长度不小于 $35d$(d 为钢筋直径)。钢筋骨架安装中以劲性骨架定位,施工时先接长主筋定位骨架,再接长主筋并精确定位,然后按图纸尺寸绑扎箍筋。在钢筋施工时进行两阶段控制,第一阶段控制主筋接头、主筋间距、箍筋间距符合本桥有关技术规范要求,同时控制钢筋数量。第二阶段在完成模板安装定位后再调整内、外层钢筋间距及钢筋保护层厚度。这样通过两次调整来保证钢筋在各个方面均满足设计和规范规定的要求。

钢筋的交叉点应用铁丝绑扎结实,必要时亦可用点焊焊牢,箍筋应与主筋垂直,箍筋的末端应向内弯曲,绑扎用的铁丝要向里弯,不得伸向保护层内。

钢筋安装完毕后,必须经现场质检工程师和监理工程师检查验收合格后方可进行模板的安装。

4.2.5 墩身模板制作与安装

为了保证墩身外观质量,墩身模板采用定型钢模。面板采用 6mm 厚钢板,加劲肋条采用[10 号槽钢以及 6mm 厚、10cm 高的板条,加工成 45cm×30cm 网格,模板块接口板采用 12mm 厚钢板。为保证墩身外观和混凝土耐久性,模板施工不设对拉螺栓,采用强度和刚度足够的背肋,纵桥向背肋采用双拼[16b 槽钢,横桥向背肋采用双拼[32b 槽钢,背肋竖向间距 100cm。模板分块高度分别为 300cm、200cm、100cm、50cm、30cm、20cm、10cm,小块(高度 50cm 以下)模板用于第一节模板高程调整,第二节模板采用高度为 100~200cm 大块模板组拼,第三节曲线段为整体大块模板高度为 300cm。墩身模板施工如图 4.2-4 所示。

模板设计时充分考虑混凝土对模板的侧压力、振动附加力、浇筑混凝土时的冲击力等其他荷载。加工完成后先在车间试拼装,各项指标均合格后方可出厂运往工地组装。

模板由专业厂家加工制作,运至现场后进行整体预拼装,保证模板接缝顺畅,并用油漆编号。预拼完毕进行表面打磨除锈,涂刷光油防锈蚀。模板正式投入使用前,用钢丝轮清除表面光油,在表面涂刷脱模剂,脱模剂采用新机油。除此之外,还要进行墩身混凝土试验段试浇筑,观察接缝质量、平整度、表面光洁度及外观色泽。模板安装由汽车起重机或履带式起重机提升。墩身首节混凝土施工高度根据实际墩身高度及高程调整高度进行施工,此后施工留顶部一块作为接口基模,脱下的模板向上翻转安装,接口基模用于固定下节墩身模板。

加工好的模板逐块进行验收,并进行场外试拼装,拼装成墩身要求尺寸后再次测量尺寸偏差,并符合规定偏差要求,克服误差值的单向累积,否则须再次精加工,直至符合要求为止。

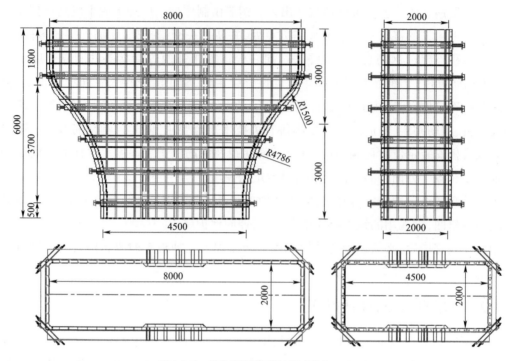

图 4.2-4 墩身模板施工图(尺寸单位:cm)

墩身施工首节垂直度最为关键,直接影响墩身垂直度。墩身施工时,事先预埋铁件用于固定模板,模板安装完毕,调整垂直度,加固模板,模板底部与混凝土接触部位使用止水胶带,外侧周边用砂浆封裹,防止混凝土浇筑时漏浆。在进行首节模板安装前应先对墩身的位置进行精确放样,对模板进行精确定位,模板安装后应通过测量对模板顶面的平面位置进行复测,出现偏位时应对模板进行调整,直到满足设计和规范要求为止。

模板安装前需对模板尺寸进行检查。钢筋、预埋件安装好并经监理工程师验收合格后即可安装墩柱模板,模板采用塔式起重机安装。施工过程中,三套模板交替上升,每次翻升两套,每次浇筑高度4.5m。

第一次(起步段)模板的安装:首先在承台上准确放出墩柱边线位置,弹上墨线,将墨线内混凝土凿毛;然后用厚20cm的砖垫在放样位置,内空为墩柱边线(便于拆模);按顺序将钢模吊运至安装位置,模板下端与砖垫内口对齐,然后将模板之间用螺栓连接成整体,并安装工作平台。利用全站仪进行调位:首先对四角点进行高程测量,使之等高;然后反复调整侧模、正模偏位,直至侧模、正模偏位均符合规范要求。

第二次直接将模板置于上一块模板顶面,其底面与上一块模板顶面对齐,其余方法与上面相同;第三次则将第一块模板拆除后翻到第三块模板顶面安装。以后照此循环,模板安装时要保证上下段接缝密合、顺直。

安装时，在模板接缝处用普通胶水粘贴2mm厚塑料泡沫防止漏浆。内外模间设置对拉螺栓以固定模板，拉杆外套PVC管以便于对拉螺栓拆除。每安装一层模板均用全站仪通过控制模板四角坐标和高程定位，安装后的模板应线形顺适，接头紧密、平整，位置准确，在监理工程师检查验收合格后方可浇筑墩柱混凝土。

模板安装时，固定钢筋的井字架钢管不得全部拆除，有妨碍的定位钢管不能同时拆除，以保证钢筋的稳定。模板安装好后，在模板顶部拉设风缆（每边2条，共8条），用以调整模板垂直度并保证模板稳定性。

模板安装完毕后经现场质检工程师和现场监理工程师检验合格后方可进行混凝土的浇筑。检验主要内容包括平面位置、顶部高程、节点联系及稳定性。

混凝土达到足够强度以后拆除模板，随即进行墩身表面的修饰。拆模后，先将模板表面清理干净，再在其表面均匀涂抹脱模剂，防止其生锈，以便下次使用。拆卸模板时做到小心谨慎，防止损伤混凝土。

模板保障措施如下：

(1) 设计保障措施。外观质量的好坏很大程度上取决于模板结构及其支承系统是否合理。模板及支架系统的设计要从材质、结构构造、强度、刚度及稳定性等方面进行比较，特别是刚度的计算至关重要，模板及支架系统的变形必须在规范允许范围以内。设计还要考虑减少竖向和水平向接缝。

(2) 模板及其支撑体系的加工精度保障措施。模板加工精度必须在允许范围以内，特别要防止钢结构焊接变形。加工组拼时，对易变形的部位固位并跳焊。加工后进行组装，满足精度要求后方可使用。

(3) 保证结构线形措施。以严格的测量手段保证模板的平面位置及高程。

模板安装注意事项如下：

(1) 安装模板时，将模板清洗干净，板面用砂布除锈后涂上薄薄的一层新机油或脱模剂，严禁不除锈即使用，严禁使用废机油或涂油过多，避免造成油脂流淌污染。

(2) 拆模时严禁用撬棍猛烈锤击模板，防止损坏混凝土表面和造成模板变形。

(3) 塔式起重机吊装模板时，防止模板上升途中对混凝土表面的划伤。

(4) 模板拉杆对称均匀拧紧，使模板平顺，以保证墩身表面美观。

4.2.6 墩身混凝土施工

1) 原材料的检验

原材料进场经过检验合格后方可使用。钢材、中砂、碎石进场后，集中分类堆放。工地试验室自检合格后，提前请监理到试验室进行抽检，抽检合格后，将标示牌换为"合格"，表示可以使用。

水泥、粉煤灰、外加剂进场后，因这几种材料具有时效性，应及时自检和请监理去试验室抽检,并在材料保质期内把该批次材料用完。超过保质期,未用完的材料必须报废,不得继续使用。

墩柱施工前,先针对使用的材料,根据现场情况做好混凝土配合比设计,要求泵送混凝土的流动性、和易性、初凝时间、缓凝早强性都能达到施工要求,配合比试验合格并经监理工程师认可后才可用于结构物。

2)墩身混凝土的搅拌和运输

混凝土强度等级为C40,坍落度为16~18cm,初凝时间控制在12h左右。混凝土采用混凝土运输车运送,采用天泵泵送到位,模板内部使用串筒将混凝土引入,为了避免混凝土离析,混凝土下落高度不得超过2m。混凝土的振捣使用插入式振动器,每层浇筑厚度为30cm,其移动间距不宜超过振动器作业半径的1.5倍,与侧模保持5~10cm的距离,插入下层的深度为5~10cm。对每一振捣部位的振捣时间不能过长或过短,直至该部位的混凝土停止下沉,不再冒气泡,表面平坦、泛浆为止,拔出振动器不留孔洞。对模板的边角要适当加振,以保证混凝土的振捣质量。

3)浇筑混凝土注意事项

(1)浇筑混凝土期间应设专人检查模板、钢管脚手架的稳固情况,发现有松动、变形和位移时,要及时处理。

(2)为防止墩身第一层混凝土中的水分被承台吸收或水分渗入混凝土,施工时先将底面进行处理:提前洒水,表面湿润。

(3)在浇筑过程中,还应随时注意防止振动棒与模板、钢筋碰撞所引起的松动、变形和移位。一旦发生变位现象,需立即进行处理、纠正。

(4)浇筑混凝土的间断时间超过规定的时间或前段混凝土浇筑已凝结,除按施工缝处理外,一般待前层混凝土达2.5MPa强度后方可浇筑次层混凝土。

(5)为保证墩柱节间混凝土连接质量,浇筑时让混凝土顶面高出模板顶面2~3cm,在凿毛时凿至混凝土外缘与模板顶面平齐,另外,次节段混凝土浇筑之前用清水充分润湿上一节段混凝土表面,并再次拧紧已成混凝土顶面处的模板对拉杆,防止出现漏浆现象,浇筑中若发现模板有变形、移位状况必须立即处理。

4)拆模、养护

混凝土浇筑完成后,在表面收浆后予以覆盖和洒水养护,覆盖时不得损伤或污染混凝土的表面,混凝土面有模板覆盖时,在养护期间应经常使模板保持湿润。

在混凝土浇筑完成后12h,混凝土强度达到2.5MPa以上时可以拆除模板。注意混凝土的养护,混凝土全部浇筑完毕后,待其表面初凝,在混凝土顶面盖土工布,侧面用塑料薄膜包裹洒水养护,养护时间一般为7d,可根据空气的湿度、温度和水泥品种及掺用的外加剂等情况,酌情延长或缩短。每天洒水次数以能保持混凝土表面经常处于湿润状态为度。

施工中，模板易产生偏移，为了保证质量，在正常施工中，每次浇筑要用仪器测量中线、水平1~2次，如发现偏移要及时纠正。

脱模后发现有掉角、蜂窝、麻面等现象，要及时进行修补抹平，严重者须将混凝土全部清除，重新灌注。

脱模后引桥墩身如图4.2-5所示。

图4.2-5 引桥墩身图

5）混凝土凿毛

分层的施工接缝，应将混凝土表面浮浆凿除，露出新鲜混凝土面，保证新老混凝土结合面的黏结可靠度。凿毛时混凝土至少达到下列强度：用人工凿毛时，须达到2.5MPa；风动凿毛时，须达到10MPa；经凿毛处理的混凝土面要用水冲洗干净，在浇筑下一节混凝土前，对施工缝要用清水润湿。凿毛的要求有：

(1) 承台表面的浮浆层必须凿除，直到见到混凝土粗集料为止。

(2) 凿毛范围内高程基本整平。

4.3 支座垫石施工及支座安装

墩身施工时务必注意垫石钢筋的预埋安装。支座垫石施工应根据箱梁施工进度提前进行，施工前对相邻各联墩身进行联测，最终确定支座垫石高程。支座垫石施工时应严格控制其钢筋安装质量、混凝土的振捣质量以及垫石平面位置和高程，同时浇筑混凝土时应按要求预埋支座螺栓孔等。垫石混凝土浇筑完毕后应及时复测其平面位置和高程偏差，若超出规范要求，则用砂轮机等对其进行打磨，使之符合要求。

支座由专业厂家制作，支座进场后必须按设计和规范要求进行验收合格后方可安装。支座安装时应注意支座的型号和方向，严格控制支座的高程，支座上下各部构件纵轴线要对正，不得发生偏歪、不受力和脱空现象。主墩处的支座安装如图4.3-1所示。

图 4.3-1　主墩处的支座安装

4.4　脚手架的拆除

扣件式钢管脚手架拆除时必须划出安全区,设置警戒标志,派专人看管,拆除前应清理脚手架上的器具及多余的材料和杂物。拆除作业应从顶层开始,逐层向下进行,严禁上下层同时拆除。拆除的构配件应成捆用起重设备吊运或人工传递到地面,严禁抛掷。拆除的构配件应分类堆放,以便于运输、维护和保管。

脚手架拆除过程如下:

(1)拆除扣件式脚手架的准备工作。

为了确保拆除工作的安全性,在拆除之前,要对扣件式脚手架进行全面的检查,确定脚手架的支撑体系、扣件、连墙件是否稳固。清除脚手架上混凝土、水泥浆、U形卡等杂物以及地面的障碍物,并划出拆除工作区,设置相关的标志,施工方派专人看管,禁止无关人员入内。

(2)扣件式脚手架拆除工艺流程。

首先拆掉护栏,然后拆脚手板、小横杆、大横杆、剪刀撑、立杆、清除扣件,最后将所有拆除的脚手架构件按照规格堆放,并做好相应的登记和管理,确保下一次施工中能正常使用。扣件式脚手架拆除时必须严格遵守"先上后下、先拆后搭、逐层拆除"的原则,禁止上下层同时进行拆除工作。

(3)脚手架拆除施工。

拉杆、剪刀撑不能一次性全部拆除,而是杆拆到哪里,拉杆和剪刀撑拆到哪里。拆除立杆时,先抱住立杆,再进行拆除,最后拆两个扣件。拆除横杆、剪刀撑、斜杆时,先拆扣件,然后拆除中间的部件。拆除大片架子时,先应预留一定的通道、上料平台和斜道,并对这些地方进行加固。连墙件采取逐层拆除的方式,禁止连墙件整层拆除后再拆除脚手架,而应该分段逐层拆除,拆除分段高度不能大于两步,如果高度大于两步,则要对其进行加固。拆杆和放杆时,需要2~3人一起拆除。拆除作业时,所有的工人要听从指挥,大家上下呼应,配合紧密,当一个人解开与另外一人有关的扣件时,要先通知,然后再拆除。所有拆除的钢管扣件要分段集中运输到地面,并及时检查、登记和保养,按照规格和种类进行堆放,并放置在通风、干燥的地方。

4.5 质量通病主要原因及防治措施

(1)混凝土外表气泡多且密集。

主要原因如下:

①振捣时间不够,振捣棒上提速度过快;

②掺减水剂混凝土搅拌时间不够(不足2min);

③混凝土坍落度大、水泥浆稀、含水率大,贴模板面的混凝土气泡含量多,未排除完。

防治措施如下:

①混凝土拌和均匀,搅拌时间不少于2min;

②坍落度不宜过大;

③振捣棒要快插慢拔,每一振点累计振捣时间不少于25s,柱子愈往上,浇筑速度要放慢,并使坍落度适当减小、振捣时间适当延长;

④混凝土振捣顺序,先从外圈开始,螺旋形振捣到内心,然后再从内到外,反螺旋振捣。

(2)混凝土表面有钢筋显隐。

主要原因如下:

①钢筋笼骨架未整体竖直或有局部变形;

②箍筋净保护层厚度不足,如缠绕主筋的箍筋绕得不紧;

③模板顶端高出钢筋,钢筋笼骨架顶端未伸出模板,难以固定;

④浇筑混凝土的卸料斗、串筒或导管安装不当,其全部或部分支附在模板上未分开;

⑤高柱的钢筋笼骨架自由度大,当振捣人员上下或浇筑作业碰撞钢筋时,致使钢筋笼骨架振动摇晃,被振动的塑性混凝土受挤压而溢出砂浆并附着在箍筋面上,导致保护层混凝土匀密性不良。

防治措施如下:

①箍筋缠绕主筋必须绕紧,不留空隙;

②钢筋笼骨架力求竖直,为增强刚性,加强箍筋直径不应小于主筋直径,当立柱高度≥15m时,加强箍筋内的临时支撑筋宜采用三角形或正方形;

③加密保护层垫块(最好采用塑料垫块),并使钢筋骨架顶端与模板之间有撑有拉,固定坚牢;

④混凝土浇筑作业的混凝土卸料斗或泵送导管等器具必须与模板分离,而且作业过程中避免碰撞钢筋;

⑤控制混凝土坍落度,尤其高墩柱混凝土坍落度宜小不宜大。

(3)混凝土表面显见模板缝痕或缝口处不规则色斑、砂线。

主要原因如下:

模板缝口加工精度不够,难以保证拼装(上下对接或竖向合缝)质量。造成模板拼装后不平顺、有缝隙。浇筑混凝土时,如缝里渗水,但水泥未淌出则形成色斑;如有水泥淌出则形成砂线。当渗水、漏浆的严重程度不同时,色斑范围、深浅不一。

防治措施如下:

①提高模板加工质量,尤其缝口加工精良。

②拼装合缝严密、平顺、不漏水、漏浆。

③振捣混凝土时,振捣棒离开模板缝口20cm。

④立柱混凝土浇到顶端时,须将浮浆(含粗集料少的稀浆混凝土)清除干净,彻底更换。

(4)混凝土出现开裂现象。

主要原因如下:

①施工过程中水泥与石灰的配比不正确。

②混凝土在搅拌运输过程中,时间过长,导致水分快速蒸发,到了现场施工时,混凝土强度达不到要求。

③在施工过程中,施工速度较快,浇筑频繁,流动性比较低,造成混凝土沉降不足。在后期的浇筑过程中,特别是在接缝处,易出现裂纹。

④由于养护不合理,后期不浇水,没有经常润湿,使表面干得更快。水泥一旦失水,就会急剧收缩。当强度降低时,后期就会出现开裂的问题。

⑤与环境有关。比如空气比较干燥,温度比较高,风很大。此时,水泥混凝土表面的蒸发速度会加快,后期容易出现裂缝。特别是在夏季或冬季施工时,易出现温差裂缝。

防治措施如下:

混凝土裂缝控制主要通过优化混凝土配合比、缩短与承台混凝土浇筑龄期时间差、减少混凝土水化热和加强混凝土振捣、养护等措施进行控制。

注意混凝土施工必须做好相关冬季施工防风、保湿、保温措施。墩身混凝土浇筑完毕,立即用抹刀将混凝土顶面收抹平整,并覆盖一层塑料薄膜,以防止混凝土表面被风吹失水而发生干缩裂缝,混凝土终凝后,掀开塑料薄膜在混凝土表面喷洒淡水养护,使混凝土表面能够保持长时间的湿润。

4.6 墩身模板计算

取墩柱底部截面为墩身计算模型截面,尺寸为 $4.5m \times 2m$。模型高度 $H=10m$。主墩结构模型见图 4.6-1。

4.6.1 设计参考规范

(1)《钢结构设计标准》(GB 50017—2017);
(2)《钢结构工程施工质量验收标准》(GB 50205—2020);
(3)《低合金高强度结构钢》(GB/T 1591—2018);
(4)《非合金钢及细晶粒钢焊条》(GB/T 5117—2012);
(5)《起重机设计规范》(GB/T 3811—2008);
(6)《起重机械安全规程 第 1 部分:总则》(GB/T 6067.1—2010)。

4.6.2 计算荷载

1)重力加速度及荷载系数

重力加速度取 10m/s^2,荷载系数取 1.2。

2)最大侧压力及系数

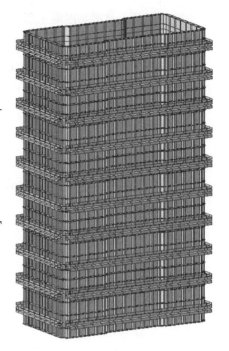

图 4.6-1 主墩结构模型图

倾倒混凝土时冲击力作用于模板侧面的水平集中荷载为 2.0kPa,振动荷载值取 4.0kPa。

公式一:
$$p = 0.22\gamma_c t_0 \beta_1 \beta_2 v^{\frac{1}{2}} \tag{4.6-1}$$

公式二:
$$p = \gamma_c H \tag{4.6-2}$$

式中:p——新浇筑的混凝土对模板的最大侧压力(kN/m^2);

γ_c——混凝土的重度,取 26kN/m^3;

t_0——新浇混凝土的初凝时间,取 6h;

β_1——混凝土外加剂影响修正系数,取 1.0(无外加剂);

β_2——混凝土的坍落度影响系数,取 1.15;

v——混凝土的浇筑速度,取 2m/h;

H——混凝土浇筑的最大高度,取 10m。

流体压力荷载中混凝土的重度 γ_c 取 26kN/m^3,$p = \gamma_c H$,高度 H 取 8m。将具体数值代入公式中得:

式(4.6-1):$p = 0.22 \times 26 \times 6 \times 1.0 \times 1.15 \times 2^{\frac{1}{2}} = 55.8 (\text{kN/m}^2)$。

式(4.6-2):$p = 26 \times 10 = 260 (\text{kN/m}^2)$。

取两式中的较小值,故取混凝土的侧压力:$p = 55.8 (\text{kN/m}^2)$。为确保安全,取新浇筑混凝土侧压力设计值:$p_1 = 55.8 \times 1.2 = 67 (\text{kN/m}^2)$。

倾倒混凝土及振捣混凝土荷载为 $4kN/m^2$，根据《建筑施工模板安全技术规范》(JGJ 162—2008)，倾倒或振捣混凝土的荷载分项系数取 1.4，取其设计值为 $p_2 = 4 \times 1.4 = 5.6(kN/m^2)$。

总侧压力 $p = p_1 + p_2 = 67 + 5.6 = 72.6(kPa)$（为便于有效压头取值，计算时代入模型数值为 72.2kPa）。

4.6.3 有限元分析

1）计算加载模型

计算加载模型如图 4.6-2 所示，计算压力等效高度 $H = 10m$，总侧压力 $p = 72.2kPa$。

2）主墩整体变形

主墩整体变形如图 4.6-3 所示，由图可知，主墩最大变形值为 2.9mm。

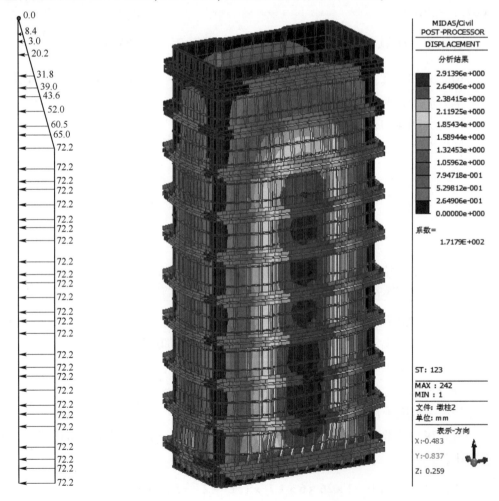

图 4.6-2　模型加载图(荷载单位：kPa)　　　图 4.6-3　主墩整体变形图

3）梁单元变形

主墩梁单元变形如图 4.6-4 所示，由图可知，最大变形值为 2.9mm。

4）梁单元应力

主墩梁单元应力如图 4.6-5 所示，由图可知，最大应力值为 161MPa。

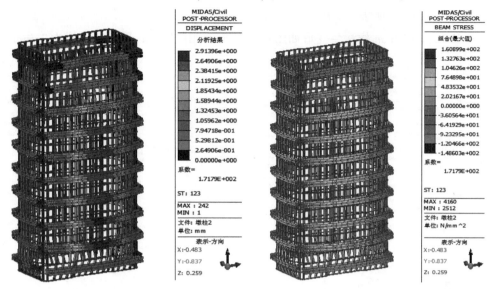

图 4.6-4　梁单元变形图　　　　　　　图 4.6-5　梁单元应力图

5）100mm×12mm 竖法兰应力

主墩 100mm×12mm 竖法兰应力如图 4.6-6 所示，由图可知，最大应力值为 161MPa。

6）100mm×12mm 竖法兰变形

主墩 100mm×12mm 竖法兰变形如图 4.6-7 所示，由图可知，最大变形值为 0.2mm。

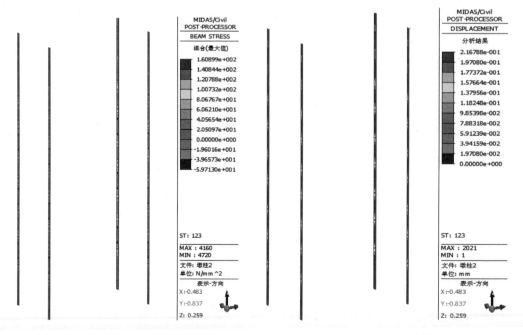

图 4.6-6　100mm×12mm 竖法兰应力图　　　　图 4.6-7　100mm×12mm 竖法兰变形图

7) 100mm×12mm 横法兰应力

主墩 100mm×12mm 横法兰应力如图 4.6-8 所示，由图可知，最大应力值为 148MPa。

8) 100mm×12mm 横法兰变形

主墩 100mm×12mm 横法兰变形如图 4.6-9 所示，由图可知，最大变形值为 2.9mm。

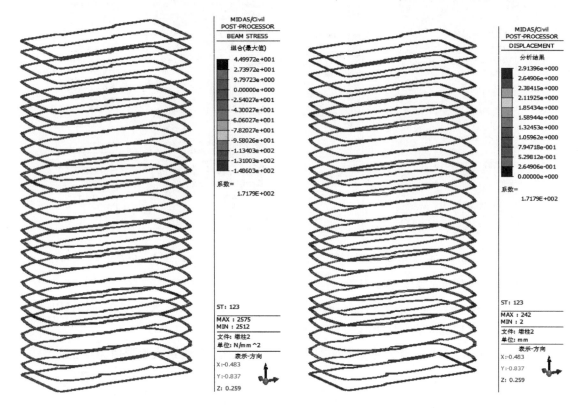

图 4.6-8　100mm×12mm 横法兰应力图　　　　图 4.6-9　100mm×12mm 横法兰变形图

9) 10 号槽钢竖肋应力

主墩 10 号槽钢竖肋应力如图 4.6-10 所示，由图可知，最大应力值 93MPa。

10) 10 号槽钢竖肋变形

主墩 10 号槽钢竖肋变形如图 4.6-11 所示，由图可知，最大变形值 2.9mm。

11) 外模背肋应力

主墩外模背肋应力如图 4.6-12 所示，由图可知，最大应力值 91MPa。

12) 外模背肋变形

主墩外模背肋变形如图 4.6-13 所示，由图可知，最大变形值 2.8mm。

4.6.4　结论

计算结果显示：

(1) 板单元、梁单元应力均小于 175MPa，故墩身模板满足要求。

（2）计算侧压力时，混凝土浇筑速度以 2m/h 计算，浇筑混凝土时需控制在 2m/h 以内。

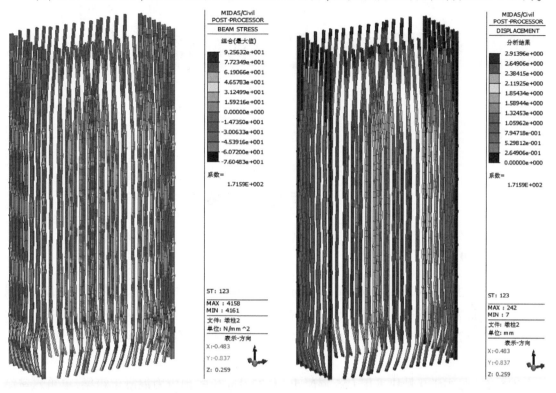

图 4.6-10　10 号槽钢竖肋应力图　　　　　　　　图 4.6-11　10 号槽钢竖肋变形图

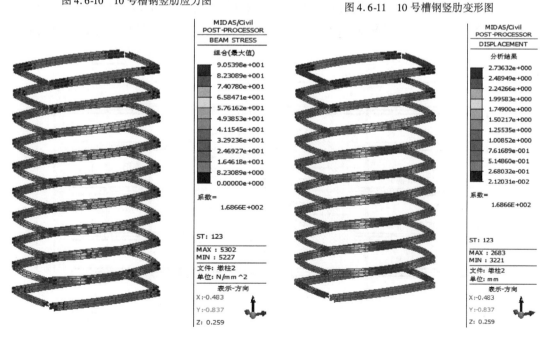

图 4.6-12　外模背肋应力图　　　　　　　　图 4.6-13　外模背肋变形图

5 0号块和上下塔柱施工技术

5.1 0号块施工技术

5.1.1 0号块工程概况

北江四桥主桥长418m,为100m+218m+100m双塔单索面斜拉桥,主塔采用"水滴流线型"桥塔,主梁采用钢箱梁与混凝土相结合的混合梁。主塔中心轴线顺桥向两侧共22.1m范围采用预应力混凝土箱梁(0号块)。其余部分为闭口钢箱梁,钢箱梁与混凝土梁段采用钢-混结合段连接。

Z15、Z16号主墩0号块采用C55混凝土,为22.1m长的预应力混凝土箱梁,单箱六室结构,结构外形与钢箱梁保持一致。箱梁在不包括绿化带的情况下宽42m,中段主梁左右两侧均悬挑2m的景观平台,箱梁底宽20m,中心梁高为4.04m,桥面横坡坡度为2%,如图5.1-1所示。

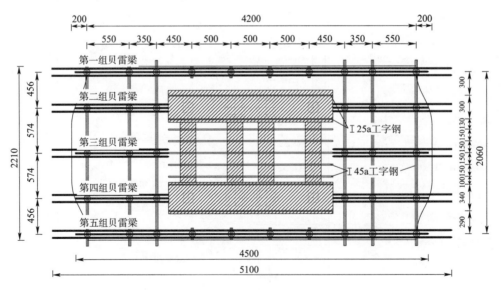

图5.1-1 0号块平面图(尺寸单位:cm)

行车道及中央分隔带范围内截面顶、底板厚50cm,人行道范围顶、底板厚30cm,景观平台加宽部分顶板厚25cm。箱梁中腹板厚80cm,边腹板厚60cm。中横梁宽3m,端横梁宽1.5m(即钢-混结合段混凝土部分),沿纵桥向在两中横梁间设两道60cm厚的横隔板,如图5.1-2所示。

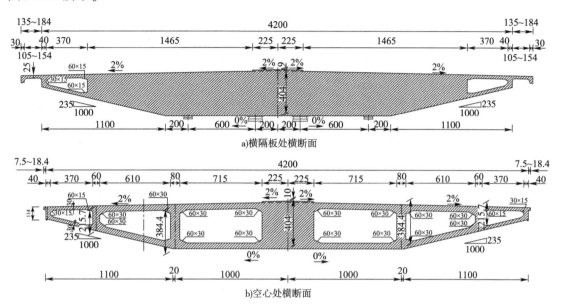

图5.1-2　0号块横断面图(尺寸单位:cm)

5.1.2　0号块详细施工工艺

根据北江四桥桥位处的实际地质情况以及项目所有资源,主要采用φ82cm(φ100cm)钢管桩、贝雷梁、工字钢作为0号块支架的主要受力构件来进行结构设计。

北江四桥0号块支架的结构形式均为φ82cm(φ100cm)螺旋钢管桩上纵向架设2I45a工字钢承重梁,承重梁上方横向架设贝雷梁,贝雷梁上方沿纵桥向均匀分布I36a工字钢分配梁,分配梁上铺设三角桁架、方木及底侧模。

螺旋钢管立柱完成后,再焊接横联以确保现浇支架的整体稳定性。

1)0号块总体施工工艺流程

详细施工流程如图5.1-3所示。

2)施工准备

准备工作包括人员、材料和设备准备,施工平台拆除,测量放样等。钢管支架材料必须在搭设前接好,并堆放在施工区域内。

3)0号块支架搭设

(1)钢管桩加工及转运。

①支撑钢管主要从公司在建项目中调拨,物资部应到各项目处进行实地了解,对于长度过小、腐蚀严重、驳接次数过多的钢管严禁进入现场。

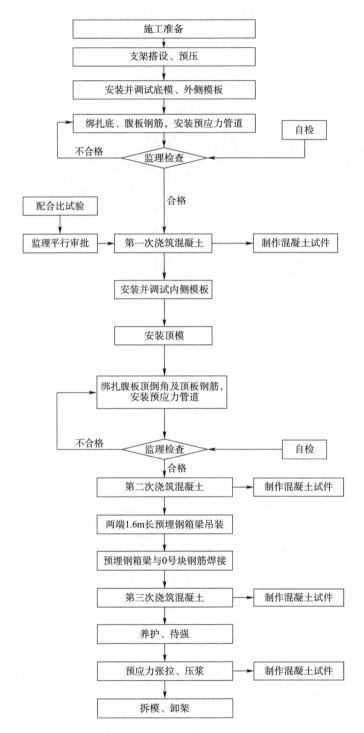

图 5.1-3 主梁 0 号块总体施工流程图

②对现场所有支架材料进行清点，所需钢管桩从内场转运至北岸河边码头进行拼接工作，拼接长度为 23m。拼接好的钢管桩分层堆放，最多堆放 3 层。

③根据桩长和起吊时的要求,在钢管桩布置2个吊耳。吊耳尺寸及焊缝应满足受力要求,严格控制并检查焊缝质量。

④专业队严格按照施工方案和图纸进行施工,钢管拼接完成后,装船转运前需通知质检部、工程部验收,并填写验收表格,确保现场拼接的每一条钢管都满足要求。

(2)测量放样。

根据0号块支架施工图纸,计算出每根钢管桩的坐标和高程,根据计算结果于控制点上设监测站,实时监控测量钢管桩施工,确保每根钢管桩定位准确。

(3)钢管桩振设。

钢管桩先在岸上接驳场地接长至23m左右,以管顶露出水面为准。然后经汽车起重机及浮式起重机下放至平驳船上,转运到现场施工处,利用浮式起重机进行起吊、定位,160t振动锤振打至设计高程。

钢管桩入土深度根据地质情况分段计算,打入过程中根据钢管桩长度的计算结果确定钢管桩的入土深度,防止出现断桩及桩底翻边等情况。钢管桩以贯入度进行控制,针对160t振动锤,当贯入度小于5cm/min时,即可停止打入。钢管倾斜度控制在1/150内,桩中心偏差控制在5cm内。

每根钢管的入土深度都需要如实记录,当钢管桩入土深度达不到设计要求时,需反馈到项目总工处。

(4)钢管桩接长。

钢管桩接长长度约15m,最大质量为3.7t,利用浮式起重机吊装钢管,一次性安装到位。吊装以浮式起重机为主,塔式起重机为辅。钢管吊装到位后,先进行管顶定位,控制钢管桩垂直误差在10cm以内,然后进行管底焊接。钢管焊接时须保证焊缝饱满严密,每个焊接断面至少贴6块1cm厚30cm×15cm加劲板。

为加强钢管桩顶I45a工字钢的整体稳定性,在钢管桩顶部开设40cm高、35cm宽的槽口,双拼I45a工字钢放置在槽口内,并焊接固定。

(5)横联安装。

横联采用φ426mm钢管,共设置两层,第一层布置在常水位高程以上约1m位置,第二层布置在第一层以上10m位置。

(6)双拼I45a工字钢安装。

在钢管顶横桥向布置10排双拼I45a工字钢,中间4排工字钢受下塔柱影响长度为1.5m,其他6排工字钢长度通长为23.6m。

工字钢在地面焊接成双拼,双拼工字钢顶面和底面每米各焊接一道焊缝,每道焊缝长度不小于5cm。工字钢按1.5m和23.6m两种规格进行驳接接长,驳接采用在工字钢翼板、腹板贴焊钢板的方式。

工字钢在地面焊接好双拼后,按1.5m和23.6m两种规格整体吊装。

(7)梁及墩顶承重梁安装。

贝雷梁横桥向布置,架设在双拼I45a工字钢承重梁上,有双拼贝雷梁和三拼贝雷梁两种。贝雷梁在地面上拼接,每组贝雷梁接头均安装花窗。拼接时应考虑浮式起重机实际可吊质量进行整体拼接或分段拼接,待拼接好后用浮式起重机吊装,按照设计间距布置。贝雷梁安装好后采用槽钢卡座与I45a工字钢进行限位固定,并检查贝雷梁支点,若支点没有对应贝雷梁竖杆的,应利用[10槽钢进行加强。

墩顶承重梁根据墩顶比系梁顶高程高20cm,采用I25a工字钢和I45a工字钢两种,I25a工字钢位于下塔柱墩顶上,I45a工字钢位于下塔柱系梁顶上,两种工字钢横桥向布设。

(8)梁安装。

分配梁采用I36a工字钢,墩顶处按75cm等间距纵桥向布置,翼板下分配梁根据远离墩身纵断面越来越矮,按75cm、150cm两种间距纵桥向布置。其中翼板下工字钢34组,长23.7m,分为12m、8m、8m采用错位搭接的方式铺装在贝雷梁上;塔柱段工字钢35组,长23.94m,分为9m、9m、8m采用错位搭接的方式铺装在墩顶工字钢承重梁上。

(9)板安装。

在支架平台的周边采用走道板满铺,横桥向两端走道板采用钢模板,宽1.5m,周边安装标准护栏,护栏高度不低于1.2m;纵向两端走道板采用标准走道板,宽1.2m,周边安装标准护栏,护栏高度不低于1.2m。支架平台四周挂设安全绿网,设置踢脚板,至此支架搭设完成。支架搭设如图5.1-4所示。

图5.1-4 0号块支架搭设

4)0号块支架预压

预压的目的是检验0号块支架的安全性和实际变形量,通过预压消除支架非弹性变形,并检验设计计算结果,调整预拱度,详细如图5.1-5所示。

(1)对Z15、Z16号两个主墩0号块受力较大的部分区域进行预压;

(2)根据纵断面结构形式全部采用钢筋进行预压以达到设计质量;

(3)墩顶位置不考虑预压,2m宽景观平台位置受力较小,也不考虑进行预压。

0号块支架的预压区域的混凝土梁体积约240m³，总重600t。支架预压按荷载总重的0→20%→50%→80%→100%→持荷观测→80%→50%→20%→0进行加载及卸载，并测得各级荷载下测点的变形值。

5）0号块主体施工

（1）模板施工。

考虑混凝土外观及施工方便，0号块底模板、外侧模板、内侧模板全部采用20mm厚黑夹板+10cm×12cm方木。

图5.1-5　0号块支架预压

底模板直接铺在纵向I36工字钢上。底模板高程及中线都应测量放样，如有偏差则需通过I36工字钢上方的木楔来调整。高程测量时，考虑支架压缩变形设置预拱度并预调高程，调高量暂定为2cm。

底模板高程、中线调整好后，安装外侧模板。模板接缝严密以防止漏浆，有利于混凝土外观质量。侧模板用I12.6a工字钢、[8槽钢及∠5角钢形成三角桁架骨架，骨架片纵向间距按照75cm均匀布置，并将方木按照设计的间距利用铁线固定在三角桁架骨架上，再将夹板铺设在方木上。

外侧模板安装好后，由测量组测量高程，如有偏差，则需通过翼板下方护筒顶砂桶来调整。

当安装好箱梁底腹板钢筋（包括预应力筋），就开始安装内侧模板。内侧模板每隔25cm设置方木，作为竖肋；横肋采用双拼[8槽钢，间距90cm，用H型螺母与外侧模板固定，同时采用钢管或槽钢对撑梁内侧模板。

顶模板安装前在箱梁内安装钢管脚手架，作顶模板的支承架。0号段内箱钢管架横向间距75cm，纵向间距90cm。然后安装顶模板，顶模板采用横向每隔30cm设置方木作为横肋，纵向每间距90cm设置方木作为纵肋。

模板拆除，整个主梁0号块浇筑完成并完成预应力张拉后，先拆除内侧模板，再拆除两边的外侧模板，然后拆除底模板。

外侧模板先割低中间护筒，再通过钢管桩顶与I45a工字钢间设置的砂箱整体调低支架高程以达到脱模的目的，底板模板通过拆除木楔调低支架高程以达到脱模的目的，内顶模板通过降低顶托以达到脱模的目的，详细如图5.1-6所示。

图5.1-6　0号块模板安装

（2）支座安装。

北江四桥0号块支座为测力调高球型钢支座，单个支座最大质量达18t，远超160塔式起重机起重量，施工中采用25t汽车起重机将支座吊至翼板位置，再通过自行加工的轨道滑移系统将支座滑移就位安装。

（3）钢筋及预埋件施工。

0号块采用HRB400钢筋，单个0号块钢筋总重320754.3kg，其中主梁梁段钢筋191731.5kg，2道中横梁钢筋49759.1kg，2道端横梁钢筋51663.3kg，2道横隔板钢筋19711.5kg。

钢筋在加工厂内按设计图纸要求分类制作，并按图纸要求进行检验合格后，再转运至现场绑扎。

安装顺序：安装底板钢筋→安装腹板钢筋→安装中横梁、横隔板钢筋→安装底板顶层钢筋→预埋塔柱钢筋（同时安装倒角钢筋）→安装顶板底层钢筋→安装顶板顶层钢筋。详细如图5.1-7～图5.1-10所示。

图5.1-7　0号块底板钢筋安装

图5.1-8　0号块腹板钢筋安装

图5.1-9　0号块中横梁钢筋安装

图5.1-10　主塔钢筋、竖向预应力预埋完成

钢筋制作和绑扎过程中须按图纸和规范要求施工。保护层用高强混凝土垫块来保证，垫块间距按每平方米不少于4个控制。

0号块上预埋件很多,包括悬臂吊机安装预埋件,人洞、塔式起重机和电梯预埋件等(详见预埋件清单表 5.1-1)。钢筋安装完成后,按照图纸埋设预埋件,并固定好,浇筑混凝土之前再检查一遍,振捣过程中注意避免碰到。

预埋件清单 表 5.1-1

序号	预埋件名称	序号	预埋件名称
1	主桥内外侧防撞护栏预埋件	6	上塔柱爬架护筒预埋件
2	主桥花槽预埋件	7	上塔柱劲性骨架预埋件
3	主桥人行道底座、枕梁预埋钢筋	8	上塔柱第一节模板支撑预埋件
4	塔式起重机附墙预埋件	9	塔柱穿斜拉索卷扬机预埋件
5	电梯底座预埋件	10	桥面吊机后锚预埋件

(4)混凝土生产、运输、浇筑。

0号块采用 C55 混凝土,单个 0号块共使用 2140m^3 混凝土。混凝土的生产:进行配合比试验,确定最佳配合比,保证泵送混凝土的流动性、和易性及缓凝、早强等性能,并进行混凝土抗渗性能试验。混凝土由搅拌站集中供料,搅拌站配备 2 台 100m^3/h 的混凝土搅拌机,单台实际生产能力达 60m^3/h,满足主梁一次最大浇筑方量的要求。混凝土生产时,试验室人员应经常取样测坍落度,根据砂石料的含水率,在保证水灰比不变的前提下,随时调整用水量,混凝土拌制时严格控制水灰比和搅拌时间。

采用 10 台混凝土运输车,以保证能及时向 2 台 BSA 2109HD 地泵和 1 台天泵提供混凝土。

浇筑顺序为腹板、横隔板→底板,浇筑顺序均为从中间向两边。

主梁 0号块混凝土输送设备为 2 台 BSA 2109HD 地泵(配布料杆)和 1 台天泵(65m 臂),摆放在施工平台上。混凝土自搅拌车运送到施工平台后,由三个浇筑点泵送至浇筑部位。

混凝土泵管选用高压泵管,泵管沿塔式起重机标准节布设至浇筑地点。泵管布设时,水平管每隔 3m 垫枕木,垂直管 6m 附墙 1 次。

混凝土振捣选用 6 条 50 型振捣棒,每个布料点分配 2 条,并备用 2 条以上振捣棒。

混凝土浇筑控制要点:

①混凝土采取分层浇筑振捣,第一层厚度控制在 50cm(底板完成),后续分层厚度控制在 30~40cm,与模板内侧保持 10~15cm 的距离。浇筑混凝土自由落体高度不大于 2m,超出范围要采用串筒或将软管插入腹板钢筋内下料。

②混凝土振捣时分区定块、定人定岗,采用熟练的振捣工,混凝土振捣应密实,无漏振、过振等现象。

③振捣采取快插慢拔方式,混凝土泛浆、不再冒出气泡即视为混凝土振捣密实,防止混凝土表面出现蜂窝、麻面,甚至空洞等缺陷。

④混凝土振捣间距小于50cm,振捣上层混凝土时要插入下层混凝土5cm以上,每个振动点振捣时间控制在30~40s。

⑤混凝土浇筑过程特别要注意张拉、锚固区的振捣密实。

⑥在混凝土浇筑期间,派专人检查模板对拉螺杆松紧情况,检查模板接缝、孔洞等位置,防止出现漏浆、爆模等现象,若出现漏浆,则应立即塞堵,然后及时用水冲洗。

⑦专人检查预埋钢筋和其他预埋件的稳固情况,对松动、变形、移位等情况,及时进行处理;注意保护监控线路和传感器,振捣时不能触碰传感器。

⑧当在混凝土浇筑过程中下小雨但尚不会直接影响混凝土质量时,则混凝土浇筑可连续不间断进行。如果雨水较大,通知拌和站暂时停止出料,用彩条布进行覆盖,以免雨水直接冲洗混凝土。在雨停后,将浇筑区所积雨水及时排走(模板上开洞)并进行混凝土浇筑,防止出现施工缝。

⑨压板及倒角处开好足够多的振捣孔,浇筑过程中若不翻浆或基本达到初凝,可将压板掀起,对浇筑缺陷处进行补浆。

本项目0号块混凝土浇筑量大,施工时间长,针对浇筑过程中可能出现的一些不可预计的因素,致使出现停止浇筑的现象,特制定了以下措施:

①浇筑过程中容易出现的问题:

A. 施工过程停电。

B. 拌和站机械电气故障。

C. 地泵故障。

D. 突然下雨的恶劣天气。

E. 爆模及漏浆等。

F. 混凝土质量达不到设计要求,如坍落度、和易性、强度等不符合设计要求。

②针对上述现象应采取如下处理及应急方案:

A. 停电处理方案。

项目部应配置柴油发电机组,用一条专线通向配电房总配电箱。在混凝土施工过程中,拌和站一旦停电,则立即启动发电机发电,通过专用线路输送到拌和站,同时关闭其他的用电设备,保证混凝土拌和的顺利进行。

B. 拌和站机械电气故障处理方案。

拌和站内的发电机组及电气元件容易受潮短路、烧坏,应准备足够的备品备件,现场必须有专业的机械和电气检修人员值班,以便在出现故障时及时进行处理。

C. 地泵故障处理方案。

混凝土浇筑时需要2台地泵+1台天泵,现场应设3台地泵,2台使用,1台备用,如出现地泵故障,备用地泵可替补上场。备用地泵替补使用后,应继续对故障地泵进行检修,如遇泵机零配件损坏的,需及时采购及更换。机材部应与天泵租赁厂家协商好,当天泵出现不可维修的故障时,应有其他天泵顶替。

D. 突然下雨的恶劣天气处理方案。

a. 浇筑混凝土前,应注意收集天气预报信息,尽量避开在下雨或台风天气浇筑混凝土。

b. 在浇筑混凝土过程中突然遇到下雨时,首先应将已浇混凝土立即进行覆盖,以免雨水直接冲洗混凝土。如果雨水较大,应通知拌和站暂时停止出料。在雨停后,及时浇筑混凝土,防止出现施工缝。

c. 当混凝土浇筑过程中有小雨但尚不会直接影响混凝土质量时,混凝土浇筑可连续不间断进行,但要对已浇混凝土立即进行覆盖,以免雨水直接冲洗混凝土,且应将浇筑区所积雨水及时排出。并适当减少混凝土拌和用水量和出料口混凝土的坍落度,必要时应适当缩小混凝土的水胶比。

d. 当混凝土浇筑过程中突降中大暴雨但其持续时间较短(2h 以内)时,应将已入模的混凝土立即予以覆盖并改为间断地用混凝土进行覆盖浇筑处理,振捣操作要到位,不要因为在雨中作业而产生匆忙漏振。混凝土浇筑间隔时间应小于混凝土的初凝时间,以避免该处出现施工冷缝。雨停后应及时清除积水并恢复混凝土正常浇筑施工。

E. 爆模及漏浆处理方案。

在施工前,对模板工程进行仔细检查、加固;选择合理的浇筑方法,分层分块浇筑,合理利用混凝土和易性,避免过振,致使模板受力过大而产生爆模。

混凝土浇筑前,对模板及支架做好检查工作,在混凝土浇筑过程中,派专人跟踪检查,同时配备适量的木工做好加固锁定工作。

F. 混凝土质量达不到设计要求处理方案。

预防措施:拌和站操作人员严格按照标准混凝土配合比拌制混凝土,不得随意更改。试验室人员在拌和站严格控制混凝土质量,有严重质量问题的混凝土禁止使用。

混凝土养护:

为保证混凝土质量,防止或减少混凝土表面开裂,浇筑完成的混凝土必须及时进行养护。混凝土养护应由专人负责,详细如图 5.1-11 所示。

a. 顶板和底板采用土工布全覆盖洒水养护;腹板、横隔板因模板未拆除,对模板进行洒水养护。

b. 养护用水要洁净,洒水要及时、不间断,应避免混凝土表面出现干湿循环,每天洒水次数以能保持混凝土表面经常处于湿润状态为度。

c. 养护不少于7d。

d. 混凝土严禁被油污、浮浆污染,在达到设计强度的50%之前严禁踩踏。

图 5.1-11　0 号块养护

混凝土外观修饰：

拆模后，如混凝土表面有少许蜂窝、麻面、气泡、漏浆等问题时，在监理确认后，应及时进行外观修饰。修饰分两次进行，先用水泥砂浆填充，待凝固干缩后用调好色泽的灰白水泥浆填补、抹面（必要时，可用角磨机打磨），水泥砂浆和水泥浆里应掺一定量的黏胶。灰白水泥浆的色泽应事先调好，与周边混凝土进行比对后方可使用。

为了确保施工完成时混凝土的外观完好如初，在施工期间，需特别加强对混凝土外观的保护。

a. 不得用重物随便撞击及敲打混凝土面，尤其刚拆模的混凝土面。

b. 不得在混凝土表面乱写乱画，不得用尖利的硬物刮刻混凝土面，严禁用污物擦摸混凝土面。

c. 拆模后的混凝土表面若粘有浮灰及留有模板痕迹，应立即用细砂纸打磨，直到浮灰及模板痕迹清除干净、混凝土表面色泽一致为止。

d. 浇筑混凝土时，泵管应垫高，泵管底下应铺彩条布等，防止浆液污染已浇混凝土面；预应力混凝土施工时，应采取必要的防护措施，并且不得使用破损的灌浆管、油管，管接头应密封，油泵、灌浆设备及千斤顶应完好，以防止张拉和灌浆过程中液压油及水泥浆污染混凝土面。混凝土表面一旦出现浆液及其他污物，应立即清洗干净。

e. 防止油泵、塔式起重机及其他机械设备用油污染混凝土表面，易污染处应预先用土工布围护。临时用钢爬梯及其他易锈蚀的铁件在使用期间应进行防锈处理。

f. 混凝土表面应经常检查，发现问题及时处理。

(5) 0 号块预应力施工。

0 号块预应力分纵、横向两种，其中，横向预应力分为桥面板横向预应力和横隔梁、横隔板横向预应力。

纵向预应力钢束采用 $\phi^s15.2$ 高强度低松弛钢绞线和 JZ32 预应力粗钢筋两种规格。其中，$\phi^s15.2$ 高强度低松弛钢绞线共 96 束，JZ32 预应力粗钢筋 58 根。

预应力钢束施工主要包括锚具的准备及安装,波纹管安装,钢绞线下料及穿束,预应力的张拉,封锚灌浆等。本项目预应力张拉采用智能张拉系统,详细如图 5.1-12 所示。

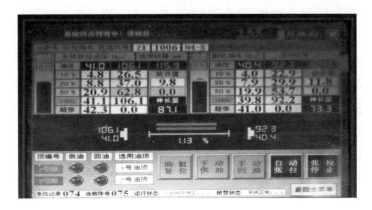

图 5.1-12　0 号块智能张拉系统

(6)钢-混凝土结合段施工。

主桥钢箱梁与 0 号块通过钢-混凝土结合段进行连接,0 号块与钢箱梁结合部为钢筋钢纤维混凝土结构,同时通过 154 束纵向预应力束将混凝土结构与钢结构紧密、牢固地连接在一起,详细如图 5.1-13 所示。

图 5.1-13　钢-混凝土结合段施工

5.1.3　施工过程中技术难点及解决措施

1)钢管桩施工质量控制

0 号块支架采用钢管桩、贝雷梁、工字钢支架体系。钢管桩在原材进场、后场接驳、现场振设等环节均易出现质量问题,为保证质量可控,在施工过程中采取了相应的有针对性的解决措施,控制钢管桩施工质量。

(1)钢管桩原材进场。

钢管桩原材为二次或多次使用品。进场钢管桩质量尤为重要。在本环节物资部为主要检查控制人,对锈蚀严重、结构缺陷、壁厚不足的不予以转运进场。

(2) 钢管桩后场接驳。

由于大部分进场钢管桩长度达不到需用长度要求,因此需在后场进行接驳加长后使用,接驳完成、自检合格后需经质检部、安全部、工段长检查合格后方能转运出场。检查结果以表格形式存档。

(3) 钢管桩现场振设。

在钢管桩现场振设过程中,施工员全程旁站记录入土深度,对于达不到方案计算入土深度的需上报至工段长、项目总工处,对达不到入土深度的钢管桩采取多加一根钢管桩的措施予以补强;振设过程中,测量组全程监控,确保钢管桩垂直度符合要求。

(4) 钢管桩现场接驳。

钢管桩现场接驳接头完成后,施工员、工段长、质检部、安全部需对焊缝进行检查,并拍照留底。

(5) 支架搭设完成、施加荷载。

支架全部搭设完成、模板钢筋安装及混凝土浇筑前,项目领导、工程部、质检部、安全部、专业队对整体支架结构进行全面检查,对存在缺陷的予以补强,确保施工安全。检查结果均以表格形式存档。

通过一系列流程化、制度化的检查对钢管桩支架施工的各个环节进行控制,确保了0号块施工过程的安全、顺利。

2) 支座安装施工

主墩支座最大质量将近19t,超过现场160塔式起重机最大起重能力。为解决这一难题,本项目自制了两套滑轨吊架安装系统,首先通过汽车起重机将支座吊至桥面吊架下方,吊架可通过滑轨滑移至支座安装位置上方,吊架上布置手拉葫芦,通过手拉葫芦对支座进行上下左右调节,使支座能精确安装在垫石上,详细如图5.1-14所示。

图5.1-14 支座滑轨吊架安装系统

3) 预应力施工

0号块横向预应力78束,纵向预应力154束,且种类繁多,安装施工时定位难度大,且后期张拉、压浆质量控制难度大。

为保证预应力束线形符合图纸及规范要求,在波纹管安装过程中使用定位钢筋定位线形,当预应力束与钢筋冲突时,优先保证预应力束线形,同时对切割钢筋进行等效加强,以保证施工质量。

使用智能张拉、压浆设备,使得压浆参数得到信息化、数字化控制,减少了人为因素误差,张拉、压浆质量得到提高。

张拉施工前,对每束钢绞线伸长量进行计算复核,确保理论伸长量正确,张拉、压浆过程中,技术员、质检员全程旁站,遇异常情况,及时暂停施工,分析原因或上报至项目总工处,确保每束钢绞线施工质量。

4) 0号块结构复杂

0号块长度为22.1m,单箱六室结构,箱梁标准全宽42m,中段主梁左右两侧均悬挑2m的景观平台,加宽至46m(不含绿化带),箱梁底宽20m,中心梁高4.04m(不含中央分隔带10cm路缘石高度)。箱室众多,内侧模板及钢筋安装难度大。

钢筋安装前进行精确测量定位,钢筋尺寸严格按图纸下料绑扎,内侧模板事先加工好进行整体吊装安装,以保证箱室结构尺寸准确,同时保证钢筋保护层符合规范要求。

5) 0号块浇筑难度大

单个0号块混凝土方量2140m³,浇筑时混凝土供应组织难度大,且属大体积混凝土,温控措施实施难度大。

主梁0号段分三次浇筑,第一次浇筑量约1077m³,浇筑范围为底腹板至腹板顶倒角钢筋底下10cm;第二次浇筑量约483m³,范围为剩余腹板及顶板;第三次浇筑量约580m³,浇筑范围为0号块两端3m预埋钢箱梁位置。充分利用施工场地,使用3台泵车进行浇筑,缩短了单次浇筑时间,除冷却水管降温外,还使用冰块对混凝土进行降温,尽可能减少混凝土质量缺陷。

6) 经验总结

(1) 钢-混凝土结合段错缝。

①钢-混凝土段支架在预压时由于未考虑到钢-混凝土结合段支架与0号块支架的沉降差,导致钢-混凝土结合段与钢箱梁接缝错台达到10cm,造成此处永久应力扭曲。

②后续改进措施:将钢-混凝土结合段质量考虑到预压总质量中,消除支架对应的非弹性变形。

(2) 钢防撞栏底座预埋件偏位。

①0号块上钢护栏底座预埋放样时未对主桥、引桥防撞栏图纸进行对比查看,使0号块钢护栏底座横向、纵向均偏位,造成返工。

②钢护栏底座预埋件后防腐不到位,螺柱基本锈蚀不可用。

后续改进措施:预埋件施工前应充分熟悉图纸,及时发现图纸问题,确保预埋不返工。

5.2 上塔柱施工技术

5.2.1 上塔柱工程概况

1）上塔柱结构简介

北江四桥主桥为100m+218m+100m双塔单索面斜拉桥，主塔采用水滴形造型结构，桥面以上高度63m，上塔柱由下往上的断面尺寸为4m（横桥向）×10.4m（纵桥向）变化到4m（横桥向）×5.2m（纵桥向）。拉索锚固区，拉索直径为1.35m；为了增强索塔的景观效果，在塔柱四周设置了半径$R=0.2$m的圆角，在顺桥向及横桥向塔壁两侧设置了深0.05m的装饰槽，通过在装饰槽内涂装颜色勾勒索塔造型。索塔采用C55混凝土和HRB400钢筋，上塔柱索塔锚固区为预应力混凝土结构。

2）上塔柱分节浇筑

根据索塔结构特点、上塔柱斜拉索锚固区段施工要求，将索塔划分为11个施工节段。上塔柱高63.00m，所以将上塔柱分两个阶段浇筑混凝土：

（1）上塔柱1~4号节段，无索区（+34.208~+56.014m）。

（2）上塔柱5~11号节段，有索区（+56.014~+97.208m）。

3）上塔柱施工支架

北江四桥上塔柱采用爬升桁架作为施工辅助支架，型钢爬架由6根作为"爬升轨道"的ϕ82cm螺旋钢管、3个2.12m高的爬架、1个0.5m高的提升架、24个固定用的抱箍组成。

钢管作为爬架、提升架固定和爬升的导轨，每6m接长一次，爬架、提升架套在6根钢管上，通过锁在钢管上的抱箍进行支撑，且通过在抱箍底部沿钢管壁焊接6根10cm长ϕ20mm钢筋作为保险。

3个爬架为索塔施工辅助支架的主体，3个爬架自下而上依次通过手拉葫芦相连，顶上两层桁架通过18条[10槽钢连成整体，然后通过6个20t手拉葫芦挂在提升架上，底层爬架通过6个10t手拉葫芦挂在第二层爬架上。为加强连接安全性，爬架之间、爬架与提升架间设置6根ϕ28mm钢丝绳作为保险绳。提升架通过塔式起重机进行提升，爬架通过手拉葫芦挂在提升架上进行提升。

爬架分为4个桁架，即2个桁架1、2个桁架2，主桁架为爬架支撑、提升的主体；桁架1（桁架2）为主要的施工操作平台，宽1.066m，桁架1（桁架2）边缘距离塔柱64cm，且可沿主架上的导轨顺塔柱方向移动（以适应塔柱截面的变化），移动到位后，通过法兰与主架连接固定，详细如图5.2-1所示。

提升架上层横杆由2[8槽钢组成，横联采用∠75mm×5mm角钢，水平斜杆采用∠50mm×5mm角钢；底层横杆采用∠75mm×5mm角钢，横联采用∠50mm×5mm角钢，水平斜杆采用∠50mm×5mm角钢；主桁架腹杆采用φ83mm×5mm焊管，其余腹杆采用φ60mm×5mm焊管，斜腹杆采用∠50mm×5mm角钢。

提升架采用塔式起重机直接进行起吊、提升，起吊不需采用专门吊架，吊绳采用4根φ21.5mm钢丝绳，吊点设置于提升架主框架的4个角点，采用钢丝绳直接缠绕绑扎的方式。

4）上塔柱劲性骨架

上塔柱劲性骨架立柱采用四根角钢焊接

图5.2-1 上塔柱施工爬架图

而成（∠100mm×100mm×12mm），立柱角钢之间采用角钢（∠75mm×75mm×10mm）连接，立柱和立柱之间采用角钢连接（∠75mm×75mm×10mm）。上塔柱双肢断面部分，劲性骨架是由4条立柱组成的框架结构（长为3.39m，宽为3.39m），单肢断面劲性骨架是由6条立柱组成的框架结构（长为9.28m，宽为3.39m）。

5）上塔柱模板

上塔柱模板采用定型组合钢模，模板面板采用6mm厚钢板。上塔柱模板可借助下塔柱模板进行周转使用，其中下塔柱标准模板（2.1m×2.5m）和标准模板（2.1m×3m）待下塔柱施工完成之后可周转到上塔柱使用。考虑周转模板后再分别加工标准模板（2.1m×2.5m）10块和标准模板（2.1m×3m）16块，异形模板和圆弧段模板分别加工。两个主塔配置上塔柱模板1套，可满足施工周转。

6）塔式起重机及电梯系统

上塔柱施工起重设备采用一台160型塔式起重机，为方便上下塔柱施工，设置载人电梯。塔式起重机、电梯扶墙均与上塔柱主体进行连接。

5.2.2 施工流程及关键工序

1）施工流程图

上塔柱施工过程如图5.2-2所示。

2）关键工序

上塔柱施工关键工序：爬架提升及塔式起重机、电梯扶墙系统转换，劲性骨架安装，钢筋安装，锚索管安装，模板安装，混凝土施工，环向预应力施工。

（1）爬架提升及塔式起重机、电梯扶墙系统转换。

施工准备：上塔柱爬架每条φ820mm钢护筒底座通过在0号块预埋钢板，钢板上放置4条I25工字钢，工字钢一端与预埋钢板进行焊接固定，另一端直接焊接在钢-混凝土结合段钢箱梁面,I25 工字钢上方放置护筒,护筒直接承受底座钢板的作用,因底座为整个爬架系统根部受力点,所以该处每条焊缝都需严格要求。爬架底座图如图 5.2-3 所示。

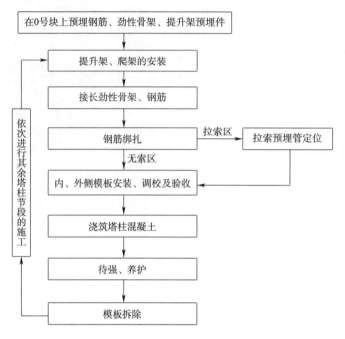

图 5.2-2　上塔柱施工流程图

底座施工完成后焊接第一节 9m 长爬行钢管。

①第一节施工:本项目上塔柱由于工期要求,在爬架未安装完成即进行上塔柱第一节钢筋安装施工,钢筋安装完成后安装第 1 层爬架,爬架采用塔式起重机吊装安装。第一节施工时无电梯、塔式起重机扶墙位于 0 号块桥面。

②第二节施工:塔式起重机吊装安装第 2 层、第 3 层爬架,爬架护筒接长 12m,此时无电梯,塔式起重机扶墙仍在 0 号块桥面,详细如图 5.2-4 所示。

图 5.2-3　爬架底座图

图 5.2-4　上塔柱第二节施工图

③第三节施工:第三节施工爬架系统保持不变,此时无电梯,塔式起重机扶墙仍在0号块桥面,详细如图5.2-5所示。

④第四节施工:安装提升架,爬架护筒接长6m,第2、第3层爬架提升9m,第1层爬架提升3m,安装第1层爬架横联,安装塔式起重机第2道扶墙,安装电梯。详细如图5.2-6所示。

图5.2-5　上塔柱第三节施工图　　　　　图5.2-6　上塔柱第四节施工图

⑤第五节施工:爬架护筒接长12m,提升架提升6m,第1层爬架提升6.1m,第2层爬架提升7.04m,塔式起重机临时扶墙安装,塔式起重机顶升6m;电梯第1道临时扶墙与第2道临时扶墙安装。

⑥第六节施工:第2层爬架提升4.8m,塔式起重机及爬架第3道扶墙安装,塔式起重机顶升6m。电梯第4道临时扶墙拆除,安装第4道永久扶墙,安装第5、第6道临时扶墙,电梯顶升6m。详细如图5.2-7所示。

⑦第七节施工:爬架护筒接长6m,提升架提升6m,第1层爬架提升6m,第2层爬架提升至第4道爬架扶墙上,立即安装第4道塔式起重机及爬架扶墙,塔式起重机顶升6m,详细如图5.2-8所示。

图5.2-7　上塔柱第六节施工图　　　　　图5.2-8　上塔柱第七节施工图

电梯第5(底层顶)、6道(第1层底)临时扶墙拆除,第1、2层爬架提升6m。第5、6道永久扶墙安装,电梯顶升6m,第7道临时扶墙安装(第2层爬架底)。

⑧第八节施工:护筒接长6m,电梯第7道临时扶墙拆除(第2层爬架底),第7道永久扶墙安装,电梯顶升6m,第8道临时扶墙安装,第1、2层爬架提升6m。安装第5道塔式起重机及爬架扶墙,塔式起重机顶升6m,如图5.2-9所示。

⑨第九节施工:护筒接长6m,提升架提升6m,电梯第8道临时扶墙拆除(第2层爬架底),第1、2层爬架提升6m。立即安装第6道塔式起重机及爬架扶墙,塔式起重机顶升6m,电梯第8道永久扶墙安装,电梯顶升6m,第9道电梯临时扶墙安装(第2层爬架底),如图5.2-10所示。

图5.2-9 上塔柱第八节施工图

图5.2-10 上塔柱第九节施工图

⑩第十节施工:护筒接长6m,提升架提升6m,电梯第9道临时扶墙拆除(第2层爬架底),第1、2层爬架提升6m。立即安装第7道塔式起重机及爬架扶墙,塔式起重机顶升6m。安装电梯第9道永久扶墙,电梯顶升6m,安装第10道临时扶墙(第2层爬架底),如图5.2-11所示。

图5.2-11 上塔柱第十节施工图

⑪第十一节施工:护筒接长3m,提升架提升3m,电梯第10道临时扶墙拆除(第2层爬架底),重新安装第10道(底层爬架底)临时扶墙,顶升电梯3m,安装第11道(第2层爬架顶)临时扶墙,塔式起重机不需顶升,如图5.2-12所示。

(2)劲性骨架安装。

为满足下、上塔柱高空施工中钢筋定位的需要,同时为了模板的定位测量和上塔柱斜拉索锚固套筒安装,塔柱施工时应设置劲性骨架。

劲性骨架加工精度要求：

①焊接要求：劲性骨架各杆件均采用焊接，拟采用手工电弧焊，焊缝为周边贴角。焊缝外形均匀，成型较好，焊道与角钢之间过渡平滑，焊渣与飞溅物清除干净，不允许出现气泡。

②尺寸验收标准：每阶段骨架长度、宽度、高度方向误差不得超过1cm，对角线误差不得超1cm。

劲性骨架用汽车起重机从场内起吊，用平板车运至主塔施工地点，由塔式起重机起吊安装。为保证骨架运输、吊装过程中不变形，起吊时采用四点起吊。劲性骨架安装如图5.2-13所示。

图5.2-12　上塔柱第十一节施工图

图5.2-13　劲性骨架安装图

（3）钢筋安装。

上塔柱钢筋密集，同时预应力管道繁多，又存在锚索管影响，施工难度大。为便于水平钢筋和拉钩钢筋的穿束，在主筋全部接长完成后再进行水平筋绑扎作业。水平筋分层绑扎，即每层钢筋水平筋、倒角筋和拉钩筋全部绑扎完成后再进行下一层水平筋的施工。

①总体施工顺序。

钢筋安装的总体顺序：竖向主筋→环向水平筋→内外层主筋间的闭合型箍筋→倒角钢筋及拉钩筋。

②竖向主筋接长、定位。

劲性骨架按设计位置安装到位，并在劲性骨架上由测量人员放出塔柱节段上口平面中心线，再根据中心线放出竖向主筋的位置，先接长内侧主筋，再接长外侧主筋。

③水平筋绑扎。

主筋接长完毕后，在竖向钢筋上做出水平筋记号，然后分层绑扎水平筋，钢筋绑扎间距应满足设计要求。水平筋接头采取绑扎搭接，搭接长度≥35d（d为钢筋直径）。

绑扎完成一层水平钢筋后，按设计位置在水平筋和主筋上做标记，然后绑扎倒角钢筋，如图5.2-14所示。

（4）锚索管安装。

本桥斜拉索采用双塔单索面斜拉索，主塔两侧各分 24 对，采用无缝钢管及钢板焊接而成。锚索管进场时须组织对其质量、尺寸进行验收确认，确保不会造成后期拉索无法穿入。斜拉索锚固套筒通过采用型钢悬吊于劲性骨架上进行定位，定位时先用 2 个 1t 手拉葫芦将套筒粗略定位并悬挂于劲性骨架上，然后用全站仪进行精确定位，通过手拉葫芦调整套筒的空间位置直至套筒位置偏差满足精度要求，之后用[10 槽钢将套筒悬吊固定在劲性骨架上。

根据每节浇筑段钢套筒的数量，安装过程中由下至上分层安装；套筒定位时要求套筒锚固点 A 端最低点与塔柱外壁平齐，与定位杆焊接固定后，切割塔柱外壁以及多余部分。

为防止杂物掉入套管，用彩条布将管口封闭，模板拆除后，应先检查并清理管内杂物及混凝土浆液。

误差要求：平面位置误差 ±15mm，高程误差（-10mm，+20mm）。调整到位后，利用槽钢将索道管固定在劲性骨架上，使其在安装钢筋、浇筑混凝土过程中尽量减少变形及偏位，以达到安装精度。锚索管安装图如图 5.2-15 所示。

图 5.2-14　塔柱钢筋安装图

图 5.2-15　锚索管安装图

（5）模板施工。

塔柱模板采用定型组合钢模。模板面板采用 6mm 厚钢板，竖肋采用[10 槽钢，横肋采用 8mm×100mm 的扁钢。背楞采用双肢[40 槽钢（长向）、双肢[28 槽钢（短向）、法兰采用 12mm×100mm 的扁钢。

第一次安装模板时，必须根据测量组测得上塔柱设计高程，预先计算好第一节段模板的底高程。如果上塔柱顶高程偏低，则可以在主塔底采用方木或水泥块稍微垫高模板的方式来达到，但在施工时要避免把方木或水泥块伸入塔身，影响工程质量。模板安装好后用水泥砂浆把模板四周封住，保证内不漏浆，外不渗水。

在进行第一次模板安装前，应对 0 号块的高程进行复测，以便选择合适的调节段模板，在调节段的底部必须采用砂浆使模板底密封、不漏浆。在安装最后一节模板后，应测量立模高程，确定上塔柱浇筑顶面的高程。

模板安装前的各项准备工作应提前进行,准备工作包括:
①桁架与模板的焊接。
②模板加劲桁架法兰螺栓的连接。
③模板的预拼、打磨以及涂脱模剂。

浇筑混凝土时,为防止水泥浆从接口模板流出,在安装模板前应对接缝处缝隙采用不干胶泡沫橡胶条进行处理。

模板吊装时要细心,不能使模板承受大的弯矩,更不能碰撞模板。风势较大时不能吊装。模板的吊耳位置设置要合理,既不偏心,又要使模板的受力合理。塔柱模板安装图如图 5.2-16 所示。

浇筑混凝土时,注意振动棒不能接触面板。布料要均匀,防止模板受力不均。落在模板上的灰浆和混凝土要及时清理。

(6) 混凝土施工。

塔柱采用 C55 混凝土,混凝土具有高集料、低水胶比、高泵扬程、早强、缓凝等特性。混凝土采用泵送,由于泵送垂直距离较大,对混凝土的可泵性、和易性、泌水性以及缓凝早强性能要求很高。混凝土坍落度要求为在 18~20cm 之间。在施工前进行配合比试验,确定最佳配合比,保证泵送混凝土的流动性、和易性及缓凝、早强等性能。索塔各部分的混凝土应全部采用同一厂家、同一品牌的水泥,并采用同一料厂的石料、砂料,外加剂、粉煤灰也应采用同一产品,保证结构、外观、色调一致,如图 5.2-17 所示。

图 5.2-16 塔柱模板安装图

图 5.2-17 上塔柱施工外观图

随着塔柱升高,为了提高混凝土的泵送性能,在满足 C55 高性能混凝土的各项指标的基础上,通过试验对混凝土配合比进行优化和微调。

混凝土浇筑过程中,技术员、机材部、试验室全程值班,同时每次混凝土浇筑前对工人进行交底,并对振捣工作进行责任分区,确保浇筑过程顺利,外观、质量均得到保证。

(7) 环向预应力施工。

上塔柱竖向预应力钢束布置了 16 束 $\phi^s 15.2$ 高强度低松弛钢绞线,标准强度 $f_{pk} =$

1860MPa。锚具采用 OHM15-15、OHM15-7、OHM15-4、OPHM15-7 型,分别配套使用内径为 55mm、90mm 的塑料波纹管。预应力束采用两端张拉。

斜拉索锚固区环向预应力钢束采用 $\phi^s15.2$ 高强度低松弛钢绞线,每根公称截面面积 $139mm^2$,标准强度为 $f_{pk}=1860MPa$。分别配套使用内径为 55mm、90mm 的塑料波纹管。预应力束采用单端交错张拉,预应力压浆采用真空辅助压浆工艺作孔道压浆,孔道压浆为 C50,水灰比为 0.45~0.5。

预应力钢束施工主要包括锚具的准备及安装、波纹管安装、钢绞线下料及预应力束穿束、预应力束张拉、封锚灌浆等。预应力钢束施工流程,如图 5.2-18 所示。

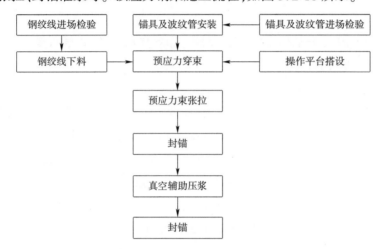

图 5.2-18 预应力钢束施工流程图

5.2.3 上塔柱施工关键点、难点及应对措施

1) 结构异形多变且外观要求高

北江四桥主桥主塔采用水滴形构造,桥面以上高度 63m,采用型钢爬架作为施工辅助支架,分 11 个节段进行施工。桥塔断面为椭圆端头的矩形空心断面,塔柱为双肢构造,在桥面以上 19m 处合并为一整体,塔柱为弧线形渐变结构。为配合塔柱造型,主墩在纵横向均采用特殊的渐变构造,纵桥向呈 U 形,横桥向呈 Y 形,墩身横桥向一面刻 10cm 厚凹槽。复杂的渐变结构对各截面空间定位精度要求高,模板的制作、安装和施工难度大。

应对措施:针对异形多变的主塔结构,采用爬架系统进行施工,爬架系统化繁为简,变每节异形为等截面的爬架设计。爬架分层设计,每层可在高度及平面位置根据需要进行调整,灵活性好;在爬架外围形成一个封闭的作业空间,爬架可根据索塔截面的变化灵活地调整与索塔之间的距离,很好地解决了爬模施工的不适用性,同时,相比脚手架支架施工工艺,节约了材料及大量的劳动力,安全性更好。

北江四桥作为清远市新景观中轴线,对塔柱结构外观作出了更高的要求,为实现这一目标,项目主塔施工模板均不设对拉杆,在不设对拉杆的前提下为保证模板刚度,不惜花更高成本采用更大型号模板背肋；塔柱混凝土从原材控制，塔柱施工混凝土原材全部采用同一厂家，保证色泽均一，同时优化混凝土配合比，浇筑过程中技术员、试验室、机材部全程值班旁站，确保了混凝土外观质量。

2）爬架安全措施

爬架作为塔柱施工支架平台，其安全性至关重要。本项目爬架从原材控制，管护筒、型钢、钢管进场经验收合格后方能用于爬架加工，爬架整体完成转运至现场前必须经项目领导、工程部、质检部验收，吊运至现场后为防止吊运过程中爬架系统产生变形、脱焊等，也需经验收合格后方能吊装安装，对发现缺陷的须补强再验收合格后方能使用。

爬架提升过程中，整个爬架将处于受力最不利状态，为保证提升过程的安全，每次提升前和提升过程中，项目领导、工程部、质检部、安全部、机材部全程检查旁站，确保提升过程的安全、顺利。提升前检查结果以表格形式存档留底。

3）塔式起重机、电梯扶墙系统转换

随着塔柱往上施工、爬架提升，塔柱塔式起重机、电梯扶墙在不断增加，其过程非常繁琐，为此现场施工管理人员随时将塔柱爬架、电梯、塔式起重机系统布置图更新至现场实际施工状态，对爬架提升高度出现变化的，及时调整扶墙，包括临时扶墙设置、临时扶墙拆除、永久扶墙安装等。整个塔柱施工过程中，扶墙安装、转换顺利，未出现影响施工进度的情况。

4）环向预应力束施工

上塔柱施工拉索锚固区设置环向预应力束，单个主塔环向预应力束达432束，环向预应力束数量大，加之主塔钢筋密集，环向预应力束定位难度高，同时环向预应力束数量大，其张拉压浆质量控制难度大。

针对环向预应力束定位难度大问题，本项目采用在劲性骨架上设置环向预应力束安装定位架，如图5.2-19所示，对于环向预应力束与钢筋冲突的，优先保证预应力束位置，割除冲突的钢筋进行等效补强；预应力束张拉施工，理论伸长量采用项目计算的理论值作为施工参考。张拉压浆过程中，技术员全程跟踪指导，对异常情况进行反馈、记录，对于压浆不通、采取常规方法无法解决的，均进行钻孔再压浆，确保预应力束施工质量。

5）进度计划保障措施

项目主墩施工前期受台风、雨季等影响较

图5.2-19 劲性骨架上环向预应力定位架图

大，为保证实现合龙目标，主塔施工进度压力大，项目在保证质量、安全的前提下通过科学组织、改进工艺、优化流程，加快了工程进度。主塔施工计划细化至每一天，调度会安排细化至工人数，同时改进施工工艺，如劲性骨架由最先的散件安装改为整体制作吊装安装，如

图 5.2-20 劲性骨架整体吊装安装图

图 5.2-20 所示,节省了劲性骨架安装时间。塔柱施工由初期的 15d 一节跨越到 11d 一节,最快达到 10d 一节,最终确保主塔按计划完成封顶,为后续钢箱梁吊装施工留足时间,保证了合龙目标的按时完成。

6)施工中技术难点及解决措施

(1)环向预应力滞后。

施工前期对环向预应力二次张拉施工时间、工艺考虑不足,施工过程中准备不足,与设计沟通取消环向预应力二次张拉进展缓慢时未采取其他有效措施,造成环向预应力施工滞后,底层爬架无法跟进提升,使得塔式起重机、电梯需设置多道临时扶墙,增加了材料、时间、人员投入。

后续施工管理中,施工方案的编制需充分考虑各项施工工艺及施工时间,同时加强与业主、设计人员的沟通。

(2)塔柱污染。

塔柱施工过程中,部分钢锚管塔内端口未封堵严密,造成养护水流出污染塔身。

塔柱施工应采取有效的防污染措施,包括钢锚管封堵、浇筑时漏浆、压浆水泥的及时冲洗清理,对于用油设备,应在下方垫彩条布或木板,防止产生油污染。

5.3 下塔柱施工技术

5.3.1 下塔柱工程概况

北江四桥横跨北江河,其中 15 号墩、16 号墩为主墩。主墩上、下塔柱均为单箱单室截面,材料采用 C55 高性能混凝土,如图 5.3-1 所示。

整个主塔由下塔柱、中塔柱、塔冠等部分组成,如图 5.3-2、图 5.3-3 所示。桥塔断面为椭圆端头的矩形空心截面。下塔柱为双肢构造,在桥面以上 19m 处合并为一整体,上、下塔柱均为弧线形渐变结构。主塔采用水滴形造型结构,主墩在纵横向均采用特殊的渐变造型,纵桥向呈 U 形,横桥向呈 T 形。主墩断面为箱形结构,顺桥向厚 11.4m,纵桥向厚 10m,单肢截面尺寸为 10cm(横向)×4m(纵向),箱壁厚均为 0.9m。为避免板墩太过于呆板,下塔柱横桥向一面刻 10cm 厚的凹槽。下塔柱采用 C50 混凝土,混凝土用量 2024.5m³,塔底横桥向厚 11.4m,纵桥向厚 10m,单个主墩下塔柱使用钢筋 347.1t,单个主墩顶端有 4 条系梁相连接,系梁尺寸为 2m(宽)×2.5m(高)。

5 0号块和上下塔柱施工技术

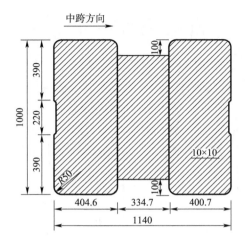

图 5.3-1 主墩塔底平面图(尺寸单位:cm)

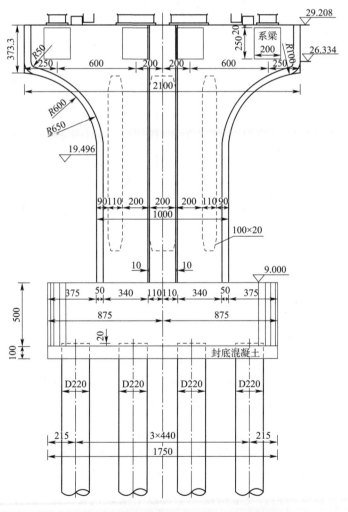

图 5.3-2 主墩下塔柱立面图(尺寸单位:cm;高程单位:m)

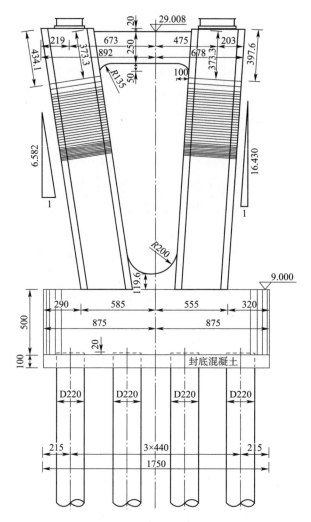

图 5.3-3 主墩下塔柱侧面图(尺寸单位:cm;高程单位:m)

5.3.2 施工流程简介

1）主墩分节浇筑

主墩下塔柱高 20.208m,浇筑混凝土时考虑 5 次浇筑完成,第一次浇筑 3.789m(内腔底第一个拐角处),第二次浇筑 5.707m,第三次浇筑 5.754m(内腔顶拐角处),第四次浇筑5.673m,第五次完成 4 根系梁的浇筑。下塔柱混凝土分节浇筑示意图如图 5.3-4 所示。

2）施工脚手架

施工脚手架采用扣件式钢管支架,第一次钢管支架搭设 8m(这里考虑平台面高程为17.00m,承台面高程为 9.00m),所以在完成平台以下水管支架搭设之后,转换到平台上开展施工作业面,进而完成全部钢管支架搭设。平台以下搭设钢管支架(钢管尺寸为 $\phi=4.8cm$)横桥向距离下塔柱两边各 80cm,然后往两边扩展,水平间距为 1m,钢管支架底端设置 30cm

扫地杆,横联每2m一道。如图5.3-5所示。

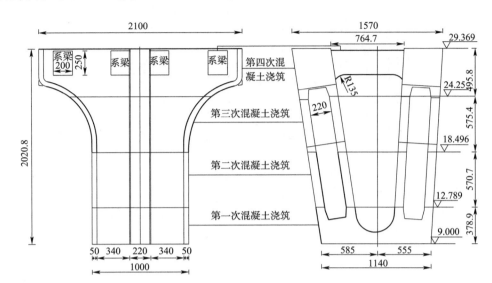

图5.3-4 下塔柱混凝土分节浇筑示意图(尺寸单位:cm;高程单位:m)

3)劲性骨架布置

劲性骨架立柱采用四根角钢焊接而成(∠100×100×12),角钢之间的横联采用□300×8的钢板,立柱和立柱之间的连接采用角钢连接(∠75×75×10)。整个劲性骨架是由6条立柱组成的框架结构(长9.4m,宽3.4m),如图5.3-6所示。

4)系梁支架

系梁尺寸为2m(宽)×2.5m(高)。模板采用钢模板。在第四次浇筑混凝土时预埋双拼I45a工字钢作为牛腿(纵桥向分别预埋8个牛腿),牛腿上面铺设双拼I56a工字钢作为承重梁,每条系梁下面(在双拼I56a上面铺设5条I45a工字钢作为分配梁,纵桥向间距为0.45m,上面用水管支架和顶托来调节高度)。顶托上面铺设10cm×12cm的方木,方木长2.1m,纵桥向间距为0.5m,合计14根。4条系梁总计56根方木,方木上面是1.8cm的夹板。

5)莲花头支架

下塔柱第四次浇筑时,由于莲花座悬挑部分太多,考虑采用钢管(ϕ82cm)竖向支撑的方式。具体布置形式:承台上预埋钢板,每个莲花头下面布置4条竖向钢管,总计16条,在竖向钢管上布双拼I36a工字钢,三角支架焊接工字钢作为支撑,总计4片桁架片,支架与塔柱模板之间采用模板自身背楞(双肢[28槽钢)支垫。

6)下塔柱内箱倒角施工支架

第三次浇筑混凝土时,中间内箱里面在纵桥向预埋4条I25a工字钢,两边内箱里面在纵桥向预埋2条I25a工字钢,用水管支架来调节高度,水管支架放在每条工字钢上面,夹板下面铺设10cm×12cm的方木,方木放在顶托上面,间距为30cm,总计6根方木。

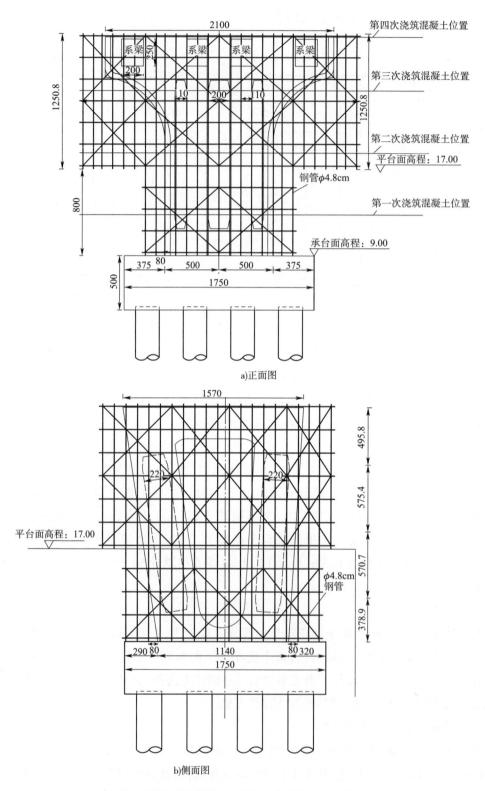

图 5.3-5 下塔柱施工脚手架布置图(尺寸单位:cm;高程单位:m)

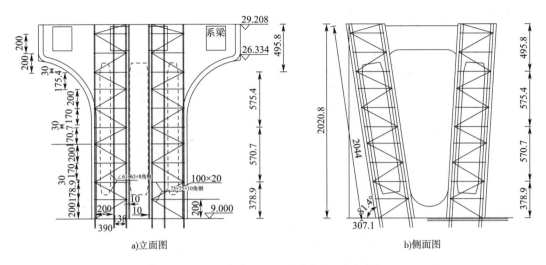

图 5.3-6 劲性骨架布置图(尺寸单位:cm;高程单位:m)

7) 下塔柱模板

考虑到两个主墩下塔柱施工仅相差一个月,塔柱模板标准段两个主塔各配置1套,异形段共用1套。为保证外观质量,塔柱模板仅在长边中间部分设置一道对拉(精轧螺纹钢),模板主要靠四个角的斜拉和大型背肋保证刚度,如图5.3-7和图5.3-8所示。

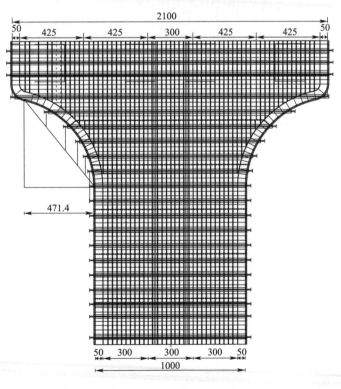

图 5.3-7 下塔柱模板整体布筋立面图(尺寸单位:cm)

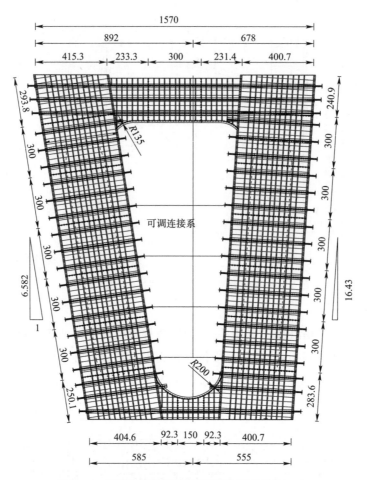

图 5.3-8 下塔柱模板整体布筋侧面图(尺寸单位:cm)

5.3.3 下塔柱详细施工工艺

1)下塔柱施工工艺流程

下塔柱施工流程图如图 5.3-9 所示。

2)下塔柱施工工艺

下塔柱分五次施工,其中最大施工节段为 5.75m;采用翻模施工,内设劲性骨架,模板采用定型钢模板,未设阴阳缝,由模板场加工,现场拼装。

(1)施工准备。

准备工作包括材料准备、场地清理及处理、预埋件凿出、测量放样。钢管支架材料必须在搭设前准备好,并堆放在施工区域内。

(2)测量放线。

①平面测量控制。

运用全站仪进行测量,保证下塔柱各部分结构的倾斜度、外形几何尺寸、平面位置、高程满足规范及设计要求,测量精度满足图纸要求。

②高程控制。

运用自动安平水准仪测量下塔柱高程,误差小于±5mm。

③精度保证措施

A. 为了保证工程质量,仪器、工具必须定期送计量部门检查,不符合规范要求的仪器、工具不能使用。

B. 仪器、工具使用前后,必须对其进行检查、校正,符合规范要求才能使用。

C. 测量人员、测量仪器以及水准路线必须固定。

D. 测量定位放线后,必须经监理复查后方可进行下道工序施工。

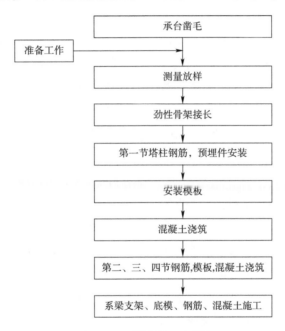

图 5.3-9　下塔柱施工流程图

(3)劲性骨架。

①劲性骨架的设计。

针对塔柱的截面形式等特点,塔柱内设置由角钢和角钢焊接组成的劲性骨架,作为钢筋和模板的承载结构。劲性骨架根据下塔柱施工分节段划分图设计成4个节段,首节预埋在承台高程以下1.5m,节段之间采用对焊连接。

②劲性骨架加工。

劲性骨架拟在加工场内采用短线法分段加工制作,每个节段整体加工成一块;首先根据劲性骨架设计图纸提供的大样图加工好各节段杆件并进行编号,根据每节段劲性骨架的上截面和下截面尺寸,用型钢加工节段接头限位框和胎架。之后根据测量点位在加工场地上安装固定节段接头限位框,然后将各节段杆件在限位框上定位、施焊。

劲性骨架加工精度要求如下：

A. 焊接要求：劲性骨架各杆件均采用焊接，拟采用手工电弧焊，焊缝为周边贴角。焊缝外形均匀，成型较好，焊道与角钢之间过渡平滑，将焊渣与飞溅物清除干净，不允许出现气泡。

B. 尺寸验收标准：每阶段骨架长度、宽度、高度方向误差不得超过1cm，对角线误差亦不得超过1cm。

③劲性骨架安装。

劲性骨架用汽车起重机从场内起吊，用平板车运至主塔施工地点，由塔式起重机起吊安装。为保证骨架运输吊装过程中不变形，起吊时采用四点起吊。

(4)下塔柱支架搭设施工。

下塔柱施工中每节段钢筋、模板及混凝土荷载由承台和已浇筑好的下塔柱承受，施工脚手架主要用于承受施工过程中安装钢筋、模板及浇筑混凝土时施工人员及小型机具的荷载。施工脚手架采用扣件式钢管支架，支架通过拉设斜撑加强其稳定性。

施工脚手架采用钢管支架，按照设计搭设扣件式钢管脚支架。施工脚手架绕墩柱布置，考虑承台套箱顶高于承台面3m和承台施工完成之后不受拆除套箱的影响，所以第一次搭设到钢平台面。

(5)钢筋制作与安装。

在下塔柱施工脚手架搭设好之后即可进行下塔柱钢筋安装。下塔柱所用钢筋型号为$\phi 32mm$、$\phi 25mm$、$\phi 16mm$、$\phi 12mm$，钢筋共重276.85t。下塔柱主筋的接长采用墩粗直螺纹套筒连接和绑扎接头工艺。墩粗直螺纹套筒接头在加工场地加工好，现场安装。绑扎接头在现场绑扎施工。在承台施工时，第一节竖向钢筋预埋在承台最后一次浇筑的混凝土中。劲性骨架安装到位后，再进行下塔柱第一节钢筋的安装，钢筋定位主要依靠劲性骨架。钢筋安装过程中应严格加强钢筋保护层的控制。

①施工前准备工作。

A. 钢筋按不同的钢种、等级、牌号、规格及厂家分批验收、分别堆存，不得混杂。钢筋堆置在钢筋棚内，露天堆放时，应垫高并加遮盖。

B. 钢筋的表面洁净，使用前应将表面油渍、漆皮、鳞锈等除干净。

C. 钢筋应平直，无局部弯折，成盘的钢筋和弯曲的钢筋均应调直。

②施工工艺。

钢筋施工流程如图5.3-10所示。

③钢筋加工。

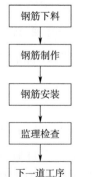

图5.3-10　钢筋施工流程图

钢筋加工在钢筋加工棚集中进行，钢筋的加工按照《公路桥涵施工技术规范》(JTG/T 3650—2020)标准执行。如表5.3-1、表5.3-2所示,钢筋加工的形状、尺寸必须符合设计要求。加工半成品的钢筋应按型号、规格、用途等进行编号挂牌,分别堆放。钢筋直径≥25mm时,采用钢筋机械连接接头接长,且在同一截面内主筋接头数量不得超过全部主筋数量的50%;钢筋直径<25mm时,按35倍钢筋直径的搭接长度绑扎、搭接。

螺纹钢筋丝头检验标准表   表5.3-1

检验项目	检验工具	检验方法及要求
螺纹中径	检验螺母、螺纹环规(Z)	检验螺母应能拧入,螺纹环规拧入不得超过1.5扣
螺纹长度	检验螺母	对标准丝头,检验螺母拧到丝头根部时,丝头端部应在螺母中部的凹槽内
螺纹牙形	—	采用目测法观测螺纹齿底不等宽、不完整齿累计长度不得超过1扣

钢筋加工检验标准   表5.3-2

项次	检验项目	允许偏差(mm)
1	受力钢筋加工后全长	±10
2	弯起钢筋各部分尺寸	±20
3	箍筋、水平筋各部分尺寸	±5

钢筋按要求加工成半成品,分类编号堆存。堆存时,其下放枕木以利排水,上面覆盖彩条布防雨。

④钢筋安装。

下塔柱每节浇筑段钢筋通过精确定位的劲性骨架进行控制,钢筋间距等应采取打点、钢筋卡辅助定位等措施加强控制。

钢筋安装应考虑接头错开,在同一截面接头数量不超过钢筋数量的50%,不同层钢筋接头也要按规范要求错开,错开间距不小于35d(d指钢筋直径)。

螺纹接头钢筋连接时,用管钳扳手拧紧钢筋接头,并达到规定的螺纹长度。连接时,将扳手钳头咬住连接钢筋,垂直钢筋轴线均匀加力,严禁钢筋丝头未拧入连接套筒就用扳手连接钢筋,否则会损坏接头丝扣,造成钢筋连接质量事故。

每一层箍筋按由下而上、由内向外的顺序绑扎。对钢筋复杂的细部进行纸上放样,并编制绑扎顺序。箍筋平直部分与竖向钢筋交叉点,可每隔一根箍筋相互成梅花式扎牢。为避免钢筋扎丝成为下塔柱钢筋的腐蚀通道,绑扎钢筋时扎丝不能留尾巴,扎丝头不能伸入保护层内。

⑤钢筋施工注意事项。

A.钢筋保护层垫块采用高性能混凝土垫块,保护层垫块呈梅花形布置,垫块间距按每平方米不少于4个控制。

B. 下塔柱主钢筋的混凝土净保护层厚度为5cm。

C. 下塔柱内钢筋均为焊接,双面焊焊接长度为$5d$,单面焊焊接长度为$10d$,同一断面内焊接面积不得大于总面积的50%。

D. 钢筋施工时应先按照设计图进行放线,然后进行绑扎施工,保证钢筋位置符合设计及规范要求。

E. 钢筋分段施工必须保证相邻钢筋接头的错开长度,钢筋绑扎、焊接时搭接长度必须满足规范要求。

⑥保护层垫块的使用。

为了减少对混凝土外观的影响,钢筋保护层垫块采用塑料保护层垫块。塑料保护层垫块安放时要注意安放的位置。安装横向间距为1.5m,竖向间距为1m,呈梅花形布置。保护层垫块应在箍筋绑扎完毕后放置。

钢筋制作安装完成后,通过现场质检部门及监理单位检查合格后方可进行下一道工序。钢筋施工的误差规定如表5.3-3所示。

钢筋施工的误差控制表　　　　　表5.3-3

工序	项目	允许偏差(mm)
钢筋制作	受力钢筋全长	±10
	弯起钢筋的弯折位置	20
	箍筋内净尺寸	±3
钢筋安装	双排钢筋,其排与排间距	±5
	(受力、分布、箍筋)钢筋间距	±20
	弯起点位置(加工偏差±20mm包括在内)	≤30
	钢筋保护层厚度	≤5
预埋件	中心位置	≤3
混凝土保护层	厚度	±10

(6)模板制作与安装。

①模板的制作。

模板由专业厂家制作,运至现场后进行整体预拼装,保证模板接缝顺畅,并用油漆编号。预拼完毕后进行表面打磨除锈,涂模板漆。

②模板的安装。

在进行第一次模板安装前,应对承台的高程进行复测,以便选择合适的调节段模板,在调节段模板的底部必须采用砂浆使模板底密封、不漏浆。在安装最后一节模板后,应测量立模高程,确定下塔柱浇筑顶面的高程。模板安装完成并复测满足要求后,由现场质检及监理人员对安装模板进行检查验收,验收合格后方可进行下一道工序。

③模板施工注意事项。

A.模板堆放要整齐,满足文明施工要求。

B.模板安装前的各项准备工作应提前进行。准备工作包括:

a.桁架与模板的焊接。

b.模板加劲桁架法兰螺栓的连接。

c.模板的安装应满足表5.3-4的要求。

模板安装的误差控制表　　　　　　表5.3-4

序号	项目	允许偏差(mm)
1	轴线位置	≤10
2	表面平整度	<5
3	高程	±15
4	相邻两板表面错台	≤2
5	模板缝隙	≤2(不漏浆)
6	模板内侧宽度误差	±10

d.浇筑混凝土时为防止水泥浆从接口模板流出,在安装模板前对接缝处缝隙采用不干胶泡沫橡胶条进行处理。

e.模板吊装时要细心,不能使模板承受大的弯矩,更不能碰撞模板。风势较大时不能吊装。模板的吊耳位置设置要合理,既不偏心,又要使模板的受力合理。

f.浇筑混凝土时,注意振动棒不能接触面板。布料要均匀,防止模板受力不均。落在模板上的灰浆和混凝土要及时清理。

g.混凝土强度达到2.5MPa后方可拆除模板,拆下来的模板同样需进行调整并堆放整齐。

(7)下塔柱混凝土的施工。

①浇筑准备。

每次浇筑前,检查并维修便道,保证混凝土搅拌输送罐车正常的路况要求。混凝土输送泵必须性能良好,同时准备好备用输送泵。混凝土泵车的配管、脚手架与作业人员通道的跳板,不能直接放在钢筋上,必须用支架支撑。

②浇筑前的各项检查。

检查模板尺寸是否符合设计及技术规范要求。检查钢筋是否按设计图规定的截面位置布置,并确保在混凝土浇筑过程中不变形。检查模板是否均匀刷涂脱模剂,模板内及钢筋是否干净。

③混凝土配合比方案。

为保证混凝土有良好的可泵性,对混凝土原材料、配合比等都有严格的规定,以满足下塔柱混凝土施工的泵送要求。

④混凝土浇筑。

下塔柱混凝土浇筑应配备数量足够的插入式振捣器,使其振动能力大于混凝土浇筑能力。混凝土浇筑时,由工班长统一指挥振捣,配6名熟练振捣工。

振捣作业中应注意的事项:

A. 混凝土采用拌和站集中拌制,混凝土车运送至墩位,汽车泵泵送至工作面。为了防止混凝土离析,混凝土自由倾落高度不宜超过2m,混凝土通过串筒进入模板。

B. 混凝土浇筑时,分层厚度不大于振动棒作用长度的1.25倍,振动器捣固混凝土的层厚,对于泵送混凝土采用30~40cm为宜;使用插入式振动棒振动时,水平移动间距不得超过振动棒作用半径的1.5倍,考虑到振动器的有效半径,其间距以不超过50cm为宜,与侧模保持50~100mm的距离;插入式振动棒的振动深度,一般不应超过振动棒长的2/3~3/4,分层浇筑时,应插入下层混凝土50~100mm,使上下层混凝土结合牢固。

C. 混凝土振捣时遵循快插慢拔的原则,以混凝土表面不再有沉落且无气泡上冒为准,严防出现蜂窝、麻面现象。插入时宜稍快,提出时略慢,并边提边振,以免在混凝土中留有空洞。

D. 混凝土振捣时采用平行式或梅花式,但是不得漏振、欠振、过振;混凝土浇筑后,应立即进行振捣,振捣时间要合适,一般可控制在25~40s为宜;振动器不能直接触到布置在模板内的钢筋;现场应有备用振动器,万一出现故障,可以迅速更换。

E. 混凝土振捣密实的标志:混凝土表面停止沉落,或沉落不显著;振捣不再出现显著气泡,或振动器周围无气泡冒出;混凝土表面平坦、浮浆;混凝土已将模板边角部位填满充实。

F. 浇筑混凝土时,木工班应安排至少两个人在现场值班,检查支架、模板、钢筋和预埋件等的稳固情况,当发现有松动、变形、移位时,应及时处理。

G. 混凝土浇筑过程中,控制好混凝土初凝时间,浇筑上层时,下层不初凝。

⑤混凝土的养护、凿毛。

混凝土浇筑完后,采取外部湿润、顶面盖湿麻袋的方式进行混凝土养护。对塔顶混凝土外露面,待表面收浆、凝固后即用麻袋覆盖,并安排人经常在模板及麻袋上洒水。混凝土养护时间在常温下不少于7昼夜。在下一次混凝土浇筑之前,混凝土表面必须凿毛,凿毛时在模板边1cm的范围内不凿,以免因凿毛而造成混凝土连接部分成锯齿状,影响主塔外观。

(8)下塔柱内箱顶倒角支架的施工。

①下塔柱进行第三次混凝土浇筑之前,在距离内箱顶每个倒角处竖向向下20cm处预埋I25a工字钢,其中在中间箱室预埋4根I25a工字钢,两边箱室预埋两根I25a工字钢作为承重梁。每条工字钢两端分别埋入深度为50cm,中间箱室工字钢横向间距为50cm,两边箱室工字钢横向间距为55cm,最后安装骑马螺栓进行固定。

②I25a工字钢预埋之后,在每条工字钢上面布置$\phi4.8cm$的钢管和顶托来调节到内箱

模板的高度,钢管的间距为30cm。

③模板下方的方木放在顶托上面,方木间距为30cm。

(9)系梁支架的施工。

系梁宽2m,高2.5m,系梁下面预留1.8cm夹板的厚度,模板下面布设10cm×12cm的方木,间距为0.5m,用水管支架做顶托来调节高度,方木放在顶托上面。在纵桥向系梁下面距离58.9cm(水管支架来调节高度)的位置处分别布置5条I45a工字钢,间距为0.45m,I45a工字钢放在双拼I56a工字钢上面,I56a工字钢作为承重梁放在预埋牛腿上面,牛腿是由双拼I45a工字钢组成的。

在第四次浇筑混凝土之前,所用材料统一加工完成之后,用平板车转运到主墩平台。首先在下塔柱横桥向腔室内预埋牛腿,牛腿材料先加工好再运至现场,在预埋时首先要测量工字钢的具体方位,然后与下塔柱钢筋连接固定。双拼I56a工字钢作为承重梁,放在牛腿上焊接牢固,每个系梁下面的5条I45a工字钢作为分配梁,铺设在双拼I56a工字钢上面并焊接牢固,每条I45a工字钢上面布水管(ϕ4.8cm)和顶托作为支架系统,支架上面布设10cm×12cm方木。最后布置模板系统,现场所用材料统一用起重机吊装。系梁支架布置图如图5.3-11~图5.3-13所示。

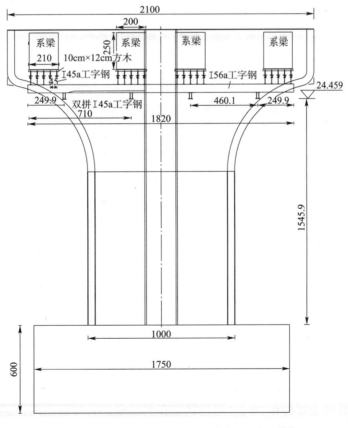

图5.3-11 系梁支架立面布置图(尺寸单位:cm;高程单位:m)

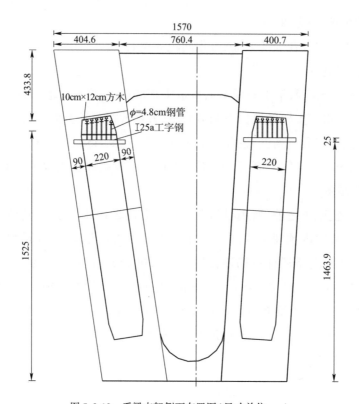

图 5.3-12 系梁支架侧面布置图(尺寸单位:cm)

(10)莲花头支架的施工。

在承台最后一次浇筑混凝土之前预埋 100cm×100cm 的钢板,在承台完成浇筑之后焊接钢管桩。钢管桩长 10.25m,纵桥向间距为 2m,每个莲花头下面布置 4 条,在钢管桩(φ82cm)上面焊接双拼Ⅰ25a 工字钢作为承重梁来支撑三角桁架。三角桁架主要是由Ⅰ36a 工字钢组成的框架,竖向杆件采用Ⅰ25a 工字钢来进行焊接,斜撑主要采用Ⅰ12.6a 工字钢来连接。对现场所有支架材料进行清点,岸上使用的钢管桩直接在南北两岸钢结构加工场进行焊接拼接工作,分节出厂并被运往工地(单节长度为 10m)。钢管桩分层堆放后分别用平板车和工程船进行转运。莲花头支架布置图如图 5.3-14~图 5.3-16 所示。

(11)预应力工程施工。

①预应力施工工艺流程框图(图 5.3-17)。

②预应力管道的布置。

预应力管道采用塑料波纹管、连接器、锚头、夹片、锚垫板、钢绞线等,每批材料必须按规范要求进行取样,经过送检试验合格后方可使用。钢绞线采用砂轮机切割,不得采用电焊、氧割等规范不允许的方法,烧伤和有单根钢绞线断丝的钢绞线不得使用。

在下塔柱钢筋安装时,应严格按设计坐标布置预应力管道,安装偏差不大于 10mm。预应力管道定位钢筋间距保持在 50cm(定位钢筋在曲线段进行加密处理,间距为 20cm),管道弯起点要平滑,连接处用胶布缠绕,避免漏浆。同时要注意预埋压浆管、排气管,排气管设在预应力管道最高点。之后安装锚下螺旋筋,螺旋筋要紧贴锚板背面,锚板、锚垫板及螺旋筋必须同轴,且与预应力钢束垂直,波纹管尽可能处于其正中位置,施工时必须加设锚下钢筋网。锚具及螺旋筋如与其他普通钢筋相碰时,可适当调整普通钢筋位置,螺旋筋可与其他定位钢筋电焊在一起。下塔柱横向预应力钢束在其管道安装之前进行穿束并安装张拉端和锚固端锚具,之后与管道一起安装定位;系梁纵向预应力钢束须先安装管道和锚垫板,再进行穿束。

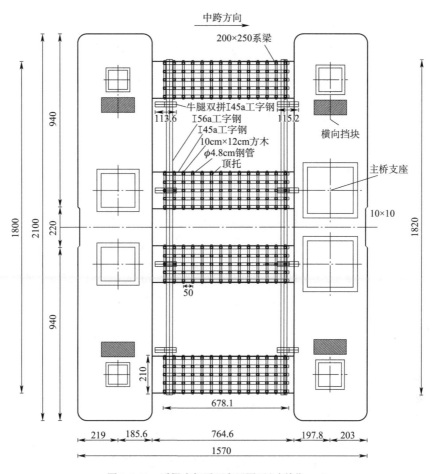

图 5.3-13　系梁支架平面布置图(尺寸单位:cm)

预应力管道在混凝土浇筑过程、浇筑完成及混凝土初凝前必须用高压淡水进行冲洗,以清除管道内渗漏的浮浆,防止预应力管道堵塞事故发生。

③预应力钢束张拉。

混凝土达到设计规定不小于5d龄期且实际强度达到90%以上设计强度后方可进行纵向底板预应力钢束张拉。下塔柱预应力钢束按系梁→莲花头的顺序进行张拉。预应力钢束的张拉应遵循均匀对称张拉原则。

下塔柱系梁纵向预应力钢束采用YCW400千斤顶张拉,千斤顶和油泵在张拉施工前必须配套标定且在施工过程中应配套使用。张拉过程中张拉机具要确保精确、可靠,千斤顶应与钢束锚圈处于同一条轴线上。张拉预应力束时必须按要求做好张拉记录,对每根(束)编号记录其张拉施工状态。箱梁张拉顺序按设计规定顺序进行。张拉具体操作程序如下:

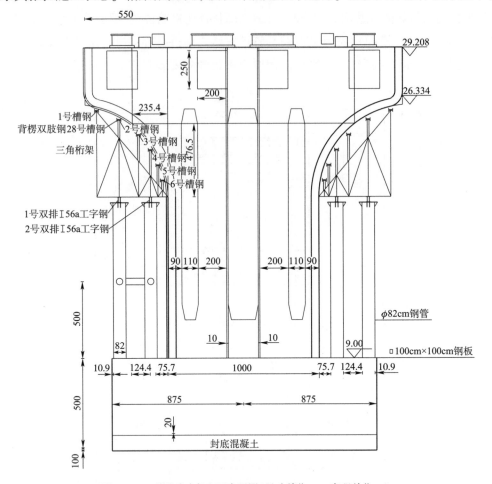

图 5.3-14　莲花头支架立面布置图(尺寸单位:cm;高程单位:m)

预应力施加到初应力 σ_0(10% σ_k)→测量千斤顶油缸伸长量 L_0→预应力施加到应力 $\sigma_{50\%}$(50% σ_k)→测量千斤顶油缸伸长量 $L_{50\%}$→预应力施加到应力 $\sigma_{90\%}$(90% σ_k)→测量千斤顶油缸伸长量 $L_{90\%}$→应力缓慢升到 σ_k 并持荷 2min→测量油缸伸长量 L_1→验算实际伸长量 ΔL,符合要求后方可锚固。

张拉采取张拉吨位和伸长量双控,以张拉力为主。当实际伸长量与理论伸长量之间的误差连续出现在允许范围(±6%)外时,必须进行全方位分析、研究以找出原因,针对原因采取有效的改进补救措施才可继续张拉。张拉时要在关键部位布置监控点对上拱度进行观测,并做好上拱度记录。张拉锚固完成后,应在锚圈(锚头)外边的钢筋(束)上刻划标记,以便观察有无滑丝现象。

预应力施工注意事项:

A. 预应力材料的运输和存放。

a. 预应力材料应用枕木支垫,支垫高度不小于50cm,并采取必要的防雨遮盖措施。
b. 钢绞线存放的位置必须避开风割、电焊作业场所,避免受其灼伤。
c. 预应力钢材进场应分批验收,按规范要求取样试验,各项指标合格方可使用。

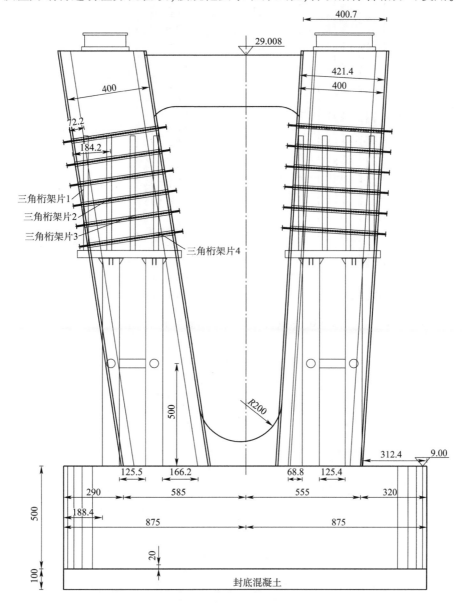

图 5.3-15 莲花头支架侧面布置图(尺寸单位:cm;高程单位:m)

B. 预应力管道的制作和安装。

a. 预应力管道必须有足够的刚度。

b. 预应力管道的安装质量在很大程度上影响预应力钢束张拉的质量,预应力管道安装必须顺直,应按设计坐标安装,安装偏差不大于10mm。每隔50cm设置定位一道钢筋,在曲线段每隔20cm设置一道定位钢筋。

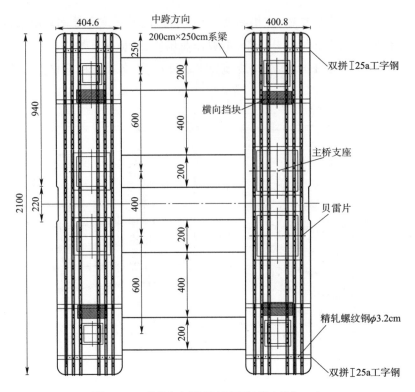

图 5.3-16 莲花头支架平面布置图（尺寸单位：cm）

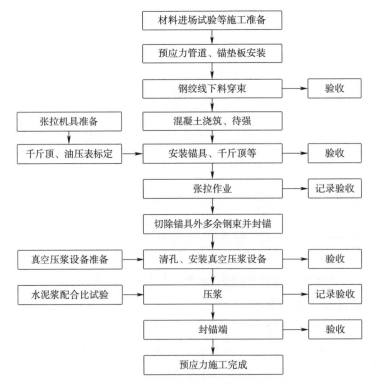

图 5.3-17 预应力施工工艺流程框图

c. 在施工过程中,要特别注意做好管道接头处理。内管接头必须平顺,对有凹陷的接头必须修整平直。管道接头处理不当,将会对钢绞线穿束造成极大困难。

d. 在下塔柱施工时,对伸出梁体外的波纹管,要认真做好保护工作,防止人为碰撞损伤。

e. 为保证压浆的质量,在预应力管道安装时注意安装管道的排气孔或压浆孔。

f. 在附近有波纹管的地方作业时,应小心以免使波纹管受到机械损伤或电焊、风割火花烧伤。

C. 预应力材料的安装。

a. 预应力钢材下料前应进行外观检查,有明显外观问题的钢绞线不得使用。

b. 纵向预应力钢筋采用人工单根穿束。安装时应梳理平顺,防止互相绞结。

c. 横向预应力钢束两根钢绞线平面布设,安装时应梳理平顺,防止互相绞结。

D. 施工安全。

a. 张拉时,无关人员严禁靠近张拉端。

b. 张拉时,操作人员严禁站在千斤顶端部并应加强防护措施。

c. 张拉后的钢束,钢筋严禁撞击锚头钢束。

d. 压浆时,工作人员应避开钢筋端部,以防预应力钢筋突然断裂弹出伤人。

e. 张拉完毕后压浆前,锚头处应挂警告牌,设防护围栏,以防预应力钢筋突然断裂弹出伤人。

④封锚、压浆。

预应力钢束张拉完毕并经监理工程师同意压浆后,用切割机割除锚具外部多余钢绞线(切割后余留长度满足相关图纸设计要求,余留长度不得小于 3cm),之后采用环氧树脂加水泥封锚,封锚时应留排气孔。封锚达到一定强度后即可压浆。封锚、压浆施工过程中严禁撞击锚头和钢束。

预应力管道应在张拉完后 24h 内对孔道进行压浆。压浆采用真空辅助灌浆工艺,以提高孔道的饱满度和密实度。管道压浆设计强度等级 C50,用 42.5 级硅酸盐水泥或普通硅酸盐水泥拌制,并掺入适量的真空灌浆专用的具有减水、缓凝、微膨胀、增加浆体和易性等作用的添加剂和阻锈剂(外掺剂不得含有硝酸盐、亚硝酸盐、硫氰酸盐等容易导致预应力钢丝产生氰脆现象的物质,另外,添加剂中所含的膨胀成分严禁含有铝粉)。水泥浆体的水灰比控制在 0.30~0.35,水泥浆的泌水率控制在拌和 3h 时后 2%,泌水在 24h 内被浆体吸收;浆体流动度控制在 14~18s;45min 内稠度变化不大于 2s;浆体膨胀率小于 5%;初凝时间大于 3h,终凝时间小于 24h。压浆时,水泥浆温度不得超过 30℃,当白天气温较高时,压浆宜在夜间进行,当气温低于 5℃ 时不得进行压浆。水泥浆采用真空压浆专用搅拌机搅拌,拌和时先加水再加水泥,搅拌时间不少于 1min,灰浆过筛后存放于储浆桶内,且保持足够的数量以保证每根管道的压浆能一次连续完成。水泥浆在使用前和压注过程中应保持流动状态。

孔道压浆顺序为先下后上,将集中在一处孔道一次性地压完,压浆时从孔道低端向高端压浆。孔道在压浆前应用压力水冲洗干净,保证孔道畅通,冲洗后用空压机吹去孔内积水,使水泥浆与孔壁的结合良好,若发现有冒水或漏水现象,应及时堵塞漏洞。压浆时,先启动 SZ-2 型真空泵,开启出浆端阀门,关闭入浆端的阀门,使孔道内的气压与大气压形成一定的压力差(负压 ≥ -0.1MPa)后,保持真空泵启动状态,开启压浆端阀门用 F-512 高压灌浆机将已搅拌好的水泥浆往管道压注。当排气端流出的水泥浆连续排出并与压浆端压入的水泥浆稠度一样时,关闭真空泵,并关闭出浆端的阀门,再用压浆机进行加压至 0.5~0.7MPa 后持压 3min,然后关闭压浆机和压浆端阀门,待孔道内水泥浆初凝后拆除孔道两端阀门。

压浆过程应做好压浆记录。压浆时,每一个工作班留取不少于 3 组试样(每组为 70.7mm×70.7mm×70.7mm 立方体试件 3 个),标准养护 28d,检查其抗压强度,作为评定水泥浆质量的依据。

预应力管道压浆完成后,应及时对需要封端的锚具进行封端施工。压浆后将锚具周围冲洗干净并对锚槽面混凝土凿毛,然后严格按图纸要求安装封端钢筋网浇筑封端混凝土。对于长期外露的锚具,采取包裹等方法防锈。

压浆注意事项:

A. 水泥浆自拌制至压入孔道的延续时间,视气温情况而定,一般在 30~45min 范围内。水泥浆在使用前和压注过程中应连续搅拌。对于因延迟使用所致的流动度降低的水泥浆,不得通过加水来增加其流动度。

B. 压浆时,对曲线孔道应从最低点的压浆孔压入,由最高点的排气孔排气。压浆顺序为宜先压注下层孔道。

C. 压浆应缓慢、均匀、连续地进行,不得中断。

D. 压浆的最大压力宜为 0.5~0.7MPa;压浆应达到孔道另一端饱满和出浆,并应达到排气孔排出与规定稠度相同的水泥浆为止。为保证管道中充满灰浆,关闭出浆口后,应保持不小于 0.5MPa 的一个稳压期,该稳压期不宜少于 2min。

E. 输浆管应使用牢固、结实的高强橡胶管,抗压能力 ≥1MPa,连接要牢固,不得脱管。

F. 水泥浆进入灌浆泵之前应通过 1.2mm 的筛子。

G. 孔道压浆应填写施工记录,并制作不少于 3 组试件。

(12) 支架卸载、拆除。

下塔柱支架在全部混凝土浇筑完成及预应力张拉后再统一拆除。

支架拆除按支架搭设相反的顺序进行,拆除过程必须重点做好相关施工安全措施和下塔柱的防护措施。

(13) 支座垫石施工及支座安装。

下塔柱施工时务必注意垫石钢筋的预埋安装。支座垫石施工应根据 0 号块施工进度提前进行。支座垫石施工时,应严格控制其钢筋的安装质量、混凝土的振捣质量以及垫石平面位置和高程,同时浇筑混凝土时应按要求预埋支座螺栓孔等。垫石混凝土浇筑完毕后,应及时复测其平面位置和高程偏差,若超出规范要求,则用砂轮机等对其进行打磨,使之符合要求。

支座由专业厂家制作,支座进场后必须按设计和规范要求进行验收合格后方可安装。支座安装前应由设计院和生产厂家进行技术交底,安装时应注意支座的型号和方向,严格控制支座的高程,支座上下各部构件纵轴线要对正,不得发生偏歪、不受力和脱空现象,同时保证传感器、数据线等安装正确。

6 现浇箱梁施工技术

6.1 工程概况

6.1.1 箱梁结构形式

北江四桥工程引桥部分为 30m、50m 跨径预应力混凝土现浇连续箱梁,南北岸侧各 14 跨,共 28 跨。全桥 50m 跨径预应力混凝土现浇连续箱梁共有 13 跨,南岸 5 跨,北岸 8 跨,其中 10 跨位于水中,50m 跨径预应力混凝土现浇连续箱梁侧面如图 6.1-1 和图 6.1-2 所示。30m 跨径预应力混凝土现浇连续箱梁共有 15 跨(南岸 9 跨,北岸 6 跨)所有 30m 跨径预应力混凝土现浇连续箱梁均位于岸上,其侧面如图 6.1-3、图 6.1-4 所示。

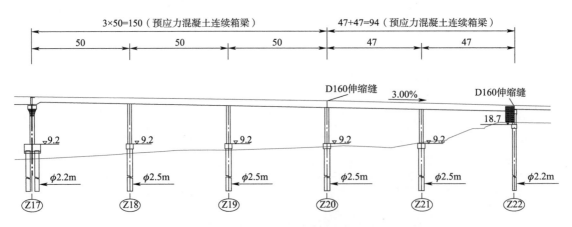

图 6.1-1 南岸 5 跨 50m 跨径预应力混凝土现浇连续箱梁侧面图(尺寸单位:m;高程单位:m)

50m 跨预应力混凝土现浇连续箱梁采用单箱三室截面,如图 6.1-5 所示,顶面宽 19.25m(含两边 20cm 后浇段),箱梁底宽 13.33m,两侧悬臂 2.5m,箱梁梁高 2.8m;30m 跨预应力混凝土现浇连续箱梁采用单箱双室截面,如图 6.1-6 所示,顶面宽 15.2m(含两边 20cm 后浇段),箱梁底宽 9.66m,每侧悬臂 2.5m,箱梁梁高 1.8m。箱梁梁体设置 2% 的横坡、3% 的纵坡,坡度由柱顶高程调整形成。

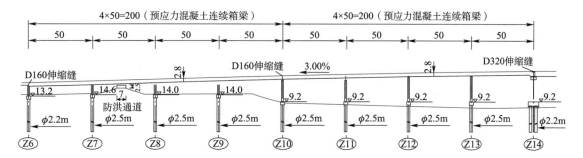

图 6.1-2 北岸 8 跨 50m 跨径预应力混凝土现浇连续箱梁侧面图(尺寸单位:m;高程单位:m)

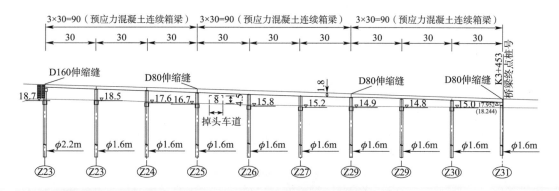

图 6.1-3 南岸 9 跨 30m 跨径预应力混凝土现浇连续箱梁侧面图(尺寸单位:m;高程单位:m)

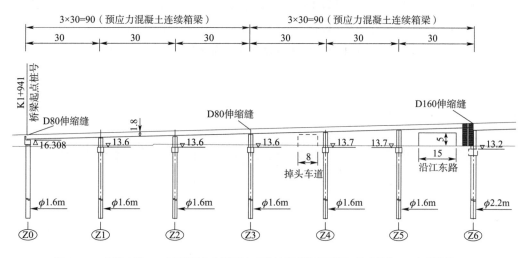

图 6.1-4 北岸 6 跨 30m 跨径预应力混凝土现浇连续箱梁侧面图(尺寸单位:m;高程单位:m)

6.1.2 现浇支架形式

在陆地上采用落地满堂式碗扣支架,在跨越河堤处采用扩大基础的钢管支架进行施工;岸上北引桥 30m 现浇箱梁施工全部采用落地满堂式碗扣支架进行施工。由于北岸引桥陆上段位于农田和浅滩之上,支架底的地基承载力不满足要求,在支架搭设前要对原有的地基进行处理,再进行支架的搭设。

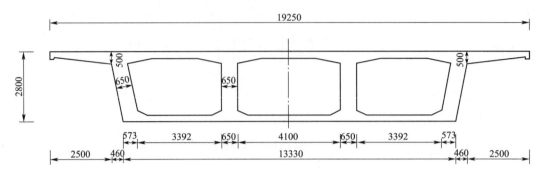

图6.1-5 50m跨预应力混凝土现浇连续箱梁标准断面图(尺寸单位:mm)

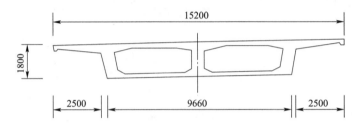

图6.1-6 30m跨预应力混凝土现浇连续箱梁标准断面图(尺寸单位:mm)

岸上引桥连续箱梁采用搭设落地满堂式碗扣支架现浇的施工方法,主要的结构形式从上至下依次为横向方木(纵向间距为45cm),纵向双拼[10槽钢(与支架横向步距相同),碗扣支架(纵向步距为0.9m),腹板(横向步距为0.6m),其余位置横向步距为0.9m。横杆的间距为1.2m。30m现浇支架纵断面如图6.1-7所示,横断面如图6.1-8所示。

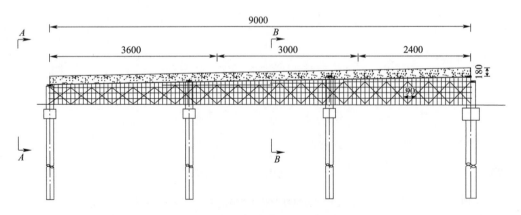

图6.1-7 30m现浇支架纵断面图(尺寸单位:cm)

根据北江四桥全线的实际地质情况,50m现浇箱梁主要采用 $\phi 82 cm$($\phi 100 cm$)钢管桩、贝雷梁、工字钢作为支架的主要受力构件来进行结构设计。

北江四桥50m现浇箱梁支架的结构形式均为 $\phi 82 cm$($\phi 100 cm$)螺旋钢管桩上横向架设

I56a工字钢承重梁,承重梁上方纵向架设贝雷梁,贝雷梁上方沿横桥向均匀分布I25a工字钢分配梁,分配梁上铺设底模板。螺旋钢管立柱完成后,再焊接横联以确保现浇支架的整体稳定性。50m现浇支架纵断面如图6.1-9所示,相应横断面如图6.1-10所示。

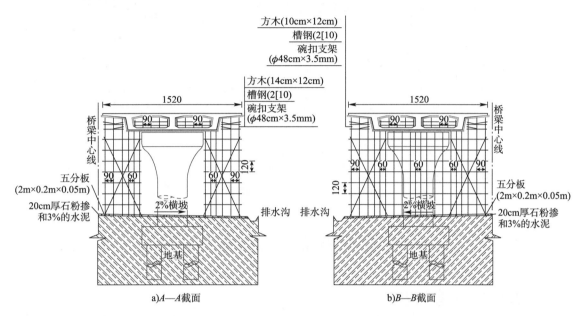

图6.1-8　30m现浇支架横断面图(尺寸单位:cm)

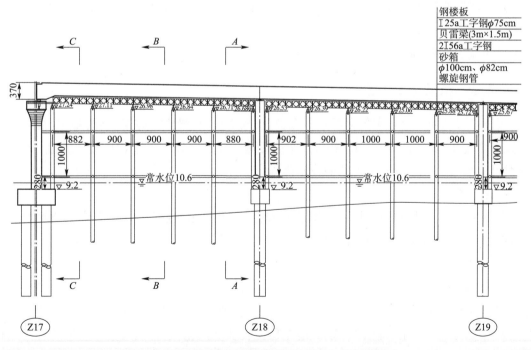

图6.1-9　50m现浇支架纵断面图(尺寸单位:cm;高程单位:m)

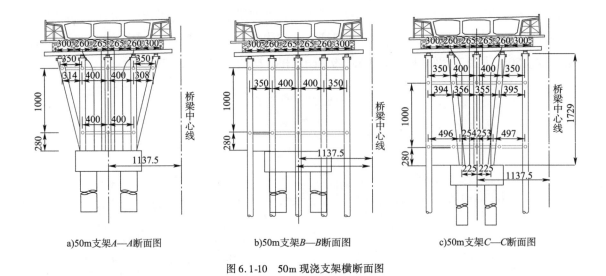

图 6.1-10 50m现浇支架横断面图

6.2 箱梁施工流程和施工工艺

6.2.1 箱梁施工流程

连续箱梁采用纵向分段施工,分段位置按设计给定位置确定。每段箱梁混凝土浇筑完成达到设计强度和龄期后,按照设计顺序进行预应力施工。其中,关键工序有支架搭设、模板施工、钢筋施工、混凝土施工以及张拉压浆施工。每道施工工序环环相扣,循环渐进。现浇箱梁的施工流程如图 6.2-1 所示。

6.2.2 箱梁施工工艺

现浇箱梁的施工过程中包含了施工准备,支架搭设,箱梁模板施工,钢筋施工,混凝土施工,预应力施工,支架卸载、拆除,混凝土养护等施工工艺。以下简要说明施工准备、支架卸载和拆除、混凝土养护等施工工艺的技术措施。

1)施工准备

准备工作包括材料准备、场地清理及处理、预埋件凿出、测量放样。钢管支架材料必须在搭设前准备好,并堆放在施工区域内。

2)支架卸载、拆除

(1)支架的拆除时间。

支架拆除时间,应当按施工设计图的要求,在箱梁现浇混凝土强度达设计要求的95%,预应力钢绞线张拉及注浆施工完成,经过单位工程负责人、质量自检人员和监理工程师的检查验证同意后,方可拆除施工支架。

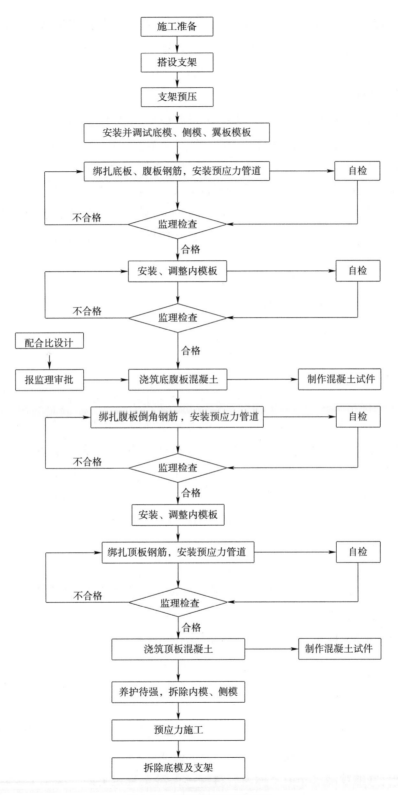

图 6.2-1 现浇箱梁施工流程图

对于该工程来说,现浇支架应在单个施工段现浇箱梁全部浇筑完成及预应力张拉后再统一拆除转至左幅进行施工。支承钢管柱顶以上部分利用卷扬机横移拉出,再利用塔式起重机吊至梁顶待用。支承钢管考虑利用拔桩架进行拆除再周转至左幅。

(2)支架的卸载。

为了避免在拆除支架过程中产生过大的瞬时荷载,引起不应有的混凝土裂缝,使梁体顺利实现应力转换,在拆除支架前,首先要正确进行支架的卸载,严格按照从跨中向支座依次循环松动顶托螺杆,当达到一定的卸落量后,支架方可脱落梁体。

先拆除支撑在翼板上的支架,保证全梁翼板处于无支撑状态,再松动腹板的顶托螺杆,接下来松动底板的顶托螺杆,人员分成两组,从跨中向两端同步松动,使梁体均匀下落,分几个循环卸完。卸落量开始宜小,以后逐渐增大。在纵向应对称均衡卸落,在横向应同时一起卸落。

在拟定卸落程序时应注意以下事项:

①在卸落前应画好每次卸落量的标记;

②卸载时应均匀、缓慢、对称进行;

③多跨连续梁应同时从跨中对称卸载。

(3)支架拆除的顺序。

拆除程序应遵守由上而下,由跨中向两边,先翼板后底板,先支的后拆、后支的先拆的原则。拆架时要先拆栏杆、翼板、外伸梁支架,再拆除箱梁底板支架,从跨中对称往两边拆。先拆模板、剪刀撑、斜撑,而后拆小横杆、大横杆、立杆等。拆除剪刀撑时,应先拆中间扣,再拆两头扣,拆完后由中间的人负责往下传递钢管。并按一步一清原则依次进行,要禁止上下层同时进行拆除工作。整个拆架过程中必须有技术人员跟班指挥与检查。注意,支架拆除按支架搭设相反的顺序进行,拆除过程必须重点做好相关施工安全措施和箱梁梁体防护措施。

3)混凝土养护

混凝土浇捣后,之所以能逐渐凝结硬化,主要是因为水泥水化作用的结果,而水化作用则需要适当的温度和湿度条件,因此为了保证混凝土有适宜的硬化条件,使其强度不断增长,必须对混凝土进行养护。

混凝土养护期间,应重点加强混凝土的湿度和温度控制,尽量减少表面混凝土的暴露时间,及时对混凝土暴露面进行紧密覆盖,防止表面水分蒸发。暴露面保护层混凝土初凝前,应卷起覆盖物,用抹子搓压表面至少2遍,使之平整后再次覆盖,此时应注意覆盖物不要直接接触混凝土表面,直至混凝土终凝为止。

具体做法是:混凝土带模养护期间,应采取带模包裹、浇水、喷淋洒水等措施进行保湿、潮湿养护,保证模板接缝处不致失水干燥。为了保证顺利拆模,可在混凝土浇筑24~48h后略微松开模板,并继续浇水养护至拆模后再继续保湿至规定龄期。混凝土去除表面覆盖物或拆模后,应对混凝土采用蓄水、浇水或覆盖洒水等措施进行潮湿养护,也可在混凝土表面处于潮湿状态时,迅速采用麻布、草帘等材料将暴露面混凝土覆盖或包裹,再用塑料布或帆布等将麻布、草帘等保湿材料包覆。包覆期间,包覆物应完好无损,彼此搭接完整,包覆物内表面应有凝结水珠。有条件地段应尽量延长混凝土的包覆保湿养护时间。

对于本工程来说,箱梁顶面和底板顶面在混凝土初凝后即开始进行洒水养护,终凝后利用麻袋或土工布进行遮盖并淋水养护,箱梁外侧模板及翼板底模板拆除后即洒水养护,要求初凝后7d内保持梁体湿润。

6.3 辅助设施施工

6.3.1 钢管桩支架搭设施工

由于本工程50m现浇箱梁大部分位于水上,不适宜搭设满堂式支架施工,所以搭设钢管桩支架进行混凝土现浇施工。在支架搭设过程中,充分使用水上设备进行支架搭设,例如浮式起重机船、打桩船、货船等。由于支架搭设作业均在水上进行,搭设支架难度较大,所以配备了5孔现浇支架材料供周转使用,合理策划组织施工,辅助完成21孔50m(47m)现浇箱梁施工。

钢管桩支架严格遵循从下往上的原则逐步搭设,主要步骤为:振设钢管桩→焊接立柱→焊接平联→安装砂箱→安装承重梁→安装贝雷梁→安装分配梁。

钢管桩支架中的钢管桩均使用$\phi 82cm(\phi 100cm)$螺旋钢管。为了利于施工,所有螺旋钢管在进场后需要经过修边、整平、驳接等加工工艺。加工完成先在后场集中存放,再使用平板车转运到前场使用。测量人员根据现浇支架施工图纸,计算出每根钢管桩的坐标和高程,根据计算结果于控制点上设监测站,在钢管桩振入施工时进行实时监控测量,确保每根钢管桩定位准确。钢管桩振设施工过程中,岸上采用起重设备吊住钢管桩,竖立起来并临时定位,再使用振动锤进行施振。振入过程中,施工人员、测量人员应观测钢管桩的垂直度,钢管桩须定位及调整好垂直度后,才可开始打入下沉。钢管桩振设并接驳完成后,接着焊接平联管,平联钢管采用$\phi 42.6cm$螺旋钢管,焊接过程要注意高程的控制。钢管桩接驳、平联管焊接完成后安装砂箱,完成后再吊装I56a工字钢承重梁,安装贝雷梁,最后安装I25a工字钢分配梁。安装过程中应反复测量位置及高程,使用砂箱进行高程微调,使用定位卡扣固定位置。

1)钢管桩加工及转运

(1)对现场所有支架材料进行清点,岸上使用的钢管桩直接在南北两岸钢结构加工场进行焊接拼接工作,分节出厂并被运往工地。单节长度为12m。钢管桩分层堆放后分别用平板车和工程船进行转运,最多堆放3层,水上钢管桩在驳船上接长。

(2)管节在拼接时,需要在胎架上进行,以保证管节对接口在同一轴线上。钢管桩外形尺寸允许偏差值如表6.3-1所示。

钢管桩外形尺寸允许偏差表　　　　表6.3-1

偏差名称	允许偏差(mm)
桩长偏差	+300,-0.0
桩纵轴线的弯曲矢高	不大于桩长的0.1%,并不大于30

(3)根据桩长及起重机和浮式起重机起吊时的吊装要求,在钢管桩适当位置设置3个吊耳。同时注意吊耳孔径必须稍大于吊装卡环销轴直径。吊耳尺寸及焊缝应满足受力要求,严格控制检查焊缝质量。

2)测量放样

(1)测量人员根据现浇支架施工图纸,计算出每根钢管桩的坐标和高程,根据计算结果于控制点上设监测站,在钢管桩振入施工时进行实时监控测量,确保每根钢管桩定位准确。

(2)承台预埋钢管立柱时,测量人员要根据设计尺寸对预埋件预埋位置进行准确定位,承台施工完成后还要对预埋件位置进行复核,确保钢管立柱平面位置在承台施工过程当中未出现移位。

3)打设钢管桩

(1)钢管桩施工过程中,岸上采用汽车起重机,水上采用80t浮式起重机吊住钢管桩,将其放入导向架定位装置中,然后用90kW振动锤施振。

(2)振入过程中,施工人员、测量人员应观测钢管桩的垂直度,钢管桩须在定位及调整好垂直度后,才可开始打入下沉,钢管倾斜度控制在1/100内,桩中心偏差控制在10cm内。在下桩过程中,桩架应保持垂直。当钢管桩发生倾斜时,应暂停振入,先找出倾斜的原因及解决办法。

(3)钢管桩应一次打设完毕,避免中间过程停顿。贯入过程中,通过不同地质层时要对桩的垂直度进行复测,避免出现斜桩;打桩过程应根据不同地质层的贯入度控制锤的力度,防止将钢管顶部打卷;钢管打至接近设计高程时要注意控制锤的力度,防止超打,当钢管达到设计入土深度时可停锤。现场施工管理人员要根据实际情况记录钢管桩的总长及入土深度,并保存归档。

(4)沉桩时,如桩顶有损坏或局部压屈,应予割除,并接长至设计高程。打设完成后钢管桩如图6.3-1所示。

4)平联及横向承重梁安装

(1)平联钢管采用直径为42.6cm、壁厚为6mm螺旋钢管在北岸钢结构加工厂加工成型,将毛边打磨,旧钢管桩需除锈后备用。钢管桩沉桩完毕并验收合格后,利用专门设

图6.3-1　打设钢管桩

计制作的挂篮作施工平台,进行两道横联及上横梁的焊接、安装施工。

(2)桩顶节段按图纸在后场先加工完成,下节钢管桩振设后抄平,测量高程,再根据高程调整上节长度,一次吊装进行焊接。

(3)钢管柱接驳完成后安装砂箱,完成后再吊装I56a工字钢承重梁。安装完成后的平联及横向承重梁如图6.3-2所示。

5)贝雷梁安装

(1)贝雷梁在架设前先根据图纸要求在现场按组拼接,在架设过程中,必须严格按照图纸尺寸摆放贝雷梁,贝雷梁与工字钢采用[10槽钢固接。

(2)贝雷梁支点位置要采用[10槽钢进行竖向加强,各组贝雷梁之间节点位置每隔3m设[10槽钢剪刀撑进行横向加固,交叉位置采用焊接固结。安装完成后的贝雷梁如图6.3-3所示。

图6.3-2 平联及横向承重梁安装

图6.3-3 贝雷梁安装

6)I25a工字钢分配梁安装

(1)贝雷梁安装完毕后,在贝雷梁节点位置上安装I25a工字钢横向分配梁,间距为75cm,单排I25a工字钢长度为12m+8m交错布置,最后安装骑马螺栓进行固定。

(2)横向分配梁安装完成后,须对贝雷梁满挂安全网,且在标准安全通道安装护栏。

6.3.2 地基处理施工

在进行十字盘扣支架搭设之前,为保证箱梁浇筑的稳定性、安全性和质量,支架搭设前需对地基作以下处理,具体步骤为:

(1)通过仪器试验(触探试验、平板荷载试验)测探盘扣支架搭设位置的地基承载力,如图6.3-4为重型触探试验,图6.3-5为平板荷载试验。

(2)对承载力不足的地基进行加强处理:北岸30m现浇箱梁多位于农田和浅滩,支架底的地基承载力不满足要求,必须对北岸地基进行特殊处理。具体步骤为:

①在翼缘垂直投影的外侧挖一排水沟,降低该地段的地下水位。

②开挖表面填土以及植被土,接着进行分层回填,压路机分层碾压。

③地基采用在地表铺20cm厚石粉(掺3%水泥),然后洒水,利用压路机进行反复振动压实,使地基承载力达到所能够承受的计算数值250kPa。南岸30m现浇箱梁位于原有城市道路上,地基承载力满足要求,地基不作大面积处理。

图6.3-4 重型触探试验

图6.3-5 平板荷载试验

(3)基础两侧纵向设置排水沟利于排水,防止基础受积水浸泡。

6.3.3 十字盘扣支架施工

北江四桥工程中的30m现浇连续箱梁均在岸上,南北岸共有15跨30m现浇连续箱梁,施工中以三跨为一联,逐跨现浇成型,支架数量较多,搭设地形较为平坦,非常适合使用盘扣式支架进行施工,全桥共配置6跨支架进行组织周转施工。

采用盘扣式支架施工工法,安全、顺利,为今后类似工程提供了经济、实用、可靠的施工技术参考。本工法适用于陆地桥梁现浇箱梁支架施工,该工法特点为:

(1)单杆承载力达16t以上,是常见碗扣支架的8倍,受力安全、可靠;

(2)较碗扣支架节约人工费、机械设备费、运输费;

(3)材料耐用久经,搭设外观整齐、美观;

(4)搭设速度快,高效、省时。

盘扣式支架根据立杆规格分为 $\phi 48mm$ 和 $\phi 60mm$ 两个系列。盘扣式支架由于采用Q345材料做主承力杆件,具有很高承载能力;桁架式结构使脚手架具有良好的稳定性;标准化的杆件组合灵活,装拆迅速。盘扣式支架主要由以下构件组成:①横杆;②可调顶托;③外套管立杆;④斜杆;⑤立杆连接销;⑥可调底座。

在已经进行地基处理区域的地面上搭设满堂式碗扣支架,支架底托位置需要布置5cm厚木板,支架横纵向步距为90cm,在横向腹板位置、纵向横隔梁位置加密为60cm间距。竖向横杆设置间距为120cm,横、纵向5跨设置一通高斜杆,并在立柱位置用钢管卡卡住立柱保证支架的整体稳定性。支架顶端利用顶托按照设计高程调节出横纵坡。然后在顶托上安装纵向[10槽钢,上层再铺设横向间距45cm的方木,然后布设钢模板底、侧模,模板采用1.8m×1.5m的标准钢模板,按照箱梁的底、侧模尺寸进行拼装。

在本工程施工中的盘扣支架选用φ60mm系列十字盘脚手架产品作支撑架。十字盘脚手架主要承重杆件立杆由直径60mm的钢管制成,材质为Q345;横杆采用直径48mm的钢管制成,材质为Q235;斜杆采用直径48mm的钢管制成,材质为Q195。现浇箱梁十字盘支架系统由下而上依次为:地基、基础、五分板、底托、φ60mm十字盘支架、顶托、纵横分配梁和底模板。

首先,根据现浇箱梁结构及净空高度设计出详细的符合《建筑施工承插型盘扣式钢管支架安全技术规程》(JGJ 231—2010)[①]的支架布置图,如图6.3-6所示为30m现浇支架布置图,再根据图纸上支架布置形式在处理好的地基上对立杆位置进行测量放样。

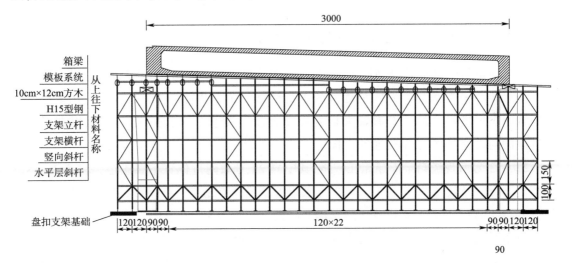

图6.3-6 30m现浇支架纵断面图(尺寸单位:cm)

根据测量放样位置铺设五分板,安装底托,再从下至上搭设盘扣支架,搭设前需根据箱梁底板至地面高度预先选好立杆组合方式。现浇支架的主要结构形式从上至下依次为:纵向布设10cm×10cm方木(根据箱梁荷载分布设计)→横向2[12槽钢(与支架纵向步距相同,支架纵向步距根据箱梁荷载分布设计)→盘扣支架(根据支架受力荷载设计)→五分板(支架底托位置横桥向布置五分板作为垫板)。盘扣式支架的搭设如图6.3-7和图6.3-8所示。

盘扣支架搭设完成后,在两侧翼缘位置安装上下爬梯、临边护栏,同时在底部挂好兜底安全网,张贴好警示标牌;布置支架防撞设施。

---

① 本规范已于2021年作废,其替代版本为《建筑施工承插型盘扣式钢管脚手架安全技术标准》(JCJ/T 231—2021)。本项目在2021年之前,故采用的为旧规范。

图 6.3-7 盘扣式支架的搭设

图 6.3-8 盘扣式支架搭设照片

6.3.4 跨北江一路支架及交通组织施工

北江四桥南岸 30m 现浇梁从 22~31 号墩起止桩号为 K3+180~K3+453,其中 22~23 号墩横跨北江一路,北江一路为清远市区重要道路干线,车辆较多,交通繁忙。在该重要交通位置组织现浇箱梁施工,具有较大难度及安全隐患,需要做好相应防范措施,以在保证施工进度的同时,减少对当地交通的干扰。

22~23 号墩现浇箱梁横穿北江一路,其中靠 23 号墩附近位置不属于道路主干道,不影响车辆通行,采用碗扣支架施工,靠 22 号墩附近位置横跨北江一路,所以采用钢管桩支架跨越,保证箱梁施工过程中不影响道路车辆通行。

根据北江一路道路情况,结合实际施工方案,交通组织分三个阶段进行。

(1)第一阶段:进行北江一路上的条形基础施工、搭设施工支架。交通转换第一阶段平面图如图 6.3-9 所示。其交通组织原则为:将现有施工围蔽向南收缩,凿除原北江一路南侧部分花坛,划分新的人行道和行车道;改道完成后,进行第一阶段施工围蔽(图 6.3-9 阴影部分)。

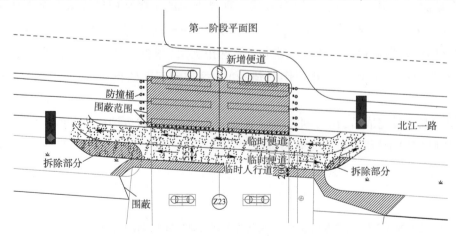
图 6.3-9 交通转换第一阶段平面图(尺寸单位:cm)

（2）第二阶段：靠23号墩侧碗扣支架搭设、22~23号墩现浇箱梁主体结构施工,拆除靠23号墩侧碗扣支架。交通转换第二阶段平面图如图6.3-10所示。其交通组织原则为:拆除第一阶段围蔽,将行车道改至原第一阶段围蔽范围内,进行第二阶段围蔽施工(图6.3-10中阴影部分)。

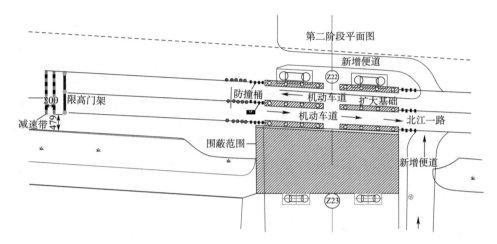

图6.3-10　交通转换第二阶段平面图(尺寸单位:cm)

（3）第三阶段：拆除北江一路上的施工支架。交通转换第三阶段平面图如图6.3-11所示。其交通组织原则为:拆除第二阶段围蔽,车道改道;进行第三阶段围蔽(形式同第一阶段);支架拆除后,恢复北江一路正常通行。

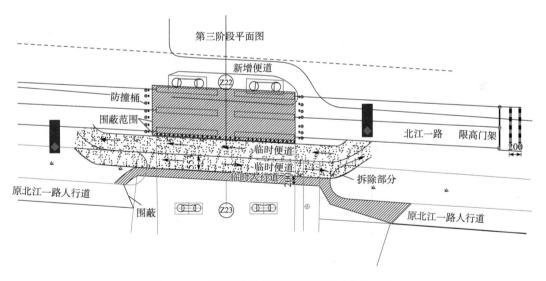

图6.3-11　交通转换第三阶段平面图(尺寸单位:cm)

北江四桥由于地处清远市重要交通干道,交通组织非常重要,因此提出以下具体措施:

跨北江一路支架在搭设前后按公路管理部门的要求设置完善的交通标志、警示标牌,设置减速带,限高门架,疏导车辆通行。安全警示牌包含限高、限速、道路变窄、前方施工、减速慢行导向等标志。在围蔽范围上下游50m处设置限高、限宽门架，限高、限宽门架如图6.3-12所示。

为确保车辆和施工安全，在施工场地的上下游迎车面对场区采取加长防护，防护距离至施工场地20～25m，并每间隔5m设置防撞墩，中间设置反光标识标牌，防撞墩如图6.3-13所示。横向，在该范围均设置围栏防护，在围栏四周粘贴反光条，起警示作用。

图6.3-12　限高限宽门架

图6.3-13　防撞墩

同时应注意以下事项：

（1）在门洞进出口设置3条一定长度的防撞隔离墩导向带，门洞内车道两侧设置一定高度的防撞墩，以避免门洞排架支撑立柱受到撞击。

（2）门洞进口上方设立车辆导向牌、车辆限高、限宽及限速等标志，出口上方设立禁令标志牌等。

（3）多车道门洞按要求划分车道分隔线，严禁车辆串道行驶。

（4）门洞顶部设置安全网、封底脚手板，外侧护栏全封闭，以防高空落物。

（5）防撞墩、支架护筒及限高门架应涂反光警示材料，利于车辆夜间辨识。

（6）通道内必须保证充足的照明，照明设施一般设置在顶部两侧，照明方向设置在车辆前行方向，以防灯光刺眼。

（7）成立交通疏导小组，并配备相应的应急设备（如拖车），遇突发情况及时疏导交通。

6.3.5　跨北岸河堤支架施工

北江四桥引桥6～8号墩地处北江河堤，其中7～8号墩现浇箱梁需跨越北江河堤路，河堤宽度约7m，高度约4.5m。箱梁支架采用盘扣支架整体跨越，河堤两边斜坡不利于盘扣支架的搭设，所以要进行河堤边坡开挖，开挖成台阶式基础，河堤边坡开挖如图6.3-14所示。然后人工夯实，河堤顶面整平后浇筑20cm厚的C20混凝土垫层，河堤台阶浇筑如图6.3-15所示。最后再进行盘扣支架的搭设。

图 6.3-14　河堤边坡开挖　　　　　　　　图 6.3-15　河堤台阶浇筑

河堤顶面原有河堤道路需要通行车辆,而且施工车辆也无法通行至左幅施工,所以在靠河堤北侧 6～7 号墩之间设置施工便道,以便于车辆绕道通行,施工便道采用石碴填筑,平均厚度为 30cm,宽度为 7m,填筑完成后采用压路机压实,再铺填石粉压实。

首先进行河堤边坡表层清理,利用小型挖掘机清理边坡表层草皮,将支架范围内的河堤凹凸不平的顶面整平,利用挖掘机将杂草、混凝土块等清理干净。场地表层清理后则进行边坡开挖,边坡开挖采用从下而上的方法进行施工,每开挖一步台阶,便浇筑混凝土,然后进行下一步台阶施工。利用小型挖掘机沿放样位置进行开挖,挖出的土石方用装卸车运走,开挖完成后及时清理场地,然后工人对台阶进行修整,利用夯实机压实。根据河堤坡度计算,台阶高度设为 0.5m,宽度设为 1.2m。台阶开挖并压实后,要利用触探仪器进行地基承载力的验算,不满足承载力要求的区域需要重新处理、压实。在河堤两侧坡脚位置箱梁范围内设置重力式挡土墙,挡土墙采用钢筋混凝土挡土墙,挡土墙高 90cm,宽 50cm,并根据重力计算配筋。随后进行垫层及挡土墙的混凝土浇筑,浇筑时采用 C20 强度等级混凝土,由下往上逐层浇筑,浇筑时使用振捣器振捣,并且收浆、抹面、养护待强。由于盘扣支架搭设的需要,台阶的浇筑过程中对每级台阶的高程及位置控制相当严格,以方便后续的盘扣支架搭设施工。河堤边坡两侧设置集水槽,汇集水流至河堤两边的排水沟。

河堤地基处理完成后,进行盘扣支架的搭设,河堤支架搭设如图 6.3-16 所示。搭设盘扣支架之前,先将河堤道路封闭并引导车辆通行,做好支架防撞措施,并且做好提前交通警示。然后进行跨河堤处盘扣支架搭设。搭设过程中注意控制盘扣位置高差,通过微调底托高度,使每一道相邻的立杆的盘扣都能完全连接在一起。对于底托架空位置,使用混凝土块支垫处理,保证每根立杆均能落于地面。

图 6.3-16　河堤支架搭设

6.4 模板施工

6.4.1 模板的种类、形式

箱梁模板主要包括底模板、腹板外侧模板、翼缘模板和内模板。50m及北岸30m现浇箱梁底模板、腹板外侧模板、翼缘模板均采用钢模板,内模板采用18mm厚木夹板(背肋10cm×12cm方木),南岸30m现浇箱梁底模板、腹板外侧模板、翼缘模板及内模板均采用18mm厚木夹板(背肋10cm×12cm方木)。为方便内侧模板从箱梁内腔中取出以及混凝土施工时人员通行需要,在箱梁顶板距支点1/4处预留施工人孔,施工人孔尺寸为0.6m×1.1m(横桥向×纵桥向),孔位设置必须避开预应力管道。待模板拆除后,焊接割断钢筋,重新补浇施工人孔。箱梁模板横断面如图6.4-1所示。

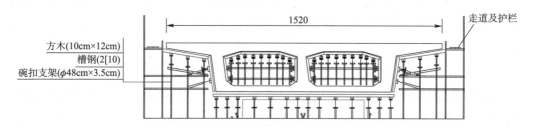

图 6.4-1 模板系统横断面图(尺寸单位:cm)

30m现浇箱梁施工中的内、外侧模板统一使用木模,使用木夹板搭配方木、钢管作支撑,外侧模板钢管支撑上下布置三道,间距为1.5m,木夹板使用铁钉固定在贝肋方木上,模板之间拼缝使用双面胶拼接防漏,内侧模板使用钢管剪刀撑作为内支撑,各类支撑通过顶托调节松紧,为了保证模板不发生胀模、变形现象,在外侧模板与内侧模板之间上下设置两道拉杆,间距1.5m,使用螺纹拉杆将箱梁腹板拉拢紧密。

50m现浇箱梁施工中的内、外侧模板均使用钢模板,内、外侧模板上下布三道拉杆作为模板固定系统,间距0.75m(底板2m),模板之间采用螺栓连接成为整体,外侧模板与底模板交点使用螺栓连接,钢模板之间拼缝要密实,采用双面胶或泡沫胶填补缝隙,以防止漏浆。顶板内侧模板采用木夹板,拼接方式同30m现浇箱梁施工。

6.4.2 模板的进场质量验收

箱梁施工中的钢模板均是由模板加工厂家在工厂加工的,在进场投入使用前,需要进行模板的进场质量验收,验收时主要测量模板的尺寸、数量、焊缝、涂漆、面板抛光等是否满足要求,可选取部分模板进行试拼装,检查拼接缝隙是否存在过大漏缝或错台,如图6.4-2所示为内模拼装。对于质量验收不合格的钢模板应进行加工改造，重新验收合格后，方可投入使用。

箱梁施工中的木模板均采用木夹板，在进行木夹板的选购时，根据方案需要进行选购，进场后需要进行质量验收，质量合格方可投入使用。

6.4.3 模板的安装与拆除

图 6.4-2　内模拼装

支架搭设完成后安装箱梁底模板，安装底模板前需测量组准确放样出底模板中轴线和边线，安装好底模板后进行复测并作适当调整。之后按设计要求进行支架预压。根据支架预压数据及计算预拱度重新调整底模板高程，保证箱梁施工线形与设计线形相符。

安装调整好底模板后，紧接着安装箱梁腹板外侧模板、翼板底模板、端模板，安装底、腹板钢筋及预应力管道并验收完毕后，安装腹板内模板及顶板内模板，之后安装顶板钢筋及预应力筋等，验收合格后方可浇筑混凝土。

模板的安装要求位置准确、尺寸准确、线条分明、表面平整，牢固性和高度及角度均符合图纸和规范要求。模板安装质量标准见表6.4-1。

模板安装质量标准　　　　表6.4-1

项目	允许偏差（mm）
模板高程	±10
模板尺寸	+5，-0
轴线偏位	10
模板相邻两板表面高低差	2
模板表面平整	5

外侧模板采用钢模板，顶板模板采用木夹板，模板之间拼缝要密实，以免漏浆。施工技术员通过使用塞尺、卷尺、细线等工具进行模板检查，测量员在模板安装完成后也要进行高程及平面位置的复测。模板安装完成后要进行缝隙填补，钢模板需要进行磨光、涂刷模板漆。

混凝土浇筑完后，根据当时的气候条件依据规范规定时间确定拆除侧模板时间。顶板及翼板底模板需混凝土强度达到75%才能拆除。底模板必须按设计要求在张拉完毕后，在技术人员指导下才能拆除，箱梁施工过程中每跨箱梁的第二孔起必须保留一孔箱梁支架。

6.4.4 模板周转使用形式与顺序

50m现浇箱梁钢模板全桥配置如下:底模板配置4套(共240m),外侧模板配置2套(共120m),内侧模板、内顶模板配置2套(共120m),根据现场下构施工先后顺序依次投入使用。模板分为两个施工点同时施工,每个施工点配置2套底模板,1套外侧模板,1套内侧模板与内顶模板。由于底模板拆除需要待强张拉,最后方能拆除,所以每个施工点配置2套底模板循环使用,以节省工期。

6.4.5 钢模板安装滑轮前移

在水中50m现浇箱梁施工中,由于箱梁的外侧模板桁架在I25a工字钢之上,在箱梁翼板之下,在浇筑混凝土完毕后,下放空间太窄,难以拆模,另一方面,水中50m现浇箱梁多以4孔或3孔为一联,在一跨箱梁施工完成后,可直接将模板推进到下一孔箱梁施工。所以,为了更方便拆模,将桁架底工字钢提高20cm,再在竖撑下焊接滑轮,滑轮底铺设[20槽钢作为滑行轨道,在混凝土达到拆模强度后,下放模板,然后将模板向前滑行至下一孔箱梁,做最后的调整与固定,便可进行下一孔箱梁施工。

6.5 钢 筋 施 工

6.5.1 钢筋加工及安装

箱梁钢筋在加工场按规范和图纸要求下料制作,分规格堆放并做好标识。外模板系统安装并调整符合规范后,首先安装底板、腹板钢筋,箱梁底板钢筋笼的安装如图6.5-1所示。验收合格后,安装箱梁内模板及顶模板,再绑扎顶板和翼板钢筋。根据钢筋的直径大小及受力情况的不同,采用不同连接方式,钢筋主要采用焊接与绑扎连接。绑扎连接的接头应设置在内力较小处,并错开布置,绑扎接头与弯曲处距离不应小于$10d$(d指钢筋直径,下同),搭接长度须大于$40d$。钢筋接头采用搭接或帮条电弧焊时,宜采用双面焊缝,双面焊缝困难时,可采用单面焊缝,横隔梁骨架钢筋、底板纵向和顶板横向主筋接头采用单面电弧焊接。采用搭接电弧焊时,两钢筋搭接端部应预先折向一侧,使两接合钢筋轴线一致。接头双面焊缝的长度不应小于$5d$,单面焊缝的长度不小于$10d$。培植在接头长度区段内的受力钢筋,其接头的截面面积占总截面面积的百分率,绑扎接头受拉区不大于25%,受压区不大于50%,焊接接头受拉区不大于50%,受压区无限制。接头与钢筋弯曲处的距离不应小于$10d$。钢筋之间的间距必须符合图纸要求,在施工中必须严格控制钢筋保护层垫块的制作质量及布设质量,以保证保护层的厚度,钢筋保护层垫块采用"井"字形布置,间距50cm。在钢筋安装过程中要注意伸缩缝装置预埋钢筋、防撞栏预埋钢筋、排水通风管道等预埋件的预埋。预埋钢筋如图6.5-2所示。

图6.5-1 底板钢筋笼安装

图6.5-2 现浇箱梁预埋钢筋安装

钢筋绑扎完成后进行预应力管道布设,预应力管道安装完毕后安装内模及横隔梁模板。

6.5.2 钢筋安装质量控制

钢筋在安装的过程中需要严格控制安装质量。钢筋安装质量应符合表6.5-1的规定。

钢筋安装质量标准　　　　　　　　　　　　　　表6.5-1

项目		允许偏差(mm)
受力钢筋间距	两排以上排距	±5
	同排 箱梁	±10
箍筋、横向水平钢筋、螺旋筋间距		±10
钢筋骨架尺寸	长	±10
	宽、高和直径	±5
绑扎钢筋网尺寸	长、宽	±10
	网眼尺寸	±20
弯起钢筋位置		±20
保护层厚度	箱梁	±5

现浇箱梁钢筋种类繁多,针对难以控制的质量要求,本工程采取了有效的控制措施,并取得了显著的成效。

(1)钢筋间距合格率控制。对于箱梁底板、顶板等易于控制间距的部位的钢筋,先在模板上按设计图纸间距分布划线,然后按线绑扎钢筋。对于箱梁腹板、预埋钢筋等难以控制间距的部位的钢筋,使用角钢根据设计间距切割卡槽,然后在绑扎的时候定位需要绑扎的钢筋。

(2)钢筋保护层合格率控制。底板钢筋净保护层通过均匀支垫保护层垫块进行合格率的控制。在铺设钢筋过程中,人员走动容易造成垫块损坏,所以在支垫底板保护层垫块时,要适当加密垫块数量,对于损坏的垫块需要及时更换。针对难以控制的腹板钢筋保护层的问题,通过在箍筋中间焊接一道定位钢筋,以防止箍筋变形影响钢筋保护层。另外在腹板纵向布置6道加粗定位钢筋,在定位钢筋的支撑下,箱梁腹板钢筋整体框架成形,避免发生局部变形,影响钢筋保护层。

6.6 混凝土施工

对全部支架、模板、预应力钢筋及预埋件等按图纸要求进行检查、清理,经监理工程师检查批准后方可浇筑混凝土。混凝土浇筑前,应对钢筋、预应力管道、预埋件等重要构件做标识,防止振动棒与其碰撞。

6.6.1 混凝土的拌和与运输

箱梁混凝土统一由拌和站供应,使用混凝土运输车运输,由接泵车泵送至浇筑位置,水中箱梁位置还需使用布料杆配合浇筑。箱梁混凝土配合比由中心试验室配制并报监理工程师批准后方可使用。每次浇筑时间为6~12h,其配比中最大用灰量控制在500kg/m³左右,坍落度控制在20~22cm。

6.6.2 混凝土分层施工形式

每跨箱梁混凝土均分两层进行浇筑,水平分层、纵向分段,纵向按先低端后高端的顺序,竖向按底板、腹板、顶板、翼缘板的顺序,横向按对称于箱梁轴线由中心开始向外顺序对称浇筑,尽量减少支架系统的不均匀荷载。为了有利于凿毛施工以及箱梁外观,箱梁第一层混凝土从底板开始浇筑至腹板与顶板交接面,完成腹板浇筑后,再进行第一层混凝土凿毛、养护,后续再进行顶板混凝土浇筑。

6.6.3 混凝土浇筑、振捣及收面质量控制

混凝土浇筑时须严格控制混凝土入模温度,控制好混凝土的均匀性和和易性。浇筑过程中分层、下料、振捣等严格按照设计和施工规范要求进行,避免露筋、空洞、冷缝、夹渣、松顶等现象。混凝土浇筑须连续,确保混凝土在初凝之前浇筑完成。

混凝土浇筑过程中应进行支架沉降测量监控。该专人检查支架、模板、钢筋、预埋件等的稳固情况,发现有松动、变形、移位时,应及时处理。

在混凝土浇筑时,必须定时对支架、模板、钢筋和预埋件等进行检查,对每一车混凝土的均匀性和坍落度等性能进行检测。在浇筑箱梁底板与腹板时,要控制好混凝土自由倾落高

度不超过2m,设置专人控制及指挥布料杆进行布料。箱梁混凝土按照由两侧往中间平衡、对称的方式分层进行浇筑,分层混凝土浇筑厚度不宜超过30cm。

箱梁混凝土振捣采用插入式振捣器,振捣器的移位间距不超过振捣器作用半径的1.5倍(视振捣器类型而定),振捣器与侧模应保持5~10cm的距离,插入下层深度宜为5~10cm。每一个振点的振捣延续时间为20~30s,以混凝土停止下沉、不出现气泡、表面呈现浮浆为度。

箱梁混凝土面板磨光与收面采用磨光机配合振动梁等设备进行施工,先通过振动梁进行混凝土摊平、振动密实,振动梁行走的轨道要预先测量高程,固定在模板面上,浇筑前要仔细检查是否松动。然后通过抹子进行收面,收面依照从中间往两边的顺序进行,再利用磨光机进行整个箱梁面板的磨平,最后混凝土临近初凝时间时进行拉毛。箱梁面板磨平如图6.6-1所示,混凝土表面收浆如图6.6-2所示。

图6.6-1 箱梁面板磨平

图6.6-2 混凝土表面收浆

6.6.4 箱梁顶面平整度控制措施

为保证以后的桥面铺装质量,必须对箱梁顶面平整度进行控制,控制措施如下:

(1)顶板混凝土平整度通过振动梁来控制,振动梁可以外购,也可以自制。自制时需要综合考虑振动梁的刚度、自重等因素,一般可以用两根[10槽钢,槽口相对距离为30~40cm,下口采用3mm厚的钢板封闭,上口采用5mm厚的钢板肋加强振动梁的整体性,长度比桥面宽度稍小。浇筑混凝土时,采用插入式振捣棒粗振后再采用振动梁振捣、粗平。振动梁振动时前方安排4名工人人工拖曳前进,两名工人专职看守振动梁前混凝土,振动梁前混凝土料以混凝土高度在槽钢中部为宜,料少时人工补料,多时清除。

(2)顶板混凝土浇筑的顺序为从前段临空面向后段已浇混凝土结合段浇筑,这样可保证收好浆的混凝土表面不再被人为破坏。

(3)处理好的混凝土顶面禁止人员走动,同时在混凝土终凝后盖麻袋养护。

6.6.5 混凝土施工注意事项

(1)浇筑时将梁分成数段,由低侧往高侧方向浇筑。

(2)一般应斜分层浇筑,每段箱梁均应一次浇筑完毕,中间不留施工缝。上层与下层浇筑距离不可过近(保持相距1.5m以上)和形成陡坡,否则粗集料可能滚至底面,使混凝土离析。

(3)在倾斜面上浇筑混凝土时,应从低处开始逐层扩展升高,保持水平分层。分层浇筑如用插入式振动棒时厚度不能大于30cm。

(4)使用插入式振动棒时,移动间距不应超过振动棒作用半径的1.5倍,与侧模保持5~10cm的距离;插入下层混凝土5~10cm;每一处振动完毕后应边振动边徐徐提出振动棒;应避免振动棒碰撞模板、钢筋。

(5)对每一振动部分,必须振动到该部位混凝土密实为止。以混凝土停止下沉,不再冒出气泡,表面呈现平坦、泛浆为度。

(6)试验人员必须严格控制好现场混凝土坍落度,同时多做几组试件以准确确定初期龄期强度。

(7)浇筑混凝土过程中,测量人员须对支架沉降及变形进行观测监控,发现异样情况需及时报告。

(8)冲洗拆除混凝土泵管时,严禁在已浇筑和未浇筑的顶板上进行,必须将泵管搬至其他地方进行清洗,避免洗出的碎石和砂留在模板上造成混凝土浇筑后外观差或者使混凝土产生断层。

6.7 预应力工程施工

预应力施工工艺流程、预应力管道的布置、预应力施工注意事项同前文5.3.3节预应力工程施工的内容。本节仅针对采用智能张拉系统对现浇箱梁进行预应力张拉的施工流程作详细说明。

6.7.1 预应力张拉

1)预应力张拉流程

混凝土达到设计规定的不小于7d龄期且实际强度达到90%以上设计强度后方可进行纵向底板预应力钢束张拉。箱梁预应力钢束按腹板→底板→横隔梁→顶板的顺序进行张拉。预应力钢束的张拉应遵循均匀对称张拉原则。

现浇箱梁预应力张拉均采用智能张拉系统进行,采用智能张拉设备进行张拉作业前,应对操作人员进行专门培训,确保熟练操作智能张拉设备,具备处理张拉过程中出现问题的能力。预应力钢绞线张拉顺序严格按照图纸要求进行,千斤顶张拉作用线与预应力钢绞线的轴线应重合,垂直于锚垫板。钢绞线的张拉程序如下:0→10%σ_k→20%σ_k→100σ_k(持荷5min)→锚固。

2)智能张拉施工主要工作内容

(1)准备工作,主要工作包括:设备标定、试机,设计张拉荷载计算复核,张拉理论伸长量复核,定岗人员培训,张拉过程的摄像设备的准备。

(2)张拉作业,主要工作包括:张拉前资料及张拉设备检查,千斤顶安装,操作设备张拉,观察张拉过程。

(3)数据导出与归档,主要工作包括:现场检查数据,设备连接计算机,数据导入计算机系统,数据通过计算机导出 Excel 表格,张拉过程的影像资料归档。

3)智能张拉施工操作步骤

(1)两人配备一套智能张拉设备,一人负责操作计算机,一人负责照看张拉现场,张拉按设计要求的顺序进行,并保证对称张拉。智能张拉设备如图 6.7-1 所示。

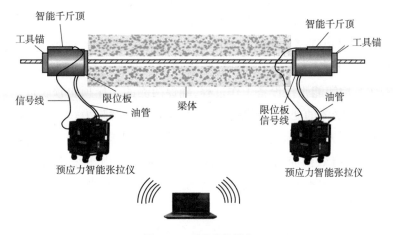

图 6.7-1 智能张拉设备

(2)将清洗过的夹片按顺序依次嵌入锚孔钢丝周围,夹片嵌入后,人工用专用的工具钢管轻轻敲击,使其夹紧预应力钢丝,夹片外露长度要整齐一致。

(3)安装智能千斤顶,将千斤顶套入钢丝束,连接智能张拉仪,确保千斤顶大缸进油顺畅。

(4)在智能控制设备中设置好梁号、孔道号、千斤顶编号、回归方程、设计张拉控制力值、钢绞线的理论伸长量、加载速率、停顿点、持荷时间等张拉要素。准备就绪即开始张拉。

(5)注意显示器,张拉到钢丝束的控制应力时,保证持荷 5min。计算出钢丝束的实测伸长量并与理论值比较,如果超过 ±6% 应停止张拉,分析原因。张拉过程数据显示示意如图 6.7-2 所示。

(6)控制设备,使张拉油缸缓慢回油,夹片将自动锚固钢绞线,如果发生断丝滑丝,则应割断整束钢丝线,穿束重拉。

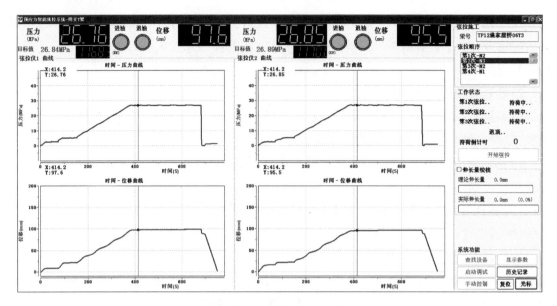

图 6.7-2 张拉过程数据显示示意

（7）张拉完成，打印、分析智能张拉数据，拆除千斤顶。

（8）按照设计的张拉顺序采用两段对称张拉。在张拉过程中，张拉速率应控制在每分钟张拉控制力的 10%~15%，并应匀速加压，为确保多点张拉的同步性，可增加几个停顿点。张拉过程中，密切监控智能张拉设备工作过程，确保两侧的千斤顶出顶长度均匀和张拉速率基本相同。同时注意梁体的变化，特别是预拱度，防止梁端摩阻力过大而损伤梁体。密切监控张拉设备，控制张拉施工过程同步性（钢绞线对称张拉同步性、张拉过程同步性、张拉停顿点同步性），切实控制有效预应力大小和同断面不均匀度。由于采用智能控制系统进行张拉，可以排除人为、环境因素影响，实现张拉停顿点、停顿时间、加载速率的同步性。由计算机完成张拉、停顿、持荷等命令的下达。

（9）在钢绞线表面做好记号，检查张拉后是否有滑丝现象。

（10）钢绞线在张拉控制预应力达到稳定后方可锚固。在张拉锚固过程中或锚固完成以后，不得大力敲击或振动。夹片式锚具锚固后夹片顶面保证平齐，其相互间距的错位控制在 2mm 以内，且露出锚具外的长度不大于 4mm。锚固完毕经检验合格后方可切除端头多余的钢绞线，切割采用砂轮锯或无齿锯，不得损伤锚具；杜绝采用电弧切割。

（11）切割后钢绞线的外露长度不小于 30mm，且不应小于 1.5 倍钢绞线直径。

（12）张拉完成后，在 48h 内完成孔道压浆。否则应采取措施，确保钢绞线不出现锈蚀。

6.7.2 智能张拉压浆异常情况处理

1）智能张拉控制器与油泵的无线连接出现异常

处理措施：重启控制器、油泵；另外，可以检查油泵内部的红外线接收器是否发生故障，接收器的线路是否脱落，受潮，若对应处理后仍未能连接，可尝试更换接收器。

2) 中途断电

处理措施:智能张拉控制器是采用10Ah锂电池组供电,可以连续工作48h,所以,如果在张拉作业过程中,出现了施工用电断电的情况,智能张拉控制器在电量充足且未关机的情况下是可以保存正在张拉的预应力钢束的张拉信息,只要施工电力恢复,便可继续张拉。中途需要做的工作就是保证智能张拉控制器的电量充足以维持开机状态,尽快使用发电机供电或者排除电力故障,恢复电力。

3) 张拉数据异常

(1) 当张拉完成时,张拉力达到设计的100%控制力,但是,伸长量仍未达到计算复核后的理论伸长量的94%。

处理措施:①暂停张拉;②检查理论伸长量输入是否正确;③检查张拉的预应力钢束是否对应控制器上的种子项,检查控制器上的种子项的数据是否有误等;④检查传感器有无松动、掉线、损坏等异常情况;⑤分析各级张拉数据,初步判断波纹管是否有堵塞;⑥将现场分析原因上报给施工段分管领导、项目总工,由项目领导决定是否继续进行。

(2) 在张拉作业过程中,智能控制器屏幕上显示的张拉伸长量已达到计算复核后的理论伸长量,但是张拉力仍未达到100%张拉控制力。

处理措施:①暂停张拉;②检查张拉的钢束有无发生断丝、滑丝现象,检查千斤顶是否异常,油管是否漏油等;③检查理论伸长量输入是否正确;④检查张拉的预应力钢束是否对应控制器上的种子项,检查控制器上的种子项的数据是否有误等;⑤若均未发现异常,则继续张拉,直至张拉至100%的张拉控制力后,看张拉钢束的伸长量是否超过106%的理论伸长量,如果超出106%的理论伸长量,将现场分析原因上报给施工段分管领导、项目总工,由项目领导决定是否继续进行。

4) 滑丝、断丝

(1) 当张拉作业过程中,发生滑丝现象。

处理措施:暂停张拉作业。检查钢绞线的型号与锚具、夹片的型号是否匹配,检查夹片(包括工具夹片与工作夹片)是否安装紧密等。原因无法查明时,将异常情况上报给施工段分管领导、总工,由项目领导决定是否继续进行。

(2) 当张拉作业过程中,发现断丝现象。

处理措施:暂停张拉作业。检查锚板是否发生偏移;检查千斤顶、工具锚板安装位置是否准确,是否发生倾斜;检查钢绞线是否因电焊等受到损伤。原因无法查明时,将异常情况上报给施工段分管领导、总工,由项目领导决定是否继续进行。

5) 压浆发生堵管现象

处理措施:暂停压浆作业,检查出浆口是否有气体排出,如果有气体排出,从曲线管道的最高部位预留的排气孔进行真空压浆;如果没有气体排出,通过计算管道理论压浆量与实际压浆量对比,计算出堵塞位置,在该位置凿孔,再将堵塞位置至出浆口该段管道压满。

7 钢箱梁施工技术

7.1 钢箱梁概述

钢箱梁一般由顶板、底板、腹板、横隔板、纵隔板及加劲肋等通过全焊接的方式连接而成。其中顶板为由盖板和纵向加劲肋构成的正交异性桥面板。较典型的钢箱梁各板的厚度可为：盖板厚度14mm，纵向U形肋厚度6mm，上口宽320mm，下口宽170mm，高260mm，间距620mm；底板厚10mm，纵向U形加劲肋；斜腹板厚14mm，中腹板厚9mm；横隔板间距4.0m，厚12mm；梁高2~3.5m。

钢板箱形梁是工程中常采用的结构形式。为研究横隔板间距对集中荷载作用下简支钢箱梁畸变的影响，通过设置不同数量横隔板的简支钢箱梁，比较其在集中荷载作用下的畸变效应和刚性扭转效应，得到最大畸变效应随横隔板数量的变化曲线。在箱梁腹板顶端施加集中荷载，按畸变、刚性扭转、对称弯曲和偏心荷载四种工况采用荷载分解的方法进行计算。

北江四桥主桥钢箱梁全长399.1m，全宽42m，桥面设2%双向横坡。桥梁中心线处梁高4.0m，为闭口箱形截面。钢材材质选用Q345qC、Q370qC。钢箱梁共划分为61个梁段，采用浮式起重机吊装梁段24个，最重段为160t，采用桥面起重机吊装梁段37个，最重段为245t。钢箱梁标准横断面如图7.1-1所示，各种类型梁段的数量、长度及质量如表7.1-1所示。

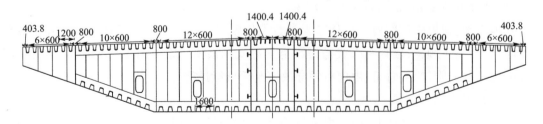

图7.1-1 钢箱梁标准梁段断面图（尺寸单位：mm）

北江四桥钢箱梁数量表（一个主塔对应钢箱梁） 表 7.1-1

序号	钢箱梁编号	尺寸(长×宽×高,m)	质量(t)	数量(块)	使用设备
1	F1、F2、F3、F4	(3.45~4.85)×42×4	160	各1块,总共4块	浮式起重机
2	G1、G2、G3	(3.45~4.4)×42×4	160	各1块,总共3块	浮式起重机
3	A	8×42×4	210	边跨6块,中跨11块	起重机
4	边跨 B+C(合龙段)	9.4×42×4	245	边跨1块	起重机
5	中跨 B(合龙段)	2×42×4	55	中跨1块	起重机
6	D5	14.75×6.199×4	135	各1块	浮式起重机
	D1、D2、D3、D4	8.1×17.9×4	135	总共5块	浮式起重机

7.2 施工方案简介

根据北江四桥桥位处的实际地质情况以及设备资源情况,使用调拨的 JQ280T 和 QMD280T 两种类型的桥面起重机吊装 A 标准梁段、重新分段的边跨合龙段以及中跨合龙段,外租 350t 浮式起重机船吊装钢-混凝土结合段和边跨合龙 D 梁段。

首先,利用浮式起重机吊装塔处的 14 个钢-混凝土结合段,然后利用浮式起重机吊装边墩处的 10 个 D 类梁段,最后再利用桥面起重机吊装剩余的 37 个梁段。钢箱梁梁段示意和吊装流程如图 7.2-1 和图 7.2-2 所示。材料方面主要采用 $\phi 82 \mathrm{cm}$、$\phi 100 \mathrm{cm}$ 钢管桩、HM482 型钢、工字钢作为钢-混凝土结合段和 D 梁段支架的主要受力构件来进行结构设计。

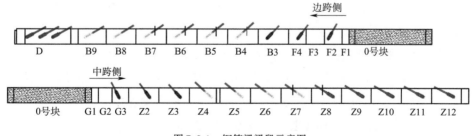

图 7.2-1 钢箱梁梁段示意图

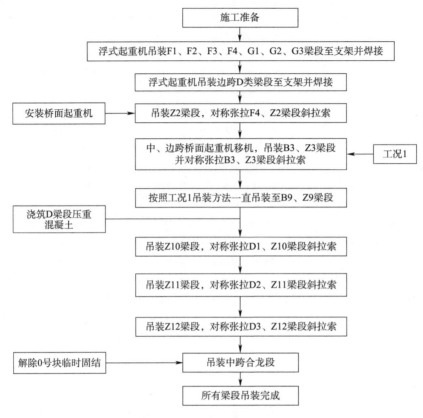

图 7.2-2 钢箱梁吊装流程

7.3 钢箱梁吊装施工工艺

7.3.1 钢-混凝土结合段吊装施工

钢-混凝土结合段采用搭设钢管桩支架、浮式起重机起吊钢箱梁至支架上,再采取纵横滑移就位的方法进行安装。钢管支架搭设完成后,在钢管支架上设置滑移支座,以支承及就位 F1、F2、F3、F4 和 G1、G2、G3 梁段。钢箱梁梁段由三维千斤顶调整平面位置和高程。

1) 钢-混凝土结合段吊装流程

钢-混凝土结合段支架搭设完成后,首先利用粤东莞工 0096 号浮式起重机分别安装 F1、G1 钢箱梁,经微调定位临时固定后同 0 号块一起浇筑。后续采用同样的吊装方法安装 F2、F3、F4、G2、G3 钢箱梁,通过栓焊连接方法与前面吊装的钢箱梁连接。

边跨侧以 F1 梁段为例,浮式起重机吊装施工流程如下:

(1) 浮式起重机抛锚就位。

在 F1 梁段吊装的过程中,首先将浮式起重机设置于边跨靠上游侧,并使船身按顺桥向正对主墩平台预备待命。浮式起重机距离主墩承台50m左右就位,由抛锚艇依次抛出浮式起重机的左前锚、左后锚、右前锚、右后锚,左前锚和左后锚需抛出200m左右的长度,与水流方向成20°;右前锚和右后锚根据现场实际情况,需穿过钢便桥底下抛锚,抛出150m左右的长度,与水流方向呈5°~10°;浮式起重机就位完成后提前安装好吊具、卡环、钢丝绳。浮式起重机抛锚就位平面示意图如图7.3-1所示。

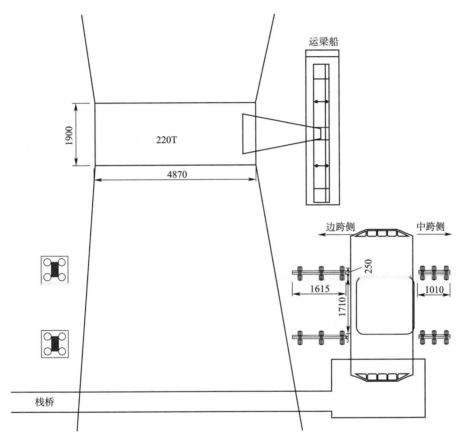

图7.3-1　浮式起重机抛锚就位平面示意图(尺寸单位:cm)

(2)钢箱梁运输船抛锚就位、喂梁。

运梁船尺寸规格为65m×18m,吃水深度2.5m,其上放置钢箱梁2片,到达距吊装现场约1n mile(1n mile=1852m)的水域抛锚等候。浮式起重机及相关准备工作就绪后,按照调度指令及时驻点。进入前需要进行详细的沟通,以确保梁托架、锚绳和浮式起重机能够正常运行。

运梁船由下游开往上游,开到位后,船舶不掉头,直接抛锚,此时运梁船船头朝上游,船尾朝下游,之后通过绞锚将运梁船定位至浮式起重机吊钩正下方。待钢箱梁起吊至离开甲板,通过收紧锚绳使得驳船逐渐远离起吊水域。钢箱梁运输船抛锚就位、喂梁示意图如图7.3-2所示。

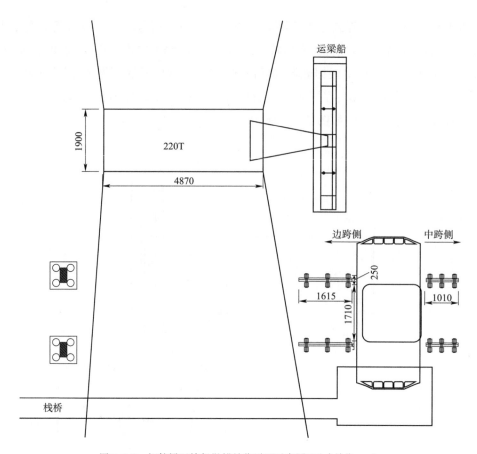

图 7.3-2　钢箱梁运输船抛锚就位平面示意图(尺寸单位:cm)

(3)钢箱梁吊装。

浮式起重机固定到位后,提前调整扒杆振幅,安装吊环、扣环和钢丝绳,将吊钩提升至梁托架高度2~3m。运梁船到位后,为梁进气,启动浮锚风车移动浮式起重机船体,使浮式吊钩展开器投射到钢箱梁的起重中心,将吊钩缓慢降到钢箱梁临时提升点位置,然后捕捉扣环。之后调节浮式起重机起吊幅度,徐徐启动吊钩卷扬机起吊钢箱梁。将钢箱梁从驳船提升20~30cm,静止5min,检查临时提升凸耳、扣子、摊铺、钢丝绳等。如果没有异常,起重可以继续超过驳船甲板高度2~3m,钢箱梁运输船可以移开。

驳船完全离开起重水域后,浮式起重机船体可移动到离支架5m远的地方固定和稳定,然后缓慢抬起钢箱梁,直到其底板超过支架顶部。接着再移动浮式起重机至吊装梁段正前方位置,将浮式起重机的两个前锚用卡环连接在主墩墩身焊接的耳板上,再通过浮式起重机甲板上的定滑轮将一个锚绳连接在边墩墩身上。前后锚连接完成后,移动浮式起重机使钢箱梁接近支架,缓慢绞锚前移喂梁。待梁体投影精确符合设计位置时缓慢落梁至支架临时支垫上。钢箱梁浮式起重机吊装就位平面示意图如图7.3-3所示。

(4)钢箱梁位置微调及落梁。

钢箱梁浮动悬束的初始定位取决于支架上的临时支撑垫和钢箱梁底板的位置。从理论上讲,钢箱梁底板的倒角与临时支撑垫顶板的橡胶块之间的距离为10cm。必须提前安装临时支撑垫,将临时支撑垫焊接到辅助梁上。临时支撑垫的高度控制与钢箱梁底板的高程一致。

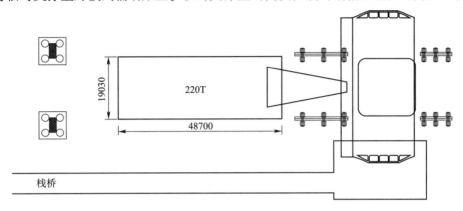

图7.3-3 钢箱梁浮式起重机吊装就位平面示意图(尺寸单位:mm)

落梁后,测量钢箱梁的轴线、高程和里程。当需要调整时,首先使用组合的三向千斤顶调整梁轴,然后调整梁的里程,最后调整梁的高程。轴线调整方法是首先使用4个三向千斤顶来支撑钢箱梁,然后使用螺钉千斤顶将钢箱梁推到位,最后将梁放在临时支撑垫上。里程调整方法与轴线调整方法相同。

调整高程时,如果高程偏低,先使用三向千斤顶抬起钢箱梁,然后在下方插入10mm、5mm和3mm钢板。插入钢板后,梁将落在临时支架上。如果过高,先使用三向千斤顶抬起钢箱梁,然后拆下下面临时支撑垫上的钢板,最后将梁放在临时支撑垫上。钢箱梁临时支垫示意图如图7.3-4所示。

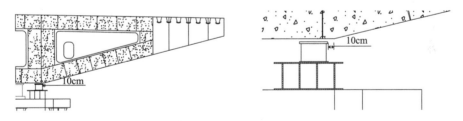

图7.3-4 钢箱梁临时支垫示意图

中跨侧以G1梁段为例,浮式起重机吊装施工流程如下:

(1)浮式起重机抛锚就位。

吊装G1梁段时,浮式起重机位于桥的中跨侧,船体沿桥方向固定到位,朝向主桥台。浮式起重机前端距离主墩承台40m左右,由抛锚艇依次抛出浮式起重机靠上游侧的一个前锚和一个后锚,然后抛出靠下游侧的一个前锚和后锚。靠上游侧的锚需抛出200m左右的长度,与水流方向成20°。靠下游侧的锚需抛出150m左右的长度,与水流方向成20°。浮式起重机的两个前锚用卡环连接在主墩墩身焊接的耳板上;浮式起重机就位后提前调节好扒杆幅度,并安装好吊具、卡环、钢丝绳。中跨浮式起重机抛锚示意图如图7.3-5所示。

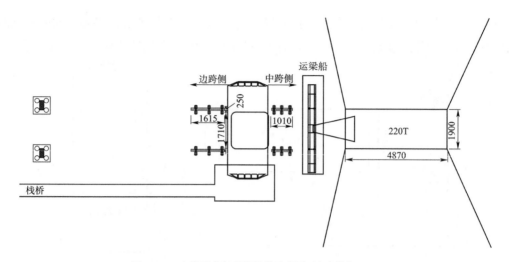

图 7.3-5　中跨浮式起重机抛锚示意图(尺寸单位:cm)

(2)钢箱梁运输船抛锚就位、喂梁。

钢箱梁运输船长 65m,宽 18m,最大拉拔 2.5m。钢箱梁放置在梁运输船上。抵达施工水域后,暂时停泊在距离起重地点约 1n mile(1n mile=1852m)的水域内。起重机起锚并完成相关吊梁准备工作后,按照调度指示,及时驻扎在吊装现场。进入现场前,与浮式起重机负责人充分沟通,确保梁架本身和锚绳不干扰浮式起重机。

运梁船在吊完边跨 F1 梁段后,根据现场实际情况抛锚就位至中跨侧浮式起重机吊装区域,通过绞锚将运梁船定位至浮式起重机吊钩正下方。浮式起重机将钢箱梁吊离运输船甲板后,缓缓开始拧紧上游的锚绳,将驳船从浮式起重机起吊水域中带离。中跨浮式起重机喂梁示意图如图 7.3-6 所示。

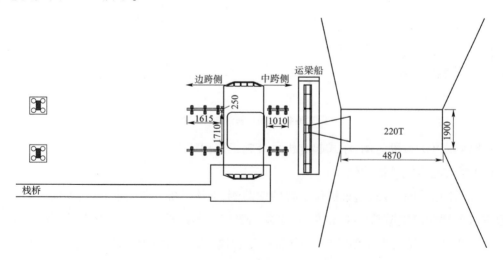

图 7.3-6　中跨浮式起重机喂梁示意图(尺寸单位:cm)

(3)钢箱梁吊装。

浮式起重机后固定到位,提前调整扒杆幅度,并安装吊具、止动环和钢丝绳,使钩超过运输船 2~3m。运输船到位后,开始浮动起锚机移动浮式起重机船体,以便浮式起重机吊钩投影于钢箱梁的提升中心,慢慢降至钢箱梁临时吊点位置,然后快速卡好卡环。之后调节浮式起重机起吊幅度,徐徐启动吊钩卷扬机起吊钢箱梁。后续操作与钢-混凝土结合段相同。中跨浮式起重机吊梁示意图如图 7.3-7 所示。

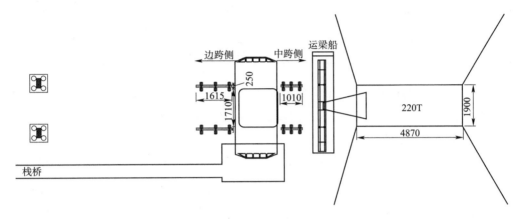

图 7.3-7 中跨浮式起重机吊梁示意图(尺寸单位:cm)

(4)钢箱梁位置微调及落梁。

钢箱梁位置微调及落梁与钢-混凝土结合段操作方法相同,在此不再赘述。

(5)钢箱梁连接及焊接工艺。

钢箱梁吊装到位后,进行环缝焊接。环缝焊接前必须在环缝的栓接 U 形肋间安装一定数量的工装拼接板,工装拼接板每端应穿入临时工装螺栓和冲钉,并应同时满足:螺栓数量不得少于 2 个,冲钉穿入数量不宜少于 2 个。

钢箱梁环焊缝除箱内顶板 U 形肋及少量板肋采用栓接外,其余部分均为焊接连接。对接环缝焊接主要从以下几方面考虑:

(1)梁段环焊缝顶、底板焊接量不同(箱内顶板 U 形肋为栓接,底板 U 形肋为焊接),造成环焊缝上、下收缩量存在差异。此外,由于桥位现场作业,钢箱梁顶、底板受环境温度变化影响不同,顶板受温度影响表现得更为敏感。因此需要采用合理的焊接顺序与工艺措施,严格控制其焊接收缩及变形,保证结构受力和架设线形要求。

环焊缝焊接顺序为先焊中(边)腹板,再焊平(斜)底板,然后焊接顶板,最后焊接嵌补段,梁段上、下游焊工对称布置,从中间往两侧施焊,如表 7.3-1 所示。为减少温差的不利影响,焊接应尽量安排在环境温度变化较缓的夜间进行。

钢箱梁焊接工艺与焊接要求 表 7.3-1

序号	焊接部位	焊接方法	焊缝要求	焊接位置
1	面板对接	CO_2 气体保护焊 + 埋弧焊(陶质衬垫)	全熔透	平位
2	底板对接	CO_2 气体保护焊(陶质衬垫)	全熔透	平位

续上表

序号	焊接部位	焊接方法	焊缝要求	焊接位置
3	腹板对接	CO_2气体保护焊(陶质衬垫)	全熔透	立位
4	U形肋嵌补对接焊接	CO_2气体保护焊(钢衬垫)	全熔透	平、立位
5	U形肋与底板角接	CO_2气体保护焊	部分熔透	平位
6	加劲肋嵌补焊接	CO_2气体保护焊	全熔透	平、立位
7	加劲肋与底板、腹板角接缝	CO_2气体保护焊	贴角焊缝	平、仰位

(2)严格管理焊材的存放,采用集装箱改造成工地焊材库房。库房内设空调、温度计和湿度计,保证库房内温度高于5℃,相对湿度低于60%。焊丝放置于货架上,防止受潮。

2)钢-混凝土结合段吊装段支架设计与搭设

钢-混凝土结合段支架包括$\phi 820mm \times \delta 8mm$钢管桩、$\phi 426mm \times \delta 6mm$钢管平联和HM482型钢等部分。单个塔处支架总重约为215t,高度距承台面约20m。支架横桥向布置4条$\phi 820mm \times \delta 8mm$螺旋钢管,顺桥向布置3排螺旋钢管,整个支架设置2层横联,横联竖向间距为10.6m,支撑钢管上面采用3HM482型钢作为主分配梁,4HM482型钢作为次分配梁。钢-混凝土结合段支架整体布置图、钢-混凝土结合段支架横断面布置图、钢-混结合段支架钢管桩平面布置图分别如图7.3-8~图7.3-10所示。

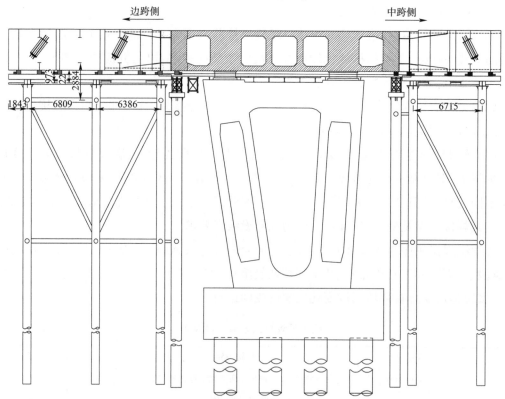

图7.3-8 钢-混凝土结合段支架整体布置侧面图(尺寸单位:mm)

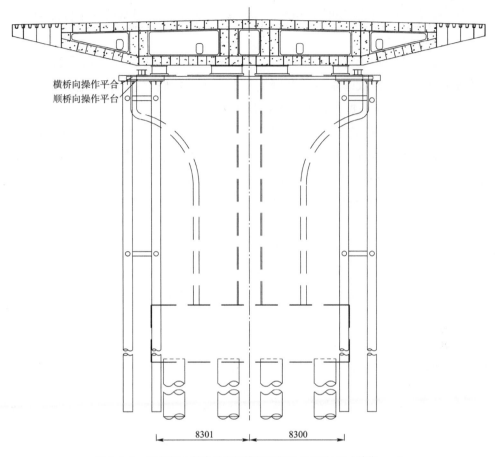

图 7.3-9 钢-混凝土结合段支架横断面布置立面图(尺寸单位:mm)

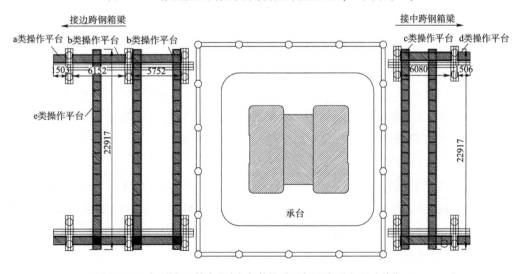

图 7.3-10 钢-混凝土结合段支架钢管桩平面布置平面图(尺寸单位:mm)

(1)钢管桩测量放样。

测量人员根据滑动支撑的施工图计算每个钢管桩的坐标和高程。根据计算结果,在控制点设置了监测站,钢管桩振动时对其进行实时监控和测量,确保钢管桩定位准确。

(2)钢管桩振设。

钢管桩首先在岸边现场进行拼接,延长至23m,但须保证管道顶部暴露于水面。然后,它通过汽车式起重机和浮式起重机将其降到平驳船上,并转移到建筑工地。浮式起重机用于提升和定位,使用160kW振动锤振动至设计高程。

钢管桩的穿透深度根据地质条件分段计算。在运行过程中,根据钢管桩长度的计算结果确定钢管桩的穿透深度,防止发生断桩。钢管桩由穿透速度控制。对于160kW振动锤,当穿透速度小于每分钟5cm时,可以停止。钢管倾斜度控制在1/100内,桩中心偏差控制在5cm内。在施工过程中,施工人员应做好施工记录,包括钢管桩的自由长度、土壤的深度、管桩的长度等。

(3)钢管接长。

钢管桩长度约15m,最大质量为3.7t。钢管由浮式起重机吊起,并一次安装到位。起重设备主要使用浮式起重机,以塔式起重机为补充。将钢管吊到位后,首先定位管顶,将钢管桩的垂直误差控制在10cm范围内,然后进行管底焊接。焊接钢管时,焊缝必须充满和紧固,每个焊接部分必须至少连接6个1cm厚的30cm×15cm的硬化板。钢管桩顶焊接2cm厚的圆形钢板,并在钢板周围加焊1cm厚的加劲板,如图7.3-11所示。

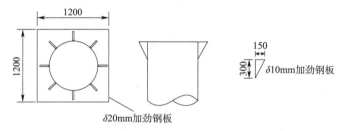

图7.3-11 钢管桩顶钢板焊接大样图(尺寸单位:mm)

(4)横联安装。

水平接头采用φ426mm钢管,共两层。第一层排列在正常水位以上约1m,第二层排列在第一层以上12m。上下游方向最外侧的一排护筒作为滑移轨道,除了焊接横联外,同时需焊接[28a槽钢以增强支架整体稳定性。靠近0号块支架的护筒同0号块支架钢管桩焊接在一起。

(5)HM482型钢安装。

主次分配梁型钢预先在制作棚中按要求加工好,先采用浮式起重机吊装主分配梁到钢管桩顶,与钢管桩顶盖板焊接牢固后,再进行次分配梁的吊装。型钢在地面焊接接驳时,型钢顶面和底面每米各焊接一道焊缝,每道焊缝长度不小于5cm。型钢驳接采用II型钢翼板、腹板贴焊钢板,具体如图7.3-12所示。

3)钢-混凝土结合段钢箱梁吊装

(1)准备工作。

①确保施工区域有足够的航道深度,必要时进行疏浚以满足吊装过程浮式起重机的吃

水深度,并对浮式起重机进行全面的性能检测,保证浮式起重机具备全天候的正常作业能力。

②对施工水域进行考察,确定合理的抛锚方案,且方案设计考虑风级下限不得低于8级。

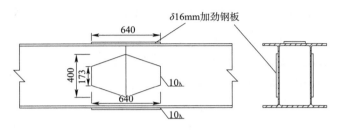

图 7.3-12 型钢驳接大样图(尺寸单位:mm)

(2)浮式起重机抛锚定位及检查。

①浮式起重机在指定的位置抛锚就位后现场设置警戒线。

②检查浮式起重机的扒杆角度、作业半径等参数,以及荷载显示系统的完好性,并通过空载运行进行使用状态的确认。

③检查钢丝绳完好性,如发现损坏,且判断无法满足安全起重的要求时,则应立即更换备用钢丝绳。

(3)运输及检查梁段。

①结合施工进度,钢箱梁在加工厂按照箱梁分段组合长度进行分批加工。

②驳船运输钢箱梁到施工现场后,在指定区域进行抛锚定位。

③钢箱梁运输到位后必须核对梁的编号和朝向,同时对梁体进行外观质量检查,确保编号和朝向正确,梁体质量符合要求后方可进行下一步施工。

(4)试吊检查。

起吊之前需完成加载和试吊。采用分级加载方式保证起重船各吊钩同步加载。缓慢提升吊钩,使钢丝绳逐步收紧,当梁吊起5cm左右后,静止,按操作规程进行全面检查。

(5)实时监控。

现场选派责任心强、安全知识全面、现场经验丰富的管理人员,事先组织吊装作业全面监控的培训,同时强调监控人员在遇到安全措施不到位、违章严重等紧急情况下,有权也必须立即下令停止吊装作业。在施工中,浮式起重机和临时支架处各设一名监控人员,实施全过程跟踪监控,始终保证有一名负责生产的项目领导到场全面参与安全监控和总体协调。

(6)起吊下落。

①在试吊确认无误后,由指挥员发出起吊指令,缓慢起吊,保持梁身的稳定。箱梁在起落过程中应保持水平,纵向、横向倾斜不宜过大。

②箱梁和吊船不得与桥墩发生碰撞。

③吊装作业时,风力应小于6级。

(7)初步定位。

①根据测量控制线及临时支座位置,缓慢下落箱梁,在距离临时支撑 1~1.5m 位置进行初步定位,偏差控制在 5cm 以内,然后进行下一步下落。

②下落至支撑体系,进行位置复核,保证位置偏差在 5cm 以内,然后完全下落。

③完成与临时支架的初连接,然后缓慢松钩,解除连接卡环,移走浮式起重机。此过程中必须加强观测人员与指挥人员的信息沟通,切忌盲目松钩,发生意外。

④定位的同时必须由专人在梁底观察平台对临时支座。

(8)钢箱梁吊装到位后进行位置微调。

①初定位。

钢箱梁通过浮式起重机吊装到位后,可基本实现初步定位,初步定位的精度控制在 5cm 以内。

②精确定位。

使用 4 个 50t 的三维千斤顶来进行精确定位,在每个次分配梁上各布置 2 个千斤顶,千斤顶面支垫 2 块 2cm×50cm×50cm 的厚钢板,再在顶部放一块 3cm×50cm×50cm 橡胶皮,防止钢箱梁底部局部变形。

根据监控数据将钢箱梁纵、横轴线及高程放好线并做好标记或焊好限位。先提前在钢箱梁底部布置好临时支垫;再使用三维千斤顶反复调整轴线和坡度至设计位置;最后用千斤顶顶起来,在临时支垫上根据设计高程垫不同厚度钢板,复核无误后,将钢箱梁缓缓落到临时支垫上。梁段精确调位的过程是一个渐近的过程,需专人负责统一指挥,并反复调整,直至达到设计要求后,由专业焊工立即对箱梁进行焊接施工。

7.3.2 边跨 D 梁段吊装

边跨 D 梁段分为 D1、D2、D3、D4、D5 梁段,阶段最大质量约为 135t,全部采用浮式起重机吊装。为便于定位焊接和避免焊接应力集中,需先安装中间段,即首先吊装中间段 D5 梁段,接着起吊背塔向 D1 段和 D2 段,最后起吊 D3 段和 D4 段。D 梁段吊装方法、调梁方法与钢-混凝土结合段类似,具体不再赘述,仅示出不同的吊装流程。

1) D 梁段吊装流程

(1) D5 梁段吊装。

①浮式起重机抛锚就位。

D5 梁段吊装时,浮式起重机在桥的上游侧,船身呈横桥向抛锚就位,同时与支架保持适当距离,以便浮运船喂梁,浮式起重机抛锚就位平面示意图如图 7.3-13 所示。

②钢箱梁运输船抛锚就位、喂梁。

钢箱梁运输船舶调度方法与钢-混凝土结合段相似,在此不再赘述。待浮式起重机将钢箱梁起吊离开运输船甲板后,松开主墩施工平台上的临时锚绳,将驳船绞离浮式起重机吊装水域。钢箱梁浮运驳船抛锚就位、喂梁立面和平面示意图分别如图7.3-14、图7.3-15所示。

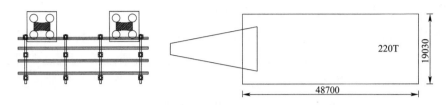

图7.3-13 浮式起重机抛锚就位平面示意图(尺寸单位:mm)

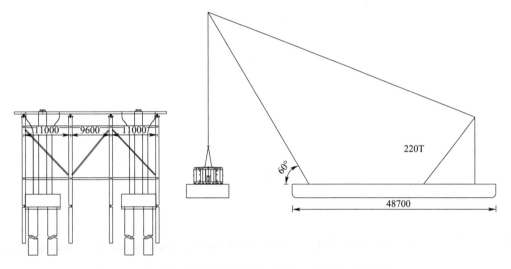

图7.3-14 钢箱梁浮运驳船抛锚就位、喂梁立面示意图(尺寸单位:mm)

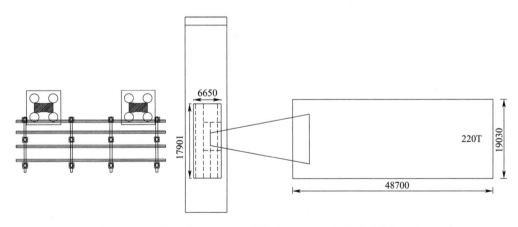

图7.3-15 钢箱梁浮运驳船抛锚就位、喂梁平面示意图(尺寸单位:mm)

③钢箱梁吊装。

浮式起重机抛锚就位,安装好吊具和钢丝绳,提起吊钩超过钢箱梁运梁船高度2~3m。钢箱梁运输船将梁喂到位后,启动浮动起重机,移动浮式起重机船体,使浮式吊钩展开器投射到钢箱梁提升中心位置,吊钩缓慢降下至钢箱梁的临时起降点,从而精确对齐和固定。之后调节浮式起重机起吊幅度,徐徐启动吊钩卷扬机起吊钢箱梁。吊起钢箱梁离开驳船30~

50cm 时检查钢箱梁、临时吊点、插销、吊架、吊环及卡环钢丝绳情况。如果没有异常,则继续提升至驳船甲板高度 2～3m 以上,并驶离钢箱梁船。

待驳船完全离开浮式起重机吊装水域后,即可启动浮式起重机锚机使浮式起重机船体前进 10m 左右泊位,并调节起吊高度及幅度,将钢箱梁接近支架,且底面超过支架顶面高度,缓慢绞锚前移喂梁。待梁体投影精确符合设计位置时,缓慢落梁至支架滑移顶面 20cm 左右高度,安装手拉葫芦、千斤顶等临时紧固设施,再次微调钢箱梁平面位置,进行落梁。钢箱梁浮式起重机抛锚就位立面及平面示意图如图 7.3-16 所示。

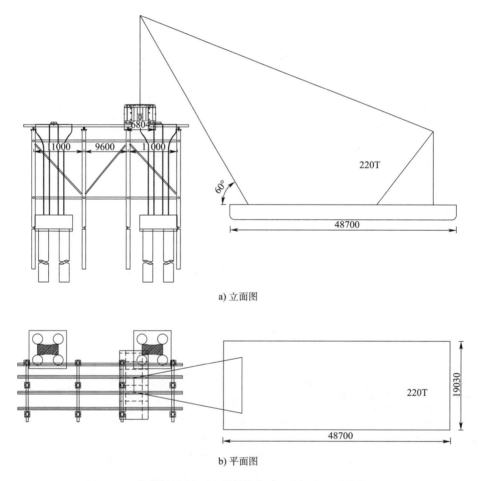

图 7.3-16　钢箱梁浮式起重机抛锚就位平面示意图(尺寸单位:mm)

④钢箱梁位置微调及落梁。

钢箱梁浮式起重机落梁初定位依靠支架上的对中杆及钢箱梁上对应标志肉眼控制定位,下梁后位置误差可控制在 5cm 内,首先利用滑板支座和手拉葫芦将钢箱梁横移到位,然后利用三维千斤顶精确微调梁段坡度、高程及平面位置,使得钢箱梁顶面高程与设计高程相同,即可落梁固定,安装临时固结及限位装置。D5 梁段浮式起重机吊装就位示意图如图 7.3-17 所示。

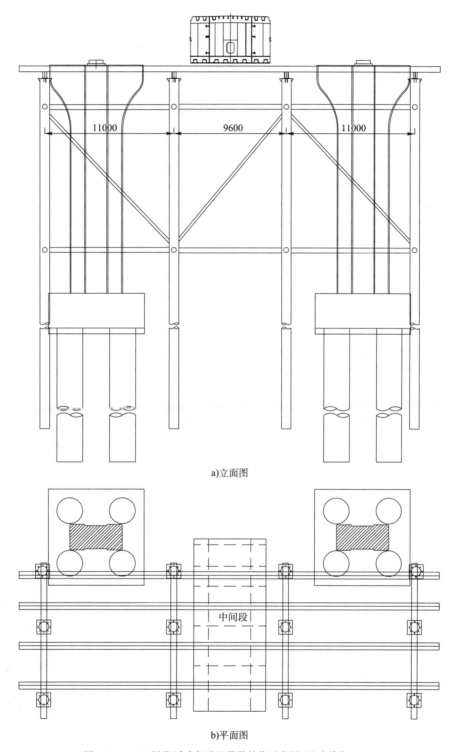

a) 立面图

b) 平面图

图 7.3-17 D5 梁段浮式起重机吊装就位示意图(尺寸单位:mm)

(2) D1、D2、D3、D4 梁段吊装。

D1、D2、D3、D4 梁段吊装时,浮式起重机在边墩和主墩之间起吊,因边墩与主墩之间的距离有限,浮式起重机先在靠上游侧抛锚就位,如图7.3-18所示。

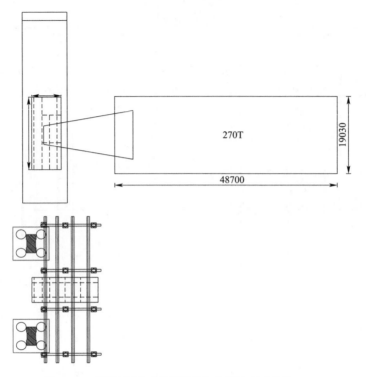

图7.3-18 梁段浮式起重机抛锚就位示意图(尺寸单位:mm)

浮式起重机吊起钢箱梁后,横移至边墩和主墩之间,再将钢箱梁吊到支架上,如图7.3-19所示。

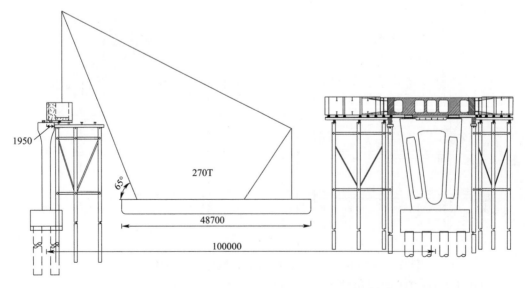

图 7.3-19

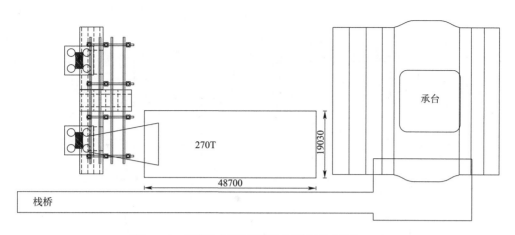

图 7.3-19 梁段浮式起重机吊装示意图(尺寸单位:mm)

2)D 梁段支架设计与搭设

D 梁段支架包含 φ82mm×δ8mm 钢管桩、φ42.6mm×δ6mm 钢管平联、HM482 型钢横梁、[40a 槽钢等各构件。单个塔处支架总质量约为 135t,高度距承台面约 20m。支架横桥向布置 5 条 φ82mm×δ8mm 螺旋钢管,顺桥向布置 3 排护筒。整个支架设置 2 层横联,横联竖向间距为 11m,支撑钢管上面采用 2HM482 型钢作为主次分配梁,次分配梁上铺设[40a 槽钢作为滑移轨道。D 梁段支架布置图如图 7.3-20~图 7.3-22 所示。

7.3.3 标准节段悬臂吊装

1)概述

主梁 B3~B8、Z2~Z12 节段为标准 A 类梁段,共 34 块,梁长 8m,吊装质量约 210t;中跨合龙段为 C 类梁段,共 1 块,梁长 2m,吊装质量约 55t;边跨合龙梁段为 B+C 梁段,共 2 块,梁长 9.4m,吊装质量约 245t。以上梁段均采用桥面吊机进行安装。

钢箱梁节段用运输船运至箱梁安装位置的正下方,然后通过桥面吊机将其起吊至桥面,首先与已安装梁段临时匹配,再通过栓焊完成已安装梁段的连接,桥面吊机施工流程如图 7.3-23 所示。

2)标准梁段悬拼吊装

钢-混凝土结合段吊装完成后,进入桥面吊机吊装钢箱梁阶段。待两侧桥面吊机安装完成后进行调试,并准备进行 B3~B9、Z2~Z9 梁段对称吊装,待上述梁段吊装完成后,开始吊装剩余的 Z10~Z12 梁段,最后吊装中跨合龙 C 梁段。吊装前需准确标定架设梁段的位置并进行吊具定位试验,驳船浮运钢箱梁定位,两侧桥面吊机同步、对称采用四点起吊待装梁段安装,待装梁段与已装梁段进行临时连接,经监控并调整后进行梁段栓焊连接,而后安装并张拉该梁段拉索;主塔两侧桥面吊机前移就位,循环进行下一梁段安装,吊装流程图及示意图如图 7.3-24~图 7.3-26 所示。

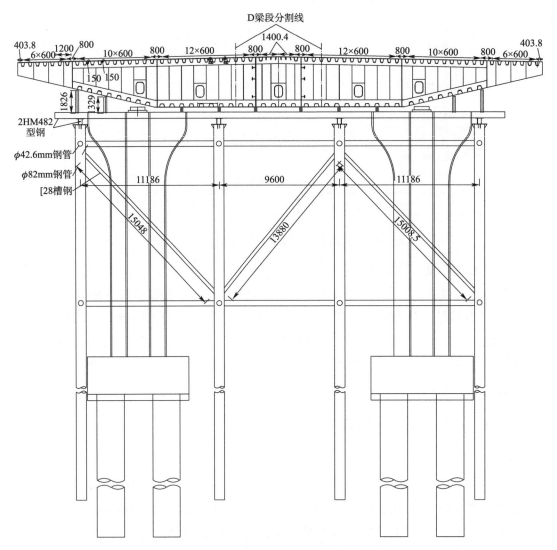

图 7.3-20 D 梁段支架整体布置图(尺寸单位:mm)

3)临时支架拆除

待斜拉索张拉完成 2 号拉索后,即可拆除钢-混凝土结合段吊装段支架。首先对称移除临时支垫,然后进行分配梁的吊装拆除,再用浮式起重机逐个拆除横联。拆除钢管桩采取振动锤施振拔除的方式:首先将钢管桩割除至水面上 1m 左右位置,然后用振动锤逐个拔除,完成水中临时支架拆除。

7.3.4 合龙段吊装

根据设计要求,先边跨合龙后中跨合龙。合龙前根据前期的测量资料选定合龙温度及合龙段长度,根据换算后所得的合龙段长度进行二次下料。合龙前必须通过调整相关拉索的索力,以使合龙梁段的高程符合监控的要求。

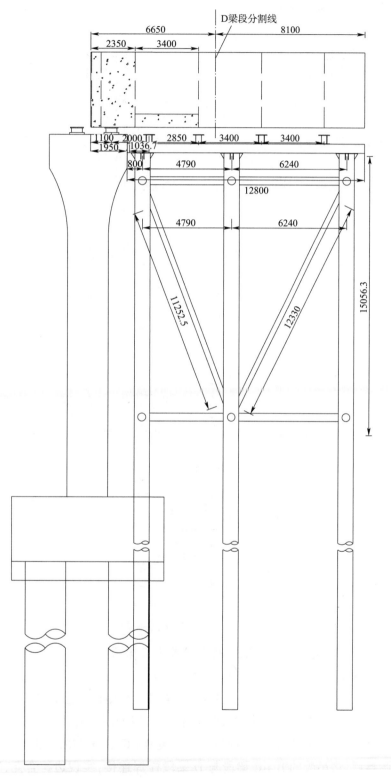

图 7.3-21 D 梁段支架横断面布置图(尺寸单位:mm)

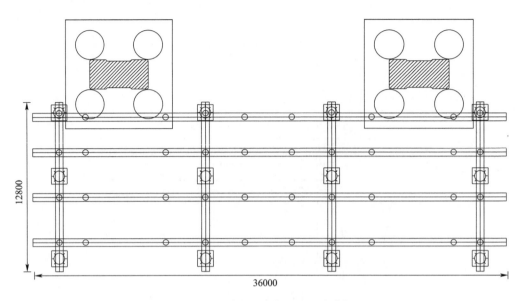

图 7.3-22　D 梁段支架平面布置图(尺寸单位:mm)

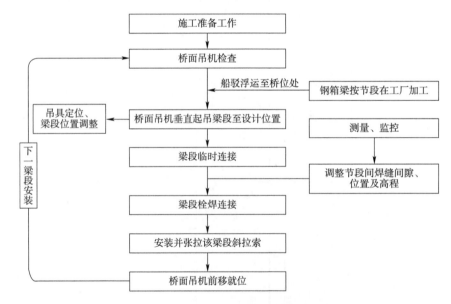

图 7.3-23　桥面吊机施工流程图

钢箱梁边跨合龙段为 B+C 梁段,中跨合龙段为 C 梁段。

1)边跨合龙段吊装

在建造边跨 B+C 梁段之前,应提前 2~3 个梁段。在钢箱梁起吊施工中,应根据已吊装的钢箱梁监测数据进行系统分析,预测边跨合龙后的高程和线形,再完成 B+C 梁段的安装。施工后,箱梁设计高程、线形应达到预期目的。安装 B+C 梁段时中跨侧桥面吊机起吊 Z9 梁段。经监控调整后,将吊装的 B+C 梁段与 D 梁段栓焊连接,实现边跨合龙,安装 9 号斜拉索并进行张拉,如图 7.3-27 所示。

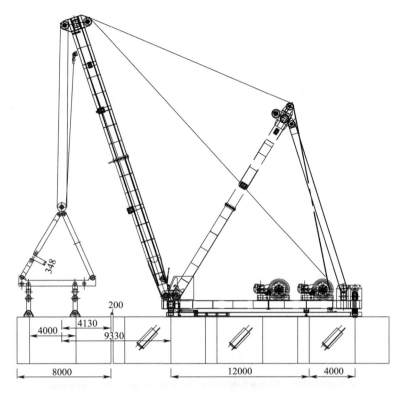

图 7.3-24　变幅式吊机标准梁段吊装示意图(尺寸单位:mm)

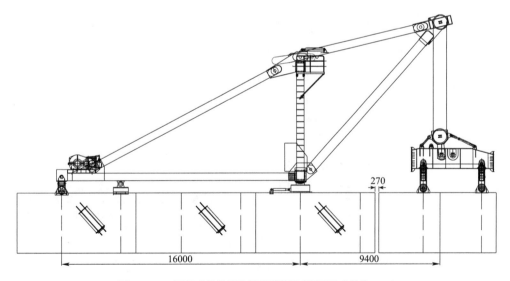

图 7.3-25　固定式吊机标准梁段吊装示意图(尺寸单位:mm)

2)中跨合龙段吊装

中跨合龙段长度只有 2m,用两台固定式吊机抬吊位置不够,因此只用 1 台吊机吊装。待两台固定式吊机吊装 Z12 梁段完成后,将吊机主梁变换成 10m 的幅度,最后吊装中跨合龙段。在吊装合龙段前,需提前 2~3 个梁段部分拆下 0 号块的临时固结。在钢箱梁起吊施工中,根据已吊装钢箱梁的监测数据进行系统分析,预测中跨高程和线形,使箱梁设计高程、线形在中跨合龙段施工完成后达到预期目的。

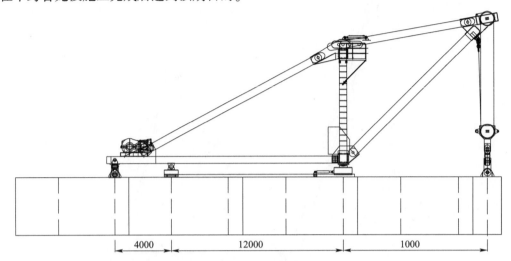

图 7.3-26 固定式吊机中跨合龙 C 梁段吊装示意图(尺寸单位:mm)

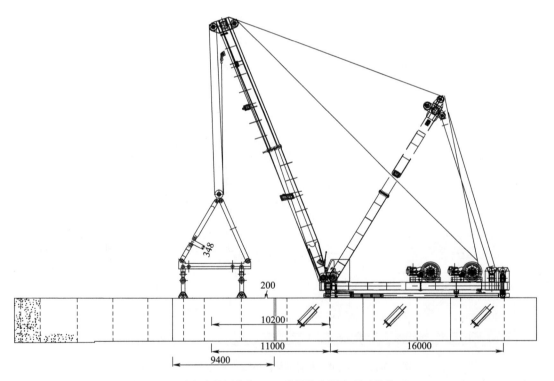

图 7.3-27 变幅式吊机边跨 B + C 段吊装示意图(尺寸单位:mm)

提前 2~3 天选择温差较小、相对稳定的时段多次(每小时 1 次)精确测量合龙段两侧梁段之间的距离,并换算至设计合龙温度 15~25℃时的长度,根据该长度现场将 C 梁段两侧进行二次下料切割,下料时每端面须比理论计算合龙长度短 1cm,以方便对接。

7.4 经验总结

7.4.1 钢箱梁预抬高度控制

在制订钢箱梁吊装方案时,因经验不足,对钢箱梁问题考虑不周以致后续施工中遇到问题。做预抬高度方案时只考虑了钢箱梁本身质量、支架自身的弹性形变及非弹性形变,预抬高度设为5cm。

在后续施工中有较多影响因素,钢-混凝土结合段有部分混凝土对下部钢管支架有压力作用,在做方案时未充分考虑。

影响预抬高度的还有一个较大影响因素,后续上塔柱施工中因为工序转换过程中,爬架施工 ϕ820mm 护筒落脚点下的 I25 工字钢刚好有一半落在钢箱梁上,上塔柱总计有11节段的施工,因此对钢箱梁下的钢管支架一直都有施加竖向力,且持续时间达90d以上,因此,在靠近塔柱附近的钢箱梁有较大沉降,最大处超过了10cm,对后续钢箱梁连接调整线形产生了较大影响。

后续改进措施:在方案制订时,应充分考虑上述影响因素,增加预抬高度。

7.4.2 交叉作业控制

在制订上塔柱施工方案时,因经验不足,对交叉作业问题未考虑周全,因工期工序要求,实际施工中,拆除爬架和斜拉索施工的工期叠加在一起,产生了交叉作业。且拆除爬架过程中,需要大量用到氧割,引起大量火花从塔柱外下落,使得项目施工到16号墩2号斜拉索时,引起了2号索上编织袋起火,因项目部管理人员及时发现,且采取了有效的处置方法,故及时扑灭了火苗,否则后果难以估量。

后续改进措施:提前在斜拉索PE套管上包上一层防火棉并绑扎固定,直至爬架拆除完毕。

7.4.3 塔内张拉平台搭设

在钢箱梁张拉施工中,遇到一个影响前期工程进展的因素,就是张拉平台的搭设,因塔柱的尺寸限制,塔内空间较小,加之斜拉索钢绞线张拉,必须在张拉千斤顶后留有一段至少2m直线的自由空间,才能保证斜拉索每根钢绞线张拉到位。但在实际施工中,基本每个平台都会有阻挡,故每次施工前需要在平台割一个较大的洞口,且在二次张拉完毕后再做焊接修补。不仅是施工协调组织的问题,更多体现了设计是否合理的问题。

后续改进措施:在塔柱内平台施工前,提早与斜拉索施工队伍联系,协调张拉平台的位置,并提前在平台钢板安装前把洞开好,避免后续施工再做重复工作,进而影响施工进度。

7.4.4　钢箱梁整体线形控制

钢箱梁吊装方案中,因为吊装过程以及张拉过程因素的叠加影响,线形会出现与设计允许值较大的偏差,在偏差处理过程中,因为没有提前的预案,需要临时确定处理方案,因此影响了现场施工进度,且平驳船进出北江匝口及来回运距时间的影响,对施工组织协调带来了比较大的难度,对整体的费用也有影响。

后续改进措施:在方案制作过程中,应妥善考虑上述因素,提前做好相关应急预案。

7.4.5　钢箱梁架桥机后锚控制

后锚位置的准确性,直接关系到后续吊梁过程的质量和进度。在本项目中,由于前期架桥机的位置较狭小,且加工时间要比吊装时间早很多,故在开始节段及合龙节段未考虑计算后锚开孔预留位置,导致在现场临时焊接桥面钢板,其性能和施工方便性均不如在厂内精确开孔。

后续改进措施:在以后施工中,应提前考虑该变动因素,在钢箱梁运输出厂前,精确开孔,尽量避免后锚现场焊接。

7.4.6　合龙施工控制

合龙段的加工尺寸与设计存在人为误差,运输至现场后才发现该问题,而且,在合龙段切割时未明确切割工艺。实际施工时,第一次的边跨合龙段由于人工切割,整体线形不平顺,进而影响后续合龙吊装及对缝。合龙段在起吊合龙过程中的微调及横移细节,未在方案内明确,凭借施工人员的施工经验才得以顺利、按时合龙。

后续改进措施:为避免合龙段的加工尺寸与设计存在人为误差,如有相关关键部位均应以书面形式明确。合龙段的切割必须使用机器切割,需在方案中明确,且应切割成上口短、下口长的梯形结构,以方便合龙。

7.4.7　除湿机安装控制

在钢箱梁合龙后,由于前期除湿机的合同未定,故在钢箱梁完全合龙后才考虑安装,且除湿机因尺寸太大,不能通过人孔,因此只能在原有钢箱梁顶面开一个 60cm×80cm 的大洞,导致次跨内必须切割顶板 U 形肋,因此增加了与设计协调的难度。

后续改进措施:在钢箱梁制作时,把除湿机吊装进钢箱梁内,与钢箱梁一起运输安装。

8 STC 钢桥面铺装施工技术

8.1 工程概况

北江四桥(图 8.1-1)钢箱梁行车道段面层采取 STC22 + SMA10 铺装结构。

图 8.1-1 北江四桥

超高韧性混凝土(super toughness concrete,STC)是由水泥、矿物掺合料、细集料、钢纤维、减水剂等材料或由上述材料制成的干混料先加水拌和,经凝结硬化后形成的一种具有高抗弯强度、高韧性、高耐久性的水泥基复合材料,同时也是一种桥面铺装材料。它是由法国 Bouygues 实验室研制的超高强度、超高韧性和高耐久性的水泥基复合材料 RPC(reactive powder concrete)改进而来。与 RPC 相比,STC 具有更优异的力学性能。

SMA 路面起源于 20 世纪 60 年代的德国,全称 Stone Mastic Asphalt,缩写为 SMA,它是一种新型的沥青混合料,中文名为沥青玛琋脂碎石混合料。SMA 是由沥青、矿粉、纤维稳定剂及细集料、粗集料等组成的密实混合料。该材料为间断级配,即各档料的用量不是连续的,其特点是粗料多、细料少、高用油量、多矿粉,其中沥青玛琋脂填充于间断级配粗集料的骨架间。添加的纤维起到了给骨架加筋的效果,使得其骨架结构变得密实。相比于其他材料,SMA具备承载力更强、防滑性能更好、使用寿命更久且后期养护工作简单的特点。

北江四桥建成后,对北江两岸及新旧城之间的交通分流及疏导将起到巨大作用,对城区扩容提质、促进区域协调发展都具有重要意义。项目的实施对清远市实施"桥头堡"战略、建设"两区两城"、融入珠三角具有重要的先行作用。

8.2 桥面铺装结构形式

桥面铺装具体构造形式如表8.2-1所示。

清远北江四桥桥面部分铺装结构　　　　　表8.2-1

结构层次	钢箱梁行车道	钢箱梁非机动车道	0号块(部分)行车道
表面层	3.0cm 改性沥青玛琋脂(SMA-10)	3.0cm 沥青混凝土(AC-13)	3.0cm 改性沥青玛琋脂(SMA-10)
中间层	4.5~5.4cm 超高韧性混凝土(STC)	4.5~5.4cm 超高韧性混凝土(STC)	4.5~5.4cm 超高韧性混凝土(STC)
联结层	0.08mm 防腐层	0.08mm 防腐层	0.08mm 防腐层
基础层	钢箱梁钢板	钢箱梁钢板	钢箱梁钢板
总厚度	7.58~8.48cm	7.58~8.48cm	7.58~8.48cm

8.3 施工准备

8.3.1 材料准备

(1)开工前完成所需原材料进场,主要包括干混料、剪力钉、钢筋、保湿养护薄膜、养护帆布、养护支架等材料进场。其中STC干混料在中山集料工厂预先拌和,并按照标准数量装入专用包装袋,提前运至施工现场。表面层所用沥青混合料由项目部采购,运至现场。

(2)严把进场材料质量,进场的材料须经检验合格后方可使用,坚决杜绝不合格材料进场,进场的材料数量必须满足施工的需要。

(3)按程序对进场的材料进行检测,并及时将检测结果反馈上报。

8.3.2 测量放样

根据设计文件要求和现场高程复核结果,提前布设导线控制点,进行施工放样。STC摊

8 STC钢桥面铺装施工技术

铺高程需走线控制,施工放样时,把钢筋点焊在钢板上进行点固定钢丝导线,使用钢丝导线布设高程控制线。在导线点局部加密位置,采用强力磁铁固定在钢板上,将导线挂设在磁铁的铁杆上,实现高程控制线的稳定。摊铺机两侧各设置一条导线,导线点间距10m,局部加密为5m。

在试验室做好STC的相关配合比试验及性能验证工作,对入场的原材料、干混料进行抽样拌和,验证干混料施工和易性,并进行强度性能指标检测,确保干混料质量合格;在试验室做好SMA-10配合比设计,同时做好设计文件中有指标要求的材料的送检工作。

8.3.3 技术交底

根据设计文件和施工组织设计要求,在各个工序开工前做好三级技术交底工作。

1)内容交底

(1)工程设计理念及要点。

(2)施工规范程序、施工工艺及方法;监理程序、施工步骤和交工验收程序,安全生产等内容。

2)形式交底

通过技术交底会和现场技术交底等形式进行。

3)参加人员

所有施工人员,包括施工人员、测量人员、质检人员、安全人员、机械操作人员等。

8.3.4 现场准备

通过各方协调做好现场临时建筑搭设,主要有材料堆放区、钢筋加工区、拌和楼等设备安置区,根据现场实际情况做到合理、适应、标准化,防止扬尘、污水,并做好美化环境、宣传等工作。

1)材料堆放区

本项目所需干混料从广东长大中山集料工厂提前运至清远市区,租用临时仓库堆放所需干混料,以便随时调用。

桥面现场材料堆放区分三块区域,分别设置在左幅的18号、19号、20号墩墩顶桥面处。STC施工前一天从临时仓库转运至桥面,干混料统一堆放,堆放时底下放置托盘,顶面采用帆布遮盖,防止干混料受潮湿和雨水的影响而结块。

2)钢筋加工区

钢筋加工区位于右幅引桥处(桥面施工队原钢筋加工棚),设置原材区、加工区及成品区。钢筋原材堆放时钢筋下面采用垫木,垫木高度不小于200mm,间距1500mm,以防止钢筋锈蚀。钢筋原材进场后,按照图纸要求对钢筋进行调直及剪切下料长度,统一堆放至成品区。

3）拌和楼安装区

STC湿拌机设置在引桥右幅18号、19号、20号墩墩顶桥面处。拌和楼基础采用膨胀螺钉固定在桥面上，四个角纵向拉缆风绳加固；钻膨胀螺钉时避开桥梁的预应力钢绞线。

4）现场水电设施

(1)现场拌和用水。

本项目拌和用水优先采用附近的自来水，如无自来水，则可接入消防用水或经检测合格可用于施工的河水等。拌和区处采用钢管搭支架+帆布兜底的方法搭建蓄水池，满足STC湿拌的用水需要。

(2)现场养护用水。

本项目养护用水采用高压抽水泵将北江河水抽上桥面搭建的蓄水池，以满足蒸汽养护的用水需要。

(3)现场施工排水、排污设施。

拌和站设置两级沉淀池，施工废水经过两级沉淀后再排出，养护锅炉产生废柴油等杂物经严格处理、沉淀后方可排放。

(4)现场用电。

本项目施工用电采用接项目部桥面的配电箱。配电系统按总配电(一级)—分配电(二级)—开关箱(三级或末级)设置，并实行两级漏电保护。末级按一机一闸一漏一箱的要求设置。

(5)消防、安保设施。

设置好消防、安保设施，按照施工组织设计要求，根据施工总平面布置，建立消防保安等组织机构和有关的规章制度，布置好消防、保安设施，并派专人进行检查落实。

8.4 总体施工部署

8.4.1 施工段划分平面布置

本工程STC铺装为半幅全宽铺装，摊铺施工时需考虑施工通道、高温蒸汽养护时设备布置及摊铺长度要求等，以0号块为分界线，先施工中央分隔带后施工行车道，行车道摊铺分六次进行流水作业施工。

每施工完一段STC层后，需进行高温蒸汽养护。计划采购10台蒸汽发生器设备。行车道总体施工平面布置如图8.4-1所示。

(1)施工第一次区域时，计划采用2台泵车及4台罐车进行施工运输及布料，其中1号泵车布置在右幅K2+525靠中分带附近；2号泵车布置在左幅15号墩0号块上；3台罐车负责供1号罐车混合料(运输路线：拌和楼→主桥右幅→K2+600处掉头→倒车至1号泵车)，

3台罐车负责供2号泵车混合料(运输路线:拌和楼→主桥右幅→15号墩处掉头→穿过主塔倒车至2号泵车),如图8.4-2所示。

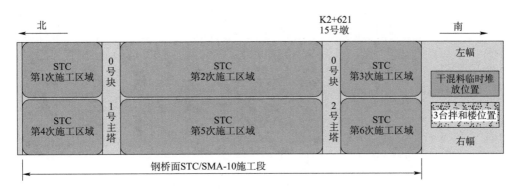

图8.4-1 行车道STC铺装顺序图示

(2)施工第二次区域时,采用2台泵车及4台罐车进行施工运输及布料,其中1号泵车布置在左幅15号墩0号块上,待摊铺机行走至K2+680处时,1号泵车转移至左幅16号墩0号块上;2号泵车布置在K2+720~K2+740中央开口处;3台罐车负责供应1号泵车(运输路线①:拌和楼→主桥右幅→15号墩处掉头→穿过主塔倒车至1号泵车;路线②:拌和楼→主桥右幅→16号墩处掉头→穿过主塔倒车至1号泵车);3台罐车负责供应2号泵车(运输路线:拌和楼→主桥右幅→K2+760处掉头→倒车至2号泵车),如图8.4-3所示。

(3)施工第三次区域时,采用2台泵车及4台罐车进行施工运输及布料,其中1号泵车布置在左幅16号墩0号块上;2号泵车布置在右幅K2+930处;3台罐车负责供应1号泵车(运输路线①:拌和楼→主桥右幅→16号墩处掉头→穿过主塔倒车至1号泵车);3台罐车负责供应2号泵车(运输路线:拌和楼→主桥右幅→K2+920处倒车→倒车至2号泵车),如图8.4-4所示。

施工右幅STC时,根据上述左幅的施工区域划分进行施工,右幅各区域的机械布置图对应施工左幅时的施工布置图,布置在左幅已完成STC层上。

8.4.2 项目特点

(1)本项目钢桥面铺装为STC+SMA结构,是近年来新兴的结构形式,施工工艺复杂,技术难度高。本项目采用自行式混凝土摊铺机,单机实现STC布料、精确整平、振动密实。

(2)钢桥面剪力钉和钢筋网布设密集,桥面有2%横坡,对STC施工和易性要求较高。

(3)STC采用高温蒸汽养护,温度高,设备多,工艺水平要求较高。

(4)本地区的降水集中在上半年,施工期正好处于高温雨季,因此,针对季节特征采取合理的施工方案及组织显得非常重要。

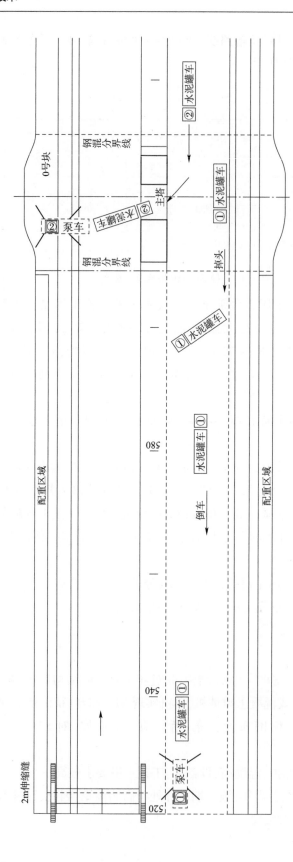

图 8.4-2 第一次施工区域机械布置图(尺寸单位:m)

8 STC 钢桥面铺装施工技术

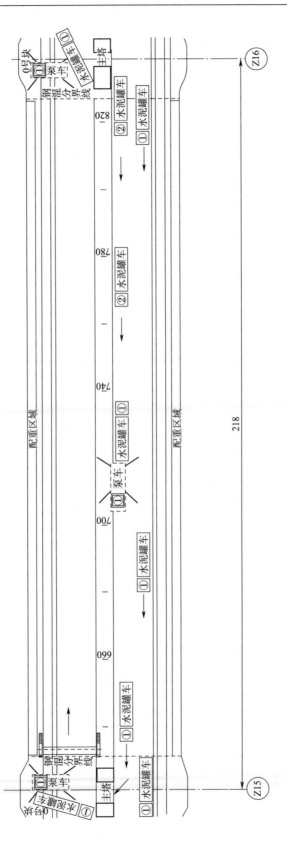

图 8.4-3 第二次施工区域机械布置图(尺寸单位：m)

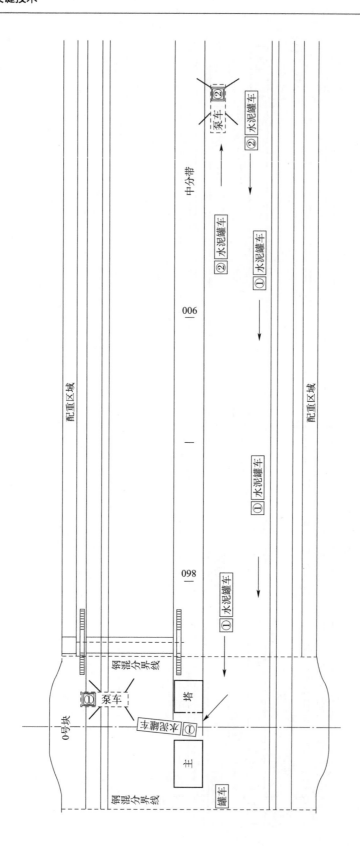

图 8.4-4 第三次施工区域机械布置图(尺寸单位:m)

8.5 钢桥面铺装各环节施工工艺

8.5.1 总体施工工艺流程

钢桥面铺装主要工作包括钢桥面喷砂除锈、剪力钉施工、钢筋布设、STC施工、沥青层施工等工序，STC桥面铺装总体施工流程如图8.5-1所示。

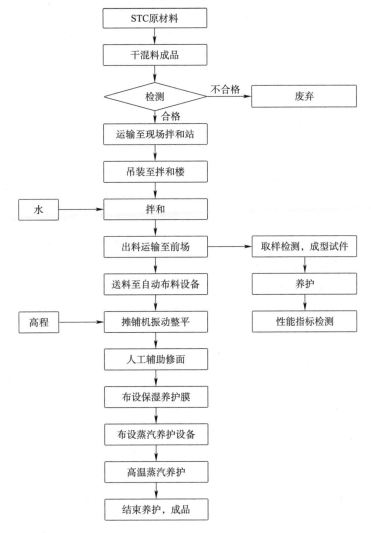

图8.5-1 STC桥面铺装施工流程图

8.5.2 桥面喷砂除锈施工工艺

喷砂除锈工艺流程：桥面清理→桥面检验→桥面喷砂除锈→表面处理检验→喷涂防腐

漆→验收,焊点划线贴护试验、喷涂后焊点贴护试验如图 8.5-2、图 8.5-3 所示。

图 8.5-2　焊点划线贴护试验

图 8.5-3　喷涂后焊点贴护试验

喷砂除锈工艺中的操作要点如下：

(1)喷砂前,首先检查钢桥面板的外观,确保表面无焊瘤、飞溅物、针孔、飞边和毛刺等,否则必须通过打磨加以清除,锋利的边角必须处理为半径 2mm 以上的圆角。

(2)用清洁剂或溶剂清洗钢桥面板表面的油、油脂、盐分及其他脏物。

(3)施工时保持相对湿度小于或等于 85%,遇下雨、结露等天气时,严禁进行桥面喷砂除锈作业。

(4)采用带吸尘装置的移动式自动无尘打砂机,对于自动无尘打砂机所不能施工到的区域和边缘,可采用手提式打砂机作业。

(5)必须保持喷砂磨料干燥、清洁,不含有害物质,如油脂、盐分等。

(6)抛丸处理后的表面要注意保护,避免二次污染。油漆涂装前,应对检验合格的除锈表面进行吹灰。

(7)钢桥面喷砂除锈后 4h 内完成对钢板的防腐处置(环氧富锌漆的喷涂)。

(8)先将钢板剪力钉焊接位置标线定位,用方形美纹贴纸贴好焊接点,待喷涂完成后揭开贴纸部位,露出焊点,防止焊点部位沾漆;焊前对局部生锈点采用电钻打磨,去除点锈蚀。

(9)环氧富锌漆的喷涂过程中,钢桥面表面应完整、均匀,无漏涂现象。

(10)喷涂完成后,涂层应连续、均匀、平整、无颗粒、无流挂或其他缺陷,颜色均匀一致,厚度达到要求。若漆层有露底或破损,根据缺陷大小和严重程度进行局部修补或全部返修。

8.5.3　剪力钉施工工艺

材料要求：剪力钉分为 $\phi13mm \times 38mm$、$\phi13mm \times 40mm$、$\phi13mm \times 45mm$ 三种规格,总计数量约 56.3 万颗。剪力钉与钢板的焊接拉拔强度大于 56MPa。剪力钉立面、平面图如图 8.5-4、图 8.5-5 所示。

剪力钉焊接工艺流程:划线定位→划线检验→清扫焊接区域→试焊→检验→调试→正式焊接→检查→清理焊渣及瓷环→涂刷丙酮→验收。

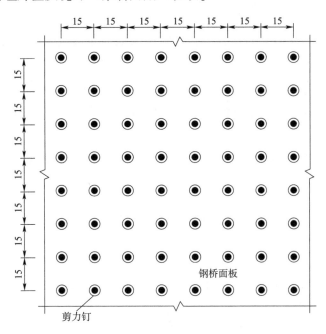

图 8.5-4 剪力钉平面示意图(尺寸单位:cm)

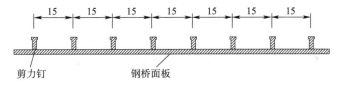

图 8.5-5 剪力钉立面示意图(尺寸单位:cm)

(1)施工前先按剪力钉的布置位置采用墨斗弹线的方式在模拟钢桥面的钢板上划线定位。弹线时,每隔15cm划线一条,模拟纵桥向和横桥向分别划线。划线定位时,先定出边线位置,再定出加密位置点。

(2)使用大功率电弧螺柱剪力钉专业焊机,配备10台焊机和1台200kW发电机;控制焊接时间和电流,确保焊接质量。

(3)焊接前先在小钢板上进行试焊,按焊接工艺规定调试电流电压参数,观察焊接成型是否良好,并将焊枪调试至最佳状态后方可正式焊接。

(4)剪力钉应垂直于接触面,因此操作人员要确保焊枪的操作角度,并且必须以站立俯身的姿势进行焊接操作,不得以坐立姿势施焊,防止焊偏。

(5)焊接后使用锤敲击检查焊接质量,对虚焊剪力钉进行清除,并重新焊接。

(6)焊接完成后,使用鼓风机清理工作面上的瓷环碎片,并清除焊渣。

(7)对剪力钉根部熔融的区域涂刷丙酮,并涂刷防锈漆。

(8) 焊接时大气相对湿度应小于85%,严禁在雨天施工。

8.5.4 钢筋布设施工工艺

钢筋采用 φ10mm 的 HRB400 带肋钢筋,纵桥向钢筋布设在下层,横桥向钢筋布设在上层,钢筋圆心间距5cm,每隔2m底部放置长度为5cm的垫块钢筋。

(1) 钢筋截断使用切割方式,施工区域纵向钢筋连接方式采用焊接方式。

(2) 纵横向钢筋圆心间距均为5cm,避开剪力钉;钢筋位置与剪力钉布置有冲突时,可适当调整钢筋位置。

(3) 下层先铺设纵向钢筋,上层再铺设横向钢筋,钢筋布置如图8.5-6、图8.5-7所示。

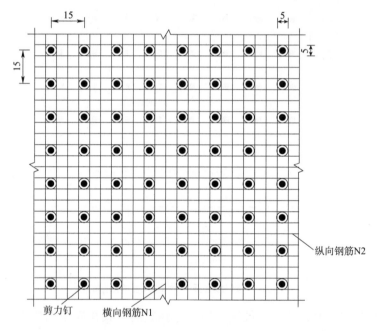

图 8.5-6 钢筋布置平面图(尺寸单位:cm)

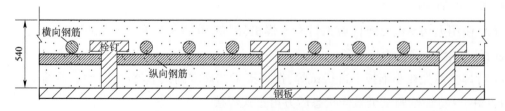

图 8.5-7 钢筋布置立面图(尺寸单位:cm)

(4) 钢筋绑扎采用镀锌钢丝。

(5) 为保证钢筋间距,在施工区域纵向和横向均放置带有5cm间孔的角钢并固定,在间孔上放置钢筋,保证钢筋间距为5cm。

(6) 钢筋网使用长度为5cm的钢筋垫块,确保底层钢筋与钢板间距足够,上层钢筋保护层厚度足够。

（7）钢筋存放需要覆盖以便防水，底部用方木垫高，防止钢筋遇水锈蚀。

（8）钢筋网铺设后，如未及时进行 STC 施工，则覆盖帆布，防止钢筋过早生锈，如图 8.5-8 所示。

8.5.5　STC 施工工艺

图 8.5-8　钢筋网铺设完成

STC 拥有较高的力学性能和耐久性能，不同于普通高性能混凝土，STC 的施工工艺要求极高。STC 施工设备应具有良好的工程适应性，能够实现 STC 快速施工、快速养护。STC 施工工艺流程如图 8.5-9 所示。

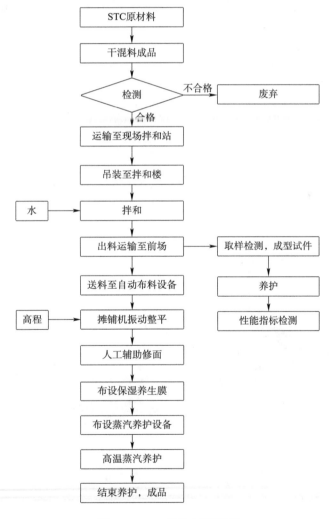

图 8.5-9　STC 施工工艺流程图

1) STC 干混料生产运输

（1）STC 干混料在工厂内提前集中生产。

（2）采用自动化生产线配制 STC 干混料。

（3）使用专用设备使钢纤维分散均匀。

（4）采用 2t 专用集料包装袋盛放干混料成品，包装袋内衬为塑料膜，可有效防潮。

（5）精确称重，使每一袋干混料质量基本一致。

（6）使用门式起重机将袋装集料吊至平板运输车上，运输至前场临时存放；根据施工需求在施工前一日将干混料运至前场，减少干混料临时存放时间，运输至现场的干混料要采取防雨、防潮措施，如图 8.5-10 所示。

图 8.5-10　STC 成品干混料

2) STC 的湿拌

施工现场配备 3 台设计容量为 $20m^3/h$ 的振动拌和机，生产时将袋装干混料堆放在拌和机附近，使用 3 台 25t 起重机进行吊装生产，如图 8.5-11 所示。

图 8.5-11　STC 拌和楼及混合料吊装、生产

（1）吊装袋装料时，每台拌和楼配 1 人专门指挥起重机转运，1 人在存料区专门挂包，2 人在拌和楼顶端负责割包。

（2）使用精确计量秤对拌和楼加水进行精确称量，确保混合料水胶比稳定。

(3)拌和楼生产用水采用自来水,以保证混合料的和易性和强度指标。

(4)采用具有计量系统的强制式搅拌设备进行拌和,搅拌时间控制在5~8min,待STC流化之后可适时出料。

(5)现场配备4~6台水泥混凝土罐车转运STC湿拌料,在混凝土生产过程中,罐车停置在拌和机下面,罐体保持低速转动,使混合料保持流动性。

3)STC混凝土运输

(1)水泥混凝土罐车在接料、运输、放料过程中,罐体始终保持低速转动,严禁高速转动。

(2)运输至施工现场的混凝土需要抽样检测,测试混凝土扩展度,检查混凝土的流动性和施工和易性,并成型试件。

(3)混凝土罐车将混凝土匀速卸料至泵送口,由压力泵送至摊铺机自动布料装置中。

(4)混凝土摊铺机上采用专用接口接收流动性混凝土。

(5)摊铺机上,采用无轴螺旋将混凝土送至整个布料槽,使混凝土布满整个工作断面。

4)STC的摊铺施工

(1)工作面清洗、挂线、支模、配重。

摊铺前,对工作面进行清洗,不得有杂物。模板安装前,对桥梁顶面进行精确测量,确保铺装层厚度及横、纵坡度。测量班对摊铺区域内外两侧的摊铺宽度外缘线按10m一个断面进行放样。在内外侧边线设高程控制桩,高程控制桩固定在桥面上,拉上钢丝绳,用紧线器拉紧、固定,作为STC层高程控制线。

在桥面两侧边缘及纵向端头位置均预先支模,为避免浇筑STC时缝隙漏浆跑料,在支设模板后采用薄膜或泡沫板塞紧缝隙,并做表面处理,保证浇筑STC后平整、光滑。混凝土摊铺时,在工作面前面喷洒雾状水,保持钢箱梁钢板表面湿润,使钢板与混凝土有良好的黏结性。

由于该桥设计为单索面双直塔斜拉桥,施工一侧时需对另外一侧进行配重加载,以确保荷载平衡。因此,摊铺前需按设计院提出的加载方案使用水箱等工具在施工另一侧进行配重加载。

(2)布料。

布料时,根据混凝土供应、摊铺设备、场内外条件等划分输送区域及确定布料顺序。本项目桥面行车道铺装分6次浇筑完成,桥梁半幅STC浇筑宽度为14.7m,采用14.5m宽的STC摊铺机进行摊铺整平。布料时,水泥罐车行驶在摊铺区域的另一幅,将STC输送至泵车,由泵车泵入螺旋布料器。浇筑时布料速度及顺序与摊铺、振捣、整平速度应相协调。

(3)摊铺成型。

①混凝土摊铺区域外边部铺设橡胶行走带,使滑模摊铺机行走时保持足够的抓地力,能够稳步匀速前进。

②混凝土布料装置接收混凝土后迅速将混凝土输送至各个下料口,保持下料口始终充满混凝土,避免缺料。

③根据摊铺速度调节下料速度,保证混凝土扩展度良好,能够充满钢筋网区域,达到设计厚度。

④现场混凝土摊铺方量约为 $0.7m^3$/延米,根据拌和楼产量,最快每小时可摊铺 40m 左右。

⑤摊铺工作面避免出现缺料空洞区域。

⑥根据试验结果调节振动频率,使混凝土表面平整、均匀,减少混凝土气泡。

⑦摊铺机行走速度尽量保持均匀,在摊铺过程中可降低速度,但不可停机。

⑧混凝土摊铺完成后,由工人在模架上检查整平后的混凝土表面,对有缺陷表面进行修面处理。

⑨整平后的混凝土表面可喷洒雾状水,在覆盖养护膜之前保持混凝土表面湿润。

⑩摊铺机两侧设专人监控挂线传感器,保证摊铺机行走高程准确;摊铺机两侧,每侧设 1 人专门收集摊铺区域溢出模板的混凝土,减少污染。

5)STC 常温覆膜养护

常温养护工作在摊铺混凝土后立即开始,保湿养护流程为:高压水枪水雾喷射→覆盖节水保湿膜→浇水保湿。这一环节均在工作平台车上完成,工作平台车跨距为 15m,自动行走,操作工作桥面者应注意两端轮子的位置,不得偏斜,若有微斜,则前进时应及时调整。

人工抹平后立即洒水覆盖保湿养护膜进行养护,养护膜搭接不小于 10cm,不能损坏摊铺好的 STC 层,如图 8.5-12 所示,搭接处用贴紧防止刮风掀起。养护方式为喷洒水雾、覆盖节水保湿养护膜养护,此保湿养护方式均以保证混凝土表面湿润为目的。保湿养护过程中,加强巡查力度,发现有缺水部位时,及时补水养护,如图 8.5-13 所示。

图 8.5-12　STC 自动布膜机布膜　　　　图 8.5-13　常温洒水养护

常温养护,待混凝土硬化后,及时撤除养护薄膜,覆盖土工布保湿养护,并及时开始高温蒸汽养护。

6) STC 层高温蒸汽养护

高温蒸汽养护的目的是使经高温蒸汽养护的 STC 材料收缩应变可以在早期基本完成,消除后期的 STC 层的收缩变形,是实现 STC 致密性、高强度、高韧性,消除后期收缩变形的必要手段。高温蒸汽养护通过蒸汽发生器、蒸汽管道、蒸汽养护棚等设施实现。

(1)STC 终凝后撤除节水保湿膜,搭设蒸汽养护保温棚。保温棚由帆布和保温棉以及带支架的钢筋网片架设组成。网片尺寸为 2m×2m,网片支架高为 10cm,内部布有蒸汽管道。

(2)每段摊铺区域配有 6~10 台蒸汽发生器提供蒸汽,通过蒸汽管道输送,管道的管壁每隔 1m 设置一个 3~4mm 的排气孔。

(3)在保温棚内均匀、合理设置温度和湿度传感器以进行温湿度监测,并据此进行蒸汽量的调控。

(4)每一块保温帆布之间搭接铺设,搭接宽度应大于 15cm。保温棚周围宽出养护区域,并用沙袋或钢筋条压实密封,减少蒸汽的泄漏。

(5)养护期间:蒸汽高温养护时的升温阶段,升温速度不大于 12℃/h;养护结束后,以不超过 15℃/h 的降温速度将温度逐渐降至现场气温。养护温度在 80℃ 时,养护时间不少于 72h;养护温度在 90℃ 时,养护时间不少于 48h;养护过程中,蒸汽养护棚内的相对湿度不低于 95%。

(6)高温蒸汽养护结束后,撤除养护设备并清扫干净。对明显凹凸不平部位,采用打磨机打磨,确保 STC 层表面平整。

(7)针对养护过程中不同天气状况,制订不同的保温覆盖措施。高温季节,在不下雨的条件下,根据养护温度状况覆盖一层高温篷布或加盖一层保温棉,保持养护区域温度恒定;低温季节,在不下雨的条件下,需要覆盖双层布保温,下层为高温篷布保温,上层为保温棉隔冷;下雨天,需要覆盖三层布保温,如图 8.5-14 所示,下层为高温篷布保温,中层为保温棉隔冷,上层为彩条布防雨。

7) 接缝处理施工

在后浇段浇筑 STC 前,对接缝处进行凿毛处理,使钢纤维外露。凿毛处理完毕后及时使用吹风机清理干净,且再次浇筑前必须湿润凿毛处,以便更好地接触。横向接缝和纵向接缝采用不同的处理工艺。

图 8.5-14 蒸汽养护三层覆盖

(1)横向接缝处理。

①为保证分次浇筑的 STC 层有效地连接,在横向接缝处钢箱梁顶板上需焊接厚 10mm 的 S 型加强钢板,斜腹板上的纵桥向钢筋与 S 型加强钢板单面焊接,且焊缝长为 50cm。

②当 STC 采用分段施工时,待先浇段施工完成后,对先浇段的 STC 进行小范围凿毛处

理,再浇筑下一节段的STC层。凿毛从接缝处断面开始,凿毛的宽度严格按照设计图纸的要求,原则上凿毛宽度为10cm。接缝断面处的凿毛面应竖直,不得出现明显偏斜的情况。

③凿毛后,用风机吹除遗留在钢桥面板上的STC屑末。

(2)纵向接缝处理。

①由于中分带与行车道在不同时段施工,无法避免纵向接缝,在纵向接缝处理工艺中,为保证纵缝间加强筋的强力连接,采用中分带与行车道布设钢筋的闪光对焊方式进行焊接,焊接搭接长度按照规范进行设置,为$10d$(d为钢筋直径)。

②为保证接缝处STC之间的搭接效果,需对先浇段的STC接缝边缘进行凿毛,凿毛从接缝处断面开始,凿毛的宽度严格按照设计图纸的要求。凿毛面应竖直,不得出现明显偏斜的情况。

③凿毛后,用风机吹除遗留在钢桥面板上的STC屑末。

④后浇段STC施工时,将先浇段凿毛处进行洒水润湿,使接缝处既潮湿又不保留多余水分,保证搭接部位的黏结效果。

8)中央分隔带施工

在进行行车道STC层施工前,先开展中分带STC层施工。

(1)剪力钉焊接。

①中分带内剪力钉焊接与行车道内的剪力钉焊接工艺相同。

②焊接时,避开缆索护筒和护栏底座钢板位置。

(2)钢筋绑扎。

①钢筋截断采用切割方式,其中中分带横向钢筋截取7m,纵向钢筋截取15m。每段施工区域纵向钢筋采用闪光对焊方式进行焊接,焊接长度为$10d$(d为钢筋直径,下同),达到整段施工区域纵向长度。

②钢筋绑扎时,两端钢筋往行车道方向各延伸1m,为方便未来行车道钢筋的搭接,搭接长度为$10d$。

③钢筋绑扎时,缆索护筒位置钢筋需断开。

④中分带护栏底座钢板位置钢筋在整体绑扎完后,采用液压钳将该位置钢筋网剪断。

(3)STC施工。

①加工边模,在角钢上按钢筋间距每隔5cm打孔,方便横向钢筋穿出。

②边模点焊在钢箱梁上,为避免浇筑STC时缝隙漏浆跑料,在支设模板后采用薄膜或泡沫板塞紧缝隙。

③中分带护栏底座钢板位置采用木盖套牢,防止STC料覆盖钢板底座。

④布料方式采用人工布料,配合罐车、起重机、下料斗和斗车进行。

⑤摊铺长度大于1m时,对STC表面进行修整,确保表面平整。

⑥遇缆索间距小、角度小时,需人工采用大灰刀进行抹平。

⑦使用长平整尺对表面进行整平,局部存在缺陷时需人工用灰刀进行修补。

⑧待 STC 达到一定强度时,拆除中分带护栏底座钢板位置的木盖。

(4)STC 常温养护。

①混凝土表面初步硬化后,采用 2m 宽节水保湿膜对中分带进行常温养护。

②盖薄膜前,需人工洒水湿润。

③盖薄膜时,采用纵向覆盖方式,搭接长度不小于 10cm,遇到缆索护筒位置时进行人工剪裁,确保中分带 STC 面全部覆盖薄膜。

④搭接处用轻质方木压紧或洒水使保湿养护膜贴紧,防止刮风将膜掀起。

(5)STC 高温养护。

①每段中分带摊铺区域配 1 台 0.5t 的蒸汽发生器提供蒸汽,通过蒸汽管道输送,纵向每隔 1m 设置一条 4m 长横向管道,管壁每隔 1m 设置一个 3~4mm 的泄气孔,如图 8.5-15 所示。

②以缆索为中线,两边各布置一块养护架,覆盖保温棉时,需在缆索位置处开口,并用扎带把帆布与缆索扎稳,防止蒸汽从该处泄漏。

③养护期间温度控制与行车道养护工艺一致。

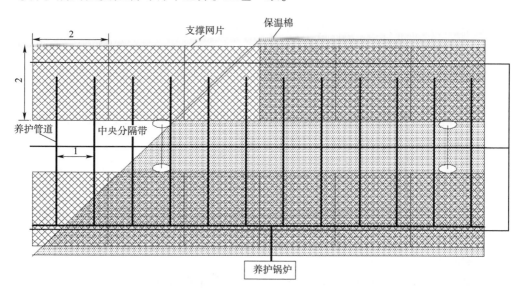

图 8.5-15 中央分隔带高温养护平面图(尺寸单位:m)

8.5.6 沥青层施工工艺

钢桥面铺装沥青层包括行车道 SMA-10 和非机动车道的 AC-13,其中 AC-13 作为景观路面采用彩色沥青,宽 2.5m,按照常规方式摊铺碾压。本节重点介绍 SMA-10 的施工工艺。

1)SMA-10 施工工艺流程

SMA-10 施工工艺流程如图 8.5-16 所示。

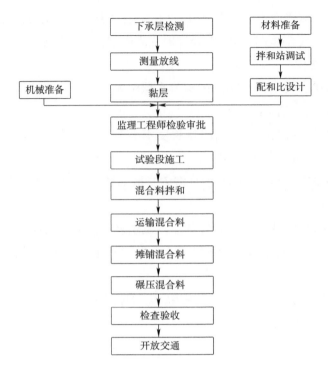

图 8.5-16 SMA-10 施工流程图

2）混合料配合比设计

沥青面层施工前，需按以下步骤进行配合比设计，直到配合比经验证合格后方可大面积施工。

（1）沥青混合料所需原材料包括沥青、碎石、石粉、矿粉、纤维等，必须进行原材料检测，未经检测或者经检测不合格的材料，不得用于施工。

（2）目标配合比设计。

（3）生产配合比设计。

（4）生产配合比验证：通过铺筑试验路，对混合料各项性能指标进行检测，以验证生产配合比的可靠性。

3）黏层施工工艺

（1）SMA-10 沥青混合料面层施工前对 STC 层进行喷砂糙化处理。

（2）加强 STC 面层与 SMA-10 面层之间的有效黏结，SMA-10 面层施工前先喷洒黏层油，黏层油采用改性乳化沥青。喷洒前，先清扫 STC 层上的杂物，确保干净、无污染。

（3）黏层施工采用智能型沥青洒布车喷洒，当有遗漏时，用人工补洒。

（4）浇洒黏层沥青后，严禁除沥青混合料运输车外的其他车辆、行人通过。

（5）黏层乳化沥青洒布后，待破乳、水分蒸发完后铺筑上面层。

4）混合料拌和

（1）将集料和沥青按生产配合比确定的比例用量输送进拌和机，矿粉和水泥按比例加入拌和机。在沥青混合料生产中，采用柴油加热设备由导热油加热沥青，采用天然气燃烧法加热集料。沥青加热温度为 165~170℃，集料加热温度为 190~220℃，沥青混合料出料温度控制在 170~185℃，沥青混合料废弃温度高于 195℃，用温度计检测，测定的温度符合要求方能出厂。

（2）沥青混合料拌和时间以混合料拌和均匀、所有矿料颗粒全部裹覆沥青结合料为标准。拌和时，首先加矿料干拌约 5s，然后加沥青和矿粉湿拌约 50s，每盘料的生产周期不小于 70s，目测检查混合料的均匀性，及时分析异常现象，拌和的沥青混合料应均匀一致，无花白料，无结团结块或严重的粗、细集料分离现象。过度加热的混合料或已经炭化、起泡和含水的混合料都应予以废弃。

（3）严格控制油石比和矿料级配，避免油石比不当而产生泛油和松散现象。拌和机开拌后，每天上午、下午各取一组混合料试样做马歇尔试验和抽提筛分试验，检验油石比、矿料级配和 SMA-10 沥青混合料的物理力学性质。此外，每次施工终了时，取热白料进行筛分，进一步验证生产配合比。

（4）拌和站备有保温性能好的成品储料仓，储存过程中混合料温降不得大于 10℃，且不能有沥青滴漏现象。沥青混合料的储存时间不得超过 24h。

5）运输混合料

（1）在运料车侧面中部设专用监测孔，孔口距车厢底面 300mm。监测设备采用数字显示插入式热电偶温度计（或红外线非接触式温度计）检测沥青混合料的出厂温度和运到现场温度。插入深度要大于 150mm。

（2）车辆运输能力必须满足拌和楼生产及路面摊铺能力要求并略有富余，运输车辆数目通过测算车辆装料、行驶、卸料所需要的时间，结合实际施工及运输路线长度来确定。

（3）车辆不得在黏层上掉头，避免破坏黏层，可选择在引桥上掉头。

（4）为防止混合料与车厢板黏结，在车厢侧板和底部涂 1∶3 的植物油与水的混合液，应均匀、涂遍，但不得积油水。涂擦完油水混合液的车辆必须将车斗竖起，将多余油水混合液倒出。

（5）从拌和机向运料车上放料时，每卸一斗混合料挪动一下汽车位置，每装完一车混合料移动 3~5 次位置，以减少粗细集料的离析现象。

（6）运料车备有大篷布覆盖混合料，以防雨、防尘和保温，控制好运输温度。

（7）运料车严禁紧急制动、掉头、急转弯，在施工现场以外的地方掉头时应派专人指挥，并慢速地倒退到摊铺机前 10~30cm 处等待，不得碰撞摊铺机，在确认运料车的后轴轮对准摊铺机的推行位置和料斗时，才能卸入摊铺机；在被推行时，挂空挡，不得紧踩制动踏板，以防止黏结层被推挤和影响摊铺质量。

（8）运料车每次卸料必须倒干净，如有剩余尾料，要及时清除，防止硬结。

6)摊铺混合料

(1)铺筑沥青混合料前,须认真检查下承层的质量,尤其要严格控制横向和纵向的高程、平整度。

(2)采用两台带全自动找平功能的沥青摊铺机梯队作业进行联合摊铺,摊铺宽度为16.2m(中分带1.5m+行车道14.7m),摊铺机组装宽度为8m+8m,相邻两幅的摊铺以30~60cm的宽度重叠摊铺;相邻两台摊铺机前后相距5~10m,在设置纵向接缝时,纵向接缝应于车道标线一致。摊铺时,应缓慢、均匀、不间断。

(3)摊铺前,将熨平板提前1h预热至不低于100℃。摊铺机熨平板必须拼接紧密,不得存在缝隙,防止卡入粒料将铺面划出痕迹。

(4)摊铺机在作业时,如送料车撞击摊铺机,将使摊铺机向后移动,而造成摊铺完的沥青混合料起拱,从而破坏平整度。如摊铺机与送料车配合不当,使沥青混合料洒落在摊铺机两边的行走履带下面,如不及时清除,将使履带行驶在凹凸不平的层面上,摊铺机左右晃动导致自动调平系统的工作仰角发生变化,从而导致摊铺机熨平板两侧产生明显的横坡变化;因此,应安排专人负责指挥送料车倒车卸料,禁止送料车推动转运车滚轮。

(5)摊铺机必须缓慢、均匀、连续不间断地摊铺,不得随意变换速度或中途停顿。摊铺速度,按1~3m/min的要求,或予以适当的调整。

(6)输料器送料应均匀、稳定,将沥青摊铺机螺旋喂料器调整到最佳状态,使螺旋喂料器中混合料的高度将螺旋的2/3埋没,摊铺机集料斗在刮板尚未露出,尚有约10cm厚的混合料时,料车开出,同时拢料,拢料速度尽量慢且均匀。料斗两翼复位后,下一辆料车开始卸料。

(7)沥青混合料的摊铺温度应满足《公路沥青路面施工技术规范》(JTG F40—2004)表5.2.2-2的要求。混合料温度过低将导致摊铺作业困难,碾压时达不到较好的密实度和平整度。而实际运输过程中,混合料的温度不可避免地要降低,因此要求摊铺时的温度要较初碾时的温度高10~15℃。正常情况下,摊铺时的温度不得低于160℃,且不得高于190℃。实际施工过程中,可以用目测法进行判别:过热的混合料从表面上冒青烟,色泽不均匀;过冷的混合料表面粗糙,并且有结块现象,集料表面裹覆不好。在开始摊铺时,摊铺机的烫平板要预热,以保证初压温度,减少混合料的离析现象。为确保摊铺质量,如遇雨天或下承层表面存有积水时都不得摊铺沥青混合料。

(8)摊铺遇雨时,应立即停止施工,并清除未压实成型的混合料。遭受雨淋的混合料应废弃,不得卸入摊铺机摊铺。

(9)随时观测摊铺质量,发现离析和其他异常现象,及时分析原因,予以处理。

7)碾压混合料

(1)SMA-10混合料的初压、复压采用3台双钢轮振动压路机碾压,碾压遵循"高温、紧跟;匀速、慢压;高频、低幅;先边、后中"的原则。混合料摊铺后必须紧跟着在尽可能高温下开始碾压,不得等候。不得在低温状态下反复碾压,防止磨掉石料棱角,压碎石料,破坏集料嵌挤。初压温度不得低于150℃,终压温度不得低于120℃。碾压段的长度控制在20~30m。

(2)在初压和复压过程中,采用同类压路机并列成梯队压实,不采用首尾相接的纵列方式。采用静压时,压路机的轮迹重叠1/3轮碾压宽度。

(3)混合料摊铺后应立即碾压,需要指挥协调各台压路机的碾压路线和碾压遍数,使摊铺面在较短时间内达到规定压实度,压路机折返呈梯形,不在同一断面上。

(4)厚度、碾压顺序、碾压遍数、碾压温度设专人检查。如碾压过程中发现有沥青马琋脂上浮或石料压碎、棱角明显磨损等过度碾压的现象时,须停止碾压。

(5)出现的油斑应及时铲除并用热料填补。

(6)碾压速度不得超过5km/h。

(7)机喷水装置要定期清理,喷水量尽量调小,最好为喷雾状,以不粘轮为度。

(8)碾压尚未冷却的沥青层面上,不停放压路机和其他车辆,并防止矿料、油料和杂物散落在上面。

(9)压实完成24h后方能允许施工车辆通行。

8)施工接缝处理

(1)接缝均采用垂直的平接缝;每天摊铺混合料收工时用3m直尺在碾压好的端头处检查平整度,选择合格的横断面,画上直线,然后用切缝机切出垂直立面,将废料清理干净,如图8.5-17所示。切割时留下的泥水必须冲洗干净。

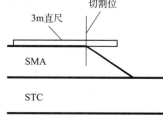

图8.5-17 SMA-10切缝示意图

(2)横接缝处摊铺沥青混合料时,熨平板放到已碾压好的路面上,在路面和熨板之间垫钢板或木板,其厚度为压实厚度与虚铺厚度之差。

(3)横向接缝施工前,在垂直接茬端面涂刷一层黏层油。

(4)为了保证横向接缝处的平顺,用双钢轮压路机沿路面横向碾压(静压);碾压时压路机的碾压轮大部分在已铺好的路面上,仅有10~15cm的宽度压到新摊铺的混合料上,往复多次碾压,然后逐渐移动跨过横向接缝,最后整个压路机碾压轮进入松铺摊铺面。SMA-10接缝碾压如图8.5-18所示。

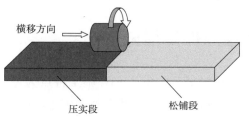

图8.5-18 SMA-10接缝碾压示意图

9)交通管制

(1)路面摊铺、碾压设备禁止在刚摊铺完成或正在施工的上面层上长时间停放,应停放在下承层或已施工完成至少24h的沥青面层上。

(2)设备停放时用篷布或彩条布与沥青面层隔开,避免设备漏油损坏沥青结构层和污染路面。

(3)上面层沥青混合料路面待摊铺层完全自然冷却,混合料表面温度低于50℃后,方可开放交通。在开放交通时应进行交通管制,避免车辆对沥青路面的污染,同时限制车辆行驶速度在20km/h以内。

10)中分带缆索区摊铺

由于中分带两根缆索之间宽度为1.2m,沥青摊铺碾压设备无法进入该处施工,只能人工进行布料碾压施工。

(1)黏层施工。

①黏层施工前,先采用彩条布将左右两边缆索包裹好,防止黏层油污染缆索。

②喷洒前,先清扫STC层上的杂物,确保干净、无污染。

③采用智能型沥青洒布车由两侧进行喷洒,当有遗漏时,采用人工补洒。

④浇洒黏层沥青后,严禁除沥青混合料运输车外的其他车辆、行人通过。

⑤黏层乳化沥青洒布后,待乳化沥青破乳、水分蒸发完后铺筑上面层。

(2)混合料摊铺。

①由于缆索区宽度窄,大型摊铺设备无法进入,须采用小型挖机+人工进行布料施工。

②布料前,需对挖机斗进行清洗,并涂刷1:3的植物油与水的混合液,均匀、涂遍,但不得积油水。

③布料时,料车保温帆布不全部掀开,以确保摊铺温度。

④布料时,由挖机从料车斗内装料至缆索区后,工人需采用铁铲和钉耙迅速将混合料推平,确保摊铺温度。

(3)混合料碾压。

①由于缆索区宽度窄,大型碾压设备无法进入,须采用小型压路机+小型夯实机进行夯实。

②在遇缆索与桥面夹角较小和缆索间距较小时,采用小型夯实机进行夯实;在无缆索位置和缆索间距较大的位置,采用小型压路机进行碾压。

③使用小型夯实机前,需对小型夯实机底面涂刷油,防止粘连混合料。

④混合料布平后,需迅速使用夯实机和小型压路机进行压实,防止混合料温度过低,导致混合料无法密实。

8.6 现场施工组织重难点保障措施

本工程的现场施工组织重难点是STC路面摊铺的现场施工。由于STC施工特点为短、平、快,且工期紧,采用流水化施工作业,剪力钉焊接、钢筋绑扎、STC摊铺和养护等工序同步推进。这些特点给工程的施工组织、技术管理等方面带来一定的难度。针对这些重难点进行逐项分析,有针对性地制订措施,并将其作为施工过程管理的重中之重,以保证工程的进度和质量。具体措施如表8.6-1所示。

8 STC 钢桥面铺装施工技术

施工组织重难点保障措施　　　　　　　　　　　　　　　　表 8.6-1

序号	施工组织重难点	分析	施工保障措施
1	剪力钉焊接	剪力钉焊接过程中会受到焊工焊接技术的影响导致焊接质量参差不齐	①对焊工进行定人定岗，上桥施工前，对工人进行实操培训及安全技术交底； ②划线后，施工技术人员需反复检查划线间距，减小剪力钉间距误差； ③焊钉、焊枪的轴线要尽量与工件表面保持垂直，同时用手轻压焊枪，使焊枪、焊钉及瓷环保持静止状态，减少剪力钉的垂直误差
2	钢筋绑扎	由于钢筋网间距较密且需满足规范要求，因此对焊接、绑扎钢筋的工人要求高	①设专项负责人负责钢筋制作及绑扎工作； ②安排好专业的施工队伍； ③使用钢筋卡槽器绑扎钢筋，保证钢筋网间距合格
3	STC 摊铺	由于主桥端头和 0 号块位置分别受中分带和主塔影响，摊铺机无法直线通过	①桥梁端头处受引桥中分带影响，靠中分带护栏侧履带无法行走，因此摊铺机需从主桥端头往前 5.5m 后开始摊铺；这时所预留区域需采用起重机 + 下料斗形式进行人工摊铺； ②当摊铺机施工到 0 号块处时，由于摊铺机靠中分带侧履带受主塔影响无法直线通行，为此当摊铺机需绕过主塔，靠中分带侧摊铺机履带将往绑扎好钢筋的工作面上行走，该段履带行走位置需垫好木条或皮带，防止履带破坏已绑扎好钢筋的工作面，摊铺机整体通过主塔后，靠内侧会留一段三角带未铺段，该段采用人工摊铺； ③人工摊铺时需注意桥面的横纵坡，由下往上布料施工，并采用平板夯进行振捣、密实
4	桥面施工加载配重	本桥为单索面大悬臂钢箱梁结构，受力结构复杂，施工前对桥面统一部署加载预压，减少 STC 施工后的应力	①经计算，钢箱梁悬臂端每延米配重加载质量为 2.0~2.5t，施工时左右两侧悬臂端均需加载，可采用装有砂石的吨袋或搭设水槽进行配重；先将配重放好后再开始摊铺 STC，配重不可影响摊铺机行走；STC 硬化完成后方可卸载； ②施工时考虑摊铺机质量，为保持横向双侧平衡，须在未施工一侧进行配重，可采用田螺车与摊铺机对称站位实现平衡配重

183

8.7 特殊气候条件下施工应急处理

根据本项目的工程工期,本项目 STC 层和 SMA-10 铺装大部分时间段集中在 6~8 月高温雨季,雨季施工期间的工程管理目标主要为以预防为主,采用防雨措施及加强截、排水手段,确保雨季正常的施工生产,不受季节性气候的影响;高温季节施工要保证混凝土施工质量,采取措施降低温度对混凝土质量的影响。

8.7.1 雨季施工的准备

1)技术准备

在雨季,对施工组织安排要进行充分的优化组合,对于施工中可能发生的问题或灾害要有充分的对策,雨期前针对工程特点和工期要求,加强对民工、职工的教育管理,充分收集及掌握清远地区的气象及水文资料,并使用天气预报软件,及时查看云图,获得有关的天气预报资料。准备充足的应急物资,领导小组成员及值班人员要保持警惕,当达到雨情预警值时,立即向相关部门汇报并启动应急预案,使预案组织工作在防雨过程中得到实施,不至于对工程造成较大的损失。

2)组织的准备

项目成立抗雨领导小组,同时成立抗雨突击队。抗雨领导小组的组长由项目经理担任,副组长由主管生产的副经理担任,组员由各业务部门、施工队伍的主管组成。抗雨突击队的队员要挑选年轻力壮、责任心强、勇于吃苦的同志。平时要定期或不定期组织演练,做到"来之能战,战之能胜"。

3)物资准备

雨季施工所需要的各种物资、材料都要有一定的库存量,尤其是 STC 干混料、钢筋等材料要做好储存与防潮工作,确保雨季的物资供应。同时严格按防汛应急预案的要求储备一些必要的抗雨抢险物资,例如编织袋、防雨篷布、彩条布、铁锹及必要的雨具等,一旦发生危险,立即组织抢险。

4)机械、机具的准备

在雨季来临之前,对机电设备的电闸箱要采取防雨、防潮等措施,并严格按规范要求安装接地保护装置。

8.7.2 雨季施工现场的控制

加强对施工现场的控制,为雨季期间 STC 层和沥青路面提供了有利的操作平台。

1)雨季施工条件

雨季施工应避开雨水、低温、大风等不利天气,现场作业面干燥、无污染即可施工。

2)STC雨季施工

超高性能轻型组合桥面应避开雨季施工。STC层浇筑摊铺过程中遭遇降雨,当降雨影响STC层表面质量时应停止施工。施工时应准备足够的彩条布,以便在突发雷阵雨时,遮盖刚铺好的桥面结构层。对已被阵雨轻微冲刷过的结构层顶面,及时进行局部修整使其能够符合要求。对被暴雨冲刷后层面破坏严重的部位,尽早铲除重铺。如降雨持续导致当天无法继续施工时,需按图纸要求做接缝处理。高温养护时,如遇降雨,采取阻水措施防止雨水顺横坡流入养护区域。

3)黏层雨季施工

黏层施工要求作业面干燥、无污染。黏层油采用快裂乳化剂与沥青掺水配制而成,浓度比较稀薄。晴天施工应注意清除污染物,雨后施工应确保作业面不潮湿。

4)沥青混凝土面层雨季施工

雨季沥青路面的施工受季节气候影响体现在施工不能连续,施工接缝多。接缝是否平顺直接影响到沥青路面的平整度,其施工方法为:根据天气情况判断降雨即将来临,摊铺机提前停止作业,将熨平板稍稍抬起后驶离现场,人工将端部混合料铲齐后再碾压;下次施工前,用切缝机切成竖直缝,清除端部斜坡下部分,将切缝泥浆杂物擦拭干净后涂刷一道黏层沥青;摊铺机将熨平板全部落在前铺的面层上,下垫均匀分布的三块木板,其厚度为松铺厚度与压实厚度之差,熨平板前端与切缝对齐,熨平板充分预热,于螺旋布料机下布满混合料后,摊铺机慢慢起步;用钢轮压路机在平接缝位置横向碾压密实后,再进行纵向正常碾压。

8.7.3 高温季节施工预防措施

广东地区夏季为混凝土施工最不利季节,由于高温影响,加上桥面上风很大,混凝土施工时表面极易失水造成早期裂缝,另外,由于钢箱梁内部散热功能较差,钢箱梁本身温度较高,夏季监测钢箱梁内部温度和表面温度最高可达65℃以上,对新铺设的STC质量是极大的考验,相当于浇筑后的混凝土在"铁板烧"。高温造成STC凝结时间缩短,初期强度发展较快。为减轻高温对混凝土质量的影响,本项目采取措施对施工现场进行降温控制。

1)技术准备

(1)控制蒸汽养护时间:当混凝土拥有足够强度时再开始蒸汽养护,能够有效预防裂缝产生。

(2)加强监控:加强混凝土内部收缩应变和温度监测,实时掌握混凝土内部变形和水化热发展及混凝土收缩应变发展情况。

(3)采取降温措施:首先,采取措施降低拌和用水温度,采用覆盖遮阳方式降低STC干混料温度,从而达到降低拌和楼出料温度效果;其次,对钢箱梁表面进行降温,安排工人在工作面前不间断洒水,对钢箱梁进行人工降温,但要保证摊铺前钢板表面保持湿润且无积水;最后,稳定混凝土蒸汽养护前的温度,不断洒水降温,保证混凝土温度稳定。

2）组织准备

（1）选择施工窗口：每段STC施工前几天，对施工时天气进行预判，包括温度和降雨状况，尽量选择温度较低、无降雨天进行施工。如果施工期无良好施工窗口，则需根据天气预报选择早晨等时段进行摊铺，以便混凝土终凝时段处于气温低谷，以降低内部温度应力。

（2）做好施工部署：对混凝土施工所需各个细节工作进行部署，对可能遇到的养护时遭遇突然降雨等紧急状况进行预防，部署应急物资和人员。

3）施工措施

合理安排施工组织，尽量缩短施工时间；施工过程监控温度变化和天气预报；施工过程中对混凝土表面进行保湿，对摊铺后的混凝土表面进行补水，在覆盖养护膜前保持表面湿润，防止表面龟裂；覆盖养护膜后，不间断给养护膜表面洒水降温；待常温养护超过12h，混凝土硬化后，则撤去保湿养护膜，覆盖土工布进行洒水保湿养护；常温养护完成后，布设蒸汽管道，并始终保持混凝土表面湿润，直至开始蒸汽养护。

8.8 钢-STC桥面施工总结

北江四桥是双塔单索面钢梁混合梁斜拉桥，其主梁部分是跨径100m＋218m＋100m的钢箱梁。钢桥面铺装一般采用沥青混凝土体系，国外桥面铺装方案主要有以下四大类：以德国、日本为代表的高温拌和浇筑式沥青混凝土方案；以英国为代表的碾压式沥青玛琋脂混凝土方案；德国和日本等国采用的改性沥青SMA方案；以美国为代表的环氧沥青混凝土方案。

本次北江四桥主桥采用钢箱梁上铺设STC（超高韧性混凝土）和SMA-10（改性沥青玛琋脂）方案。传统的钢箱梁桥存在桥面铺装部分易破损和钢箱梁自身钢结构的疲劳开裂问题。而本桥采用的超高韧性混凝土-钢组合桥面板大幅度地提高了桥面的刚度，改善了钢桥面和铺装层的应力应变幅值和局部竖向变形，对改善正交异性钢面板性能具有非常积极的意义，其改善效果超过传统的沥青铺装。此种钢-STC轻型组合结构大大降低了钢结构疲劳破坏的可能性，且30mm厚的磨耗层（SMA）提高了桥梁的耐磨性，基于STC的钢组合桥面板应用在钢混组合桥梁上的效果良好。

9 桥面系施工技术

9.1 工程简介

北江四桥桥面系施工主要包括防撞护栏、人行(非机动车)道、混凝土预制板、桥面排水、钢护栏、花槽和伸缩装置施工。防撞护栏单幅设置两道,分为桥梁内侧与外侧护栏,内侧护栏位于桥梁左右两幅之间,外侧护栏位于机动车道与非机动车道之间,由北引道延伸至南引道。全桥防撞护栏总长7449.05m,其中主桥钢防撞栏长1694m,引桥防撞墙长4354m,引道防撞墙长1401.05m,引桥(道)防撞墙底部宽度为48.3cm,顶部宽度为20cm,铺装面层至护栏顶部高度为90cm;桥梁的人行(非机动车)道设置于桥梁的外侧,人行道宽度为4.05m,非机动车道宽度为2.5m,全桥人行道共长2129.2m,非机动车道共长3749.726m,其中主桥0号块人行(非机动车)道长88.4m,钢箱梁段人行(非机动车)道长752.8m,引桥人行道长1288m,引桥非机动车道长2188m,引道非机动车道长720.526m。钢水箱排水管以及外侧外挂花槽桥梁段长1064.6m,内侧外挂花槽桥梁段长646.6m,竖向排水桥墩数量为16个。

本章主要介绍桥面系施工中的引桥(引道)混凝土防撞护栏、人行(非机动车)道底座与侧石、桥面混凝土预制板(人行道砖)、桥面排水、钢护栏、花槽以及伸缩缝的施工。防撞护栏施工主要采用钢模板作为模板,在模板顶部和底部各设一道对拉螺杆固定,浇筑混凝土采用起重设备起吊料斗浇筑。人行道(非机动车道)采用木模作为模板,方木作为模板背肋,并设置两排小型对拉螺杆固定。混凝土预制板是提前在预制场地制作,再通过运输车辆转到前场安装。桥面排水主要采取纵向集水管和竖向排水管相结合的设计形式,纵向集水管分为不锈钢集水槽和PVC集水管两种形式,通过沿桥梁方向的水流集中汇进集水槽,排向桥梁固定的桥墩泄水孔,竖向排水管主要采用PVC管固定在墩壁上沿桥墩再接入路面附近的市政排水井。钢护栏主要应用于主桥0号块、钢箱梁的内外侧,防撞等级为SB级,采用Q345C钢,通过法兰连接或者焊接进行连接。桥面外挂花槽施工主要采用现场焊接的形式,在桥梁外侧焊接钢骨架,形成一个个放置盆景的钢结构物。伸缩装置施工主要采用了RBKF型单元式多向变位梳形板伸缩装置进行施工。

9.2 防撞护栏

9.2.1 施工流程

北江四桥的混凝土防撞护栏主要设置于桥梁的引桥与引道两侧,单幅内外侧各设置一道,施工时采用纵向分段施工,每段长30m,按50m(30m)现浇箱梁的施工顺序施工,如图9.2-1所示。

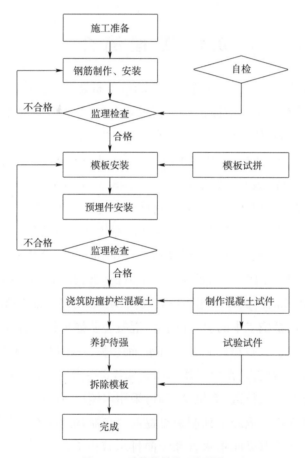

图 9.2-1 防撞护栏施工流程图

9.2.2 施工工艺

1)施工准备

测量放样采用全站仪进行平面位置放样,测量放样出两侧防撞护栏的内、外边缘,每隔10m放一点,曲线段须加密(每5m放一点),放线后复核桥面宽度,允许误差为±10mm。为了更准确地控制高程,需要按照四等水准测量要求将水准点引上桥面,并用精平水准仪对放出的各桩位进行高程测量。

引道防撞护栏通过现浇混凝土基座固定位置,护栏的钢筋无须预埋锚固。防撞护栏的钢筋植筋主要适用于引桥桥面,所以在进行引桥桥面防撞护栏钢筋安装之前,需要检查桥面预埋钢筋的情况,如果遇有损坏的、有松动的钢筋须重新钻孔植筋。植筋工艺如图9.2-2所示。

按照设计图纸的要求将需要锚固的钢筋下料,锚固钢筋 N1、N2 筋为 $\phi 12mm$ 螺纹钢,在需要植筋的混凝土表面放样,植筋采用冲击电钻钻孔,钻孔深度不得小于 $15d$(d 指钢筋直径),以确保孔的表面有足够的粗糙度,当锚固筋与箱梁中的钢筋发生冲突时,可以根据实际情况适当调整锚固筋的位置;钻孔直径采用 $\phi 14mm$ 成孔后用毛刷清理孔壁上的浮皮,然后用空气压缩机吹净孔内的灰尘及混凝土碎屑,同时保持孔内干燥;采用配制好的植筋胶从孔的底部开始注射直至填满孔的 2/3;将钢筋缓缓旋入孔中,当有部分胶液溢出时,即可保证植筋部分完全沾上胶液;在固化前不可对钢筋施加任何荷载;检查植筋质量,用钳子夹住钢筋向外拔,钢筋不活动、拔不出来即为合格,并用尺子量测其高度是否满足焊接要求,不满足则返工重做。

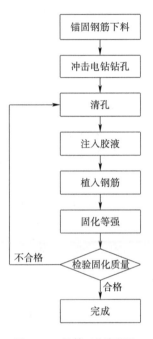

图9.2-2 植筋工艺流程图

在防撞护栏施工前必须对桥面进行清理,首先应清理桥面的杂物,特别是对防撞护栏施工区域的材料及杂物进行清理,然后使用手持电钻机对防撞护栏位置的浮浆、浮渣进行凿除,最后利用空气压缩机将桥面吹干净。

2)钢筋施工

钢筋的加工在钢筋加工棚内进行,钢筋种类有 $\phi 14$ 螺纹钢、$\phi 12$ 螺纹钢、$\phi 10$ 圆钢、$\phi 8$ 圆钢四种,分别按照设计图纸下料和弯曲形成钢筋半成品,再利用平板车运输至施工前场。

安装引桥的防撞护栏钢筋时,首先要检查预埋锚固钢筋 N1、N2 的间距、位置及高程,如有偏差,则需要先调整,引道的防撞护栏钢筋无需预埋,直接按图纸要求安装即可,接着依次安装基座箍筋 N6(引道)、纵向分布筋 N3、牛腿钢筋 N4、水平勾筋 N5,分布筋与锚固钢筋采用扎丝绑扎固定,最后安装保护层垫块。防撞护栏的钢筋主要通过绑扎连接,绑扎接头长度须大于 $45d$(d 指钢筋直径)。钢筋之间的间距必须符合图纸要求,施工中须严格控制钢筋保护层垫块的制作质量及布设质量,以保证保护层厚度。另外,在钢筋安装过程中,需要注意以下几点:

(1)对于已产生锈蚀的钢筋(包括预埋钢筋或者钢筋半成品)须首先进行除锈,锈蚀严重的钢筋须切割掉,重新植筋、焊接。

(2)对于已经安装好的钢筋,首先按照测量放线点位弹线,检查钢筋的保护层,如果经过钢筋弯曲能调整的,尽量通过钢筋弯曲调整好钢筋的保护层,对于相差太多无法进行调整的个别钢筋,将箱梁的预埋钢筋切割掉,重新植筋、焊接。

(3)绑扎钢筋过程中,绑丝头朝里,不得伸入混凝土保护层内。

(4)钢筋保护层垫块宜采用梅花形布置,且每平方米不得少于5个。

(5)混凝土防撞护栏外侧(底侧)每隔5m在防撞护栏底部设置一个排水方孔,方孔位置须布置N7、N10加强钢筋。

(6)每道混凝土防撞护栏沿顺桥向每间隔10m且距离桥面20cm以上范围设置2cm宽断缝,断缝底部须布置N9、N10加强钢筋。

(7)混凝土防撞护栏每隔40m在防撞护栏侧面预埋设置一个灯带集线盒,沿线盒位置全桥纵向设置两条PVC管作为线管。

3)模板施工

混凝土防撞护栏模板采用厂制订型钢模,节与节之间采用螺栓固定连接。模板运抵现场后进行试拼,主要是检查模板安装后的整体效果,模板接缝处是否平顺,有无缝隙和明显错台,检查无误后,才能安装使用。宜对拼装好的模板进行编号,以方便使用。护栏每隔10m设置一条断缝(贯穿缝),每隔5m设置一道假缝,模板在拼装时可以进行改造切缝,或者直接在模板厂改造完成。

模板试拼后,可进行混凝土防撞护栏试验段浇筑,以检验防撞护栏混凝土的性能及模板质量。

模板安装工艺如下:

(1)模板磨光、除锈:钢模板在正式安装使用前必须进行打磨,利用磨光机将表面浮锈清除干净,保证钢板表面有良好的光洁度,检查合格后,再用模板漆将模板表面涂抹均匀,以保证混凝土表面光洁和混凝土不粘模板。

(2)抹砂浆调平层:按照防撞护栏内外边缘放样点测量高程,根据高差在模板安装底部抹砂浆调平层,浇筑调平层砂浆带前先用清水润湿表面,保证与箱梁(引道垫层)结合牢固。砂浆带调平层与模板安装线平齐,不得侵入护栏混凝土内。

(3)模板安装:安装模板的全程需要利用起重机(或者符合安全规范的移动吊架)起吊安装,内外模板安装时紧贴模板定位钢筋,并用螺栓拉杆拉紧连接,下部及顶部各设置一道拉杆,拉杆间距70cm。模板底部与砂浆带交接处贴好海绵条以防止漏浆。模板安装完成后应进行检查,主要是检查安装尺寸、顺直度是否符合规范要求,各个固定点(拉杆、支杆等)是否牢固、可靠,模板顶面高程控制是否在规范允许的范围内,对超出标准的地方进行相应调整。另外,模板安装过程中,需要注意以下几点:

①防撞护栏模板安装时注意预留路灯线盒、线槽及排水方孔。

②护栏模板安装时注意预留伸缩缝及断缝,在每一联伸缩缝处预留缝宽与桥梁伸缩缝

相同,断缝预留缝宽度为2cm,使用端模预留。

③在安装桥梁内侧混凝土防撞护栏模板时,由于空间不足,没有作业平台,需加工移动平台架进行模板的安装。

④防撞护栏平面放样后,用小钢尺将所放护栏边线向桥面内侧引20~30cm的墨线,以便于校核模板平面位置及尺寸。

⑤在安装曲线段防撞护栏模板时,必须注意保持线形顺畅,可加密测量放样点,以保证防撞护栏线形。

4)混凝土施工

混凝土防撞护栏采用C30强度等级混凝土进行浇筑,混凝土由拌和站供应,混凝土由运输车运输至浇筑位置。防撞护栏混凝土配合比由中心试验室配制并报监理工程师批准后方可使用。拌和站依据试验员提供的经审批的配合比进行配料。混凝土的拌合物搅拌应当均匀,颜色一致,不得有离析和泌水现象。混凝土坍落度控制在160~200mm,混凝土出站前必须进行检验,检验合格后方可出厂。

混凝土由混凝土运输车运至现场后,再由起重机(塔式起重机)提升料斗至桥面,人工铲至模内,采用插入式振捣器进行振捣。混凝土浇筑时应分层进行,各层厚度不宜超过200mm,由振捣人员控制每层混凝土的入模时间及方量。混凝土布料要均匀,严格控制振捣时间,每层混凝土振捣时间不小于1min且不大于1.5min。防撞护栏混凝土浇筑完成后,顶面采用三次收浆。第一次用木抹子抹平,第二次用铁抹子抹平初压光,第三次待混凝土初凝时用铁抹子用力轧光。在混凝土浇筑过程中,应随时跟踪检查,发现模板变形,要随时加固调整,并将混凝土重新振捣。

当混凝土抗压强度达到2.5MPa,且能保证其表面及棱角不致因拆模而受损坏时,方可拆除模板。

拆模后,采取上覆土工布并洒水的方法进行养护,养护时间不少于7d。为了保证土工布不被风吹起,用加工钢筋卡子将土工布卡住。在养护期间保证混凝土表面经常处于湿润状态。

9.2.3 技术难点

由于混凝土防撞护栏的施工是根据箱梁的施工先后分段进行的,所以防撞护栏的线形顺直度控制是工程的控制难点之一;因浇筑时间不长,混凝土表面的外观质量也是该工程的重点控制项目;防撞护栏施工属于高空作业施工,高空防坠落伤害是本工程的安全控制重点之一。针对防撞护栏的施工,应注意以下事项:

(1)严格控制钢筋加工尺寸,对于尺寸不符的半成品坚决作废。

(2)浇筑混凝土前,严格检查防撞墙的保护层及模板的顺直度。

(3)严格控制防撞护栏顶面高程及模板内部尺寸。

(4)浇筑混凝土前必须认真检查模板内部、底部及接缝处,不允许调平砂浆侵入防撞护栏模板内,并检查模板表面清洁度、有无杂物,刷油是否均匀,接缝是否严密。

(5)浇筑混凝土时,注意避开高温天气,护栏顶面收浆必须进行二次收浆,避免水分散失过快造成表面开裂。

(6)严禁防撞护栏在施工过程中污染桥面(包括水泥浆和油污等)。

(7)加强成品混凝土的保护,防止在拆模或者吊装作业中损伤混凝土的棱角。禁止使用撬棍在混凝土表面施加荷载进行模板拆除。

(8)用于安装模板的移动平台架在投入使用前必须由三方进行检查验收,保证其安全性后才能使用,并且要按要求规范使用,禁止超载。

(9)用于拆除模板的起重机必须由专人指挥,起重简易机械必须由专人操作,不得擅自更换人员。

9.2.4 质量标准

根据《公路桥涵施工技术规范》(JTG/T 3650—2020)及《公路工程质量检验评定标准 第一册 土建工程》(JTG F80/1—2017)的要求,混凝土防撞护栏施工质量应符合表9.2-1的标准,在施工过程中应严格按照表中的质量标准要求进行质量控制。

防撞护栏质量标准表　　　　表9.2-1

项目	规定值或允许偏差	检查方法及频率
混凝土强度(MPa)	在合格标准内	按试件强度试验检查
平面偏位(mm)	≤4	全站仪、钢尺拉线检查:每100m检查3处
断面尺寸(mm)	±5	尺量:每100m每侧检查3处
竖直度(mm)	≤4	铅锤法:每100m每侧检查3处
预埋件位置(mm)	≤5	尺量:测每件

注:参考JTG F80/1 第103页的检测标准,本项目的指标是更加严格的。

9.3 人行(非机动车)道

9.3.1 施工工艺

本项目中的人行(非机动车)道的施工方案主要是针对人行道底座与非机动车道侧石的施工,人行道板属于预制混凝土施工,与非机动车道盖板、中央分隔带盖板等集中归类论述。人行道底座的施工流程与防撞护栏大致相同,每处人行道均由4道底座组成,左右幅共8道底座,非机动车道侧石共2道。底座(侧石)钢筋同样分为锚固预埋钢筋与分布钢筋,安装形式与防撞护栏相同,与防撞护栏不同的是底座(侧石)的模板均采用木模,方木作为背肋。

1)钢筋施工

钢筋的加工在钢筋场内进行,加工时,必须严格按照图纸尺寸加工,加工成半成品后通过运输车转运至施工现场。在进行钢筋安装之前,同样需要进行测量放样、凿毛,并且对该段钢筋进行检查,对于有损伤的、位置有偏差的钢筋需要进行植筋,安装完锚固钢筋后,进行纵向分布钢筋的安装,安装形式同样以绑扎为主。在钢筋与对拉杆有冲突的位置,可适当调整钢筋位置。钢筋在安装过程中要保持线形顺直、间距平均、安装牢固。

2)模板安装

底座(侧石)采用木夹板与方木作为模板。模板安装前,根据图纸尺寸,用木夹板与方木分别加工成五种底座(侧石)的模板,在模板中间各设置两排对拉杆,拉杆水平间距为1m。模板安装前需清理干净模板表面杂物并刷油。模板安装时须注意以下几点:

(1)模板安装时,如遇钢筋与模板冲突时,可适当调整钢筋位置。

(2)模板底部缝隙须用砂浆填充,但砂浆不能侵入模板内边。

(3)根据模板安装前的测量点放线,严格按照测量点安装模板,如线形顺直度与测量点有矛盾时,先让测量组复测位置,可适当调整线形。

(4)两排对拉杆必须均匀受力,安装对拉杆时应先均匀预紧,再全部打紧。

(5)模板安装时,须预留排水方孔及人行栏杆钢板等预埋件。

(6)模板安装后,须每隔6m设置一道断缝,可使用薄木板作为材料。

(7)模板安装完成后,需要测量放出底座顶面高程,并画出顶面混凝土高程线。

3)混凝土施工

人行道底座(非机动车道侧石)均采用C30混凝土浇筑。浇筑方式同样是采用起重设备将混凝土吊至浇筑部位,进行人工浇筑,浇筑过程中采用小型插入式振捣器进行振捣,其间注意使用工具轻敲侧模,以确保混凝土密实。当出现钢筋密集、难以振捣的情况时,可适合调整钢筋以方便振捣器插入,或者利用其他工具辅助捣实。

在混凝土达到2.5MPa的抗压强度后,可进行拆模。拆模前需要将模板外侧的混凝土或砂浆凿除干净,以方便拆除。拧松对拉杆,利用工具轻敲模板外侧,以达到模板与混凝土脱空的效果,然后移除模板。

模板拆除后,在混凝土顶面上覆土工布并持续洒水进行养护。在养护期间保证混凝土表面经常处于湿润状态。

9.3.2 技术难点

由于人行道底座(非机动车道侧石)的施工体积较小,在施工中其线形顺直度难以控制,而且混凝土成品容易受到损伤,所以,本工程的重点在于控制底座(侧石)的线形与外观质量。

针对这种情况,施工过程中现场要安排技术人员全程跟踪,严格按照施工方案进行,避免任何质量问题的发生。

9.3.3 质量标准

根据《公路桥涵施工技术规范》(JTG/T 3650—2020)及《公路工程质量检验评定标准 第一册 土建工程》(JTG F80/1—2017)的要求,人行道施工质量应符合表9.3-1的标准,在施工过程中应严格按照表中的质量标准要求进行质量控制。

人行道施工质量标准表　　　表9.3-1

项目	规定值或允许偏差	检查方法及频率
人行道边缘平面偏位(mm)	≤5	全站仪、钢尺拉线检查:每30m检查1处
纵向高程(mm)	±10,0	水准仪:每100m检查3处
接缝两侧高差(mm)	≤2	尺量:抽查10%接缝,测接缝高差最大处
横坡(%)	±0.3	水准仪:每100m检查3处
平整度(mm)	≤5	3m直尺:每100m检查3处

注:参考JTG F80/1第102页的检测标准,本项目指标是比标准更加严格的。

9.4 混凝土预制板

9.4.1 施工工艺

1)工艺概述

北江四桥桥面系工程中的混凝土预制板包括有:人行道板、非机动车道预制板、中央分隔带搭板。人行道位于桥梁左右两侧,每道人行道由并排的三道人行道板组成结构面板,全桥的人行道板数量为12774块,每块人行道板的尺寸为117cm×50cm×8cm;非机动车道预制板位于桥面外侧防撞护栏与非机动车道侧石之间,全桥的总数量为6817块,每块预制板的尺寸为55cm×100cm×6cm;中央分隔带搭板位于南、北岸30m现浇箱梁桥梁中央分隔带处,同样是采用混凝土预制板铺设,全桥铺设长度为450m。

2)混凝土预制板制作

混凝土预制板的制作场地应地势平整、易于排水、车辆进出方便等。为了满足以上要求,特将混凝土板的预制场位置定于8~9号墩左幅箱梁底。场地的换填石渣厚度为1m,压实并经绝对调平后,再浇筑10cm厚混凝土垫层,场地四周均设置排水沟,以方便排水。地处桥底,利于钢筋半成品的防雨水锈蚀保护,多条便道贯通,利于混凝土预制板浇筑预制和出厂。具体区域划分情况如图9.4-1所示。

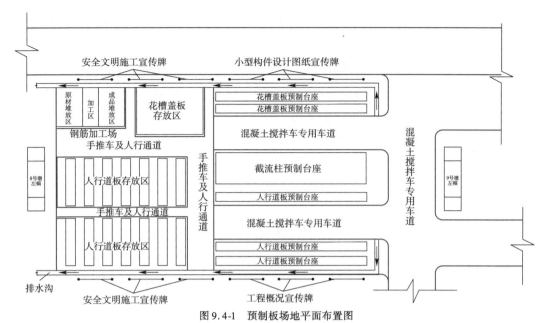

图 9.4-1 预制板场地平面布置图

3) 模板安装

采用 8 号、6 号槽钢以及木夹板作为混凝土板的模板。在浇筑区域铺设塑料薄膜，再根据预制板的尺寸分别安装槽钢、木夹板，然后使用对拉杆固定，均匀锁紧。如果槽钢与地面有缝隙，需用泡沫胶填充。严重变形的槽钢禁止使用。

4) 钢筋施工

混凝土预制板的钢筋需要预先在钢筋加工棚统一加工，再利于运输车辆转运至预制场的钢筋半成品堆放区存放备用，安装模板后，则按照图纸安装分布钢筋，每块预制板绑扎 4 块保护层垫块，垫块尺寸须符合图纸要求，必须绑扎牢固，避免在浇筑混凝土时出现露筋现象。分布钢筋安装完成后，要安装两个用 $\phi 8mm$ 圆钢加工而成的吊环，以方便预制板的起吊安装。

5) 混凝土浇筑

混凝土预制板采用 C30 混凝土浇筑。利用搅拌运输车从搅拌站转运混凝土至前场进行人工浇筑，浇筑过程中采用小型插入式振捣器进行振捣，预制板的棱角混凝土必须浇筑饱满、密实，注意浇筑过程中对钢筋的保护，避免漏筋情况发生，以槽钢面为浇筑混凝土高程，再利用抹子进行混凝土表面的收浆。浇筑完成后应仔细检查每块预制板的吊环钢筋是否发生位置偏移，并及时调整。

混凝土预制板采用土工布覆盖并洒水养护，养护龄期为 7d。

9.4.2 混凝土预制板安装

1) 存放与运输

混凝土预制板预制完成后，转至存放区集中存放，预制板应分类堆放，且堆放应整齐，堆放高度不宜过高,避免损坏。当需要安装时,再利用平板车与起重设备运输至安装现场。

2) 混凝土预制板吊装

混凝土预制板运至前场后,利用起重设备起吊安装,安装前先清理干净底座(侧石)上的混凝土块等杂物,保持表面平整,安装时每两块预制板之间必须紧密相接,如有偏差应适当调整,调整后再用水泥砂浆将两边缝隙填充,固定预制板位置。

9.4.3 人行道砖

人行道预制板安装完成后,将进行面层人行道砖的安装。人行道砖采用厂家生产的彩色人行道砖。施工方法如下:

施工前,先检查预制板面平整度以及是否存在杂物和漏洞,适当进行处理;然后进行水泥砂浆抹面,根据桥梁纵横坡度进行高程控制;接着进行放线铺砖,铺设过程中用橡胶锤锤实道砖,若砂浆密实度不够则应加铺砂浆,严禁出现空鼓现象。铺筑过程中,随时用3m直尺检查其表面平整度,对不顺直砖缝要校正,缝宽保持在2～3mm之间;砂浆凝固后用干砂浆扫缝,洒水封缝,浇水养护。

9.4.4 技术难点

混凝土预制板施工的重点在于保护预制板的完整性,所以在预制板存放、运输与安装的过程中必须注意妥善堆放、减少碰撞。施工技术人员在施工管理过程中要采取相应的防范措施,比如采用小型、方便的起重设备进行预制板安装。

人行道砖安装施工的主要控制点在于其铺设的平整度控制。具体措施有:预先放线、均匀抹浆以及铺设完成后禁止通行等措施。

9.4.5 质量标准

根据《公路桥涵施工技术规范》(JTG/T 3650—2020)及《公路工程质量检验评定标准 第一册 土建工程》(JTG F80/1—2017)的要求,混凝土预制板的施工质量应符合表9.4-1的小型构件施工质量标准,在施工过程中应严格按照表中的质量标准要求进行质量控制。

混凝土小型构件实测项目　　　　　　表9.4-1

项次	检查项目	规定值或允许偏差	检查方法和频率	
1	混凝土强度(MPa)	在合格标准内	按JTG F80/1附录D检查	
2	断面尺寸(mm)	±5	尺量:测2个断面	抽查构件总数的30%
3	长度(mm)	±5,−10	尺量:测中线处	

9.5 桥面排水

9.5.1 施工工艺

1)工艺概述

北江四桥桥面排水工程分为三部分,第一部分为桥面截流柱及排水预留孔(矩形管),用于汇集、分导桥面排水;第二部分为纵向排水管,主要有两种形式,一种是PVC管,另一种是钢水箱,沿桥梁方向固定于箱梁翼板两侧,主要用于汇集北江河堤以内的桥面排水,分别于6号墩、22号墩汇入一根PVC管,然后顺墩壁接入路面附近的市政排水井;第三部分为桥墩竖向排水管,沿桥墩竖向固定于箱梁外侧或墩身外侧,主要用于汇集桥面排水,顺桥墩竖向将水排到路面附近的市政排水井。

2)截流柱

截流柱采用预制的方式制作,预制场地位于小型构件预制场,预制方法与流程与9.4节中的混凝土预制板的预制方法相同。

截流柱安装于人行道板底矩形排水孔旁边,沿纵桥方向每间隔5m设置一道,用于拦截桥面排水并分流汇入桥梁纵向排水管。截流柱安装之前,需在人行道底部涂刷防水层,避免雨水长期冲刷对箱梁造成侵蚀。安装时候,首先使用砂浆均匀抹于安装部位,再将预制的截流柱安放于砂浆上面,然后在截流柱两边缝隙填补砂浆,填充密实,待强之后,完成安装。

3)排水预留孔

在进行人行道底座施工时,需要将排水系统中的预留孔提前预埋好,内侧3道人行道底座预留孔的预埋方法与防撞护栏预留排水孔的一致,均是在混凝土浇筑前预留200mm×75mm的矩形木盒,浇筑完成后直接拆除即可。最外侧人行道底座在浇筑混凝土之前,需要预埋规格为200mm×75mm×3mm的矩形管,矩形管采用304不锈钢预制,前端成90°弯角,安装于外侧人行道底座混凝土内,弯角伸出桥结构外侧25cm,将桥面排水汇集流到纵向雨水槽内。

9.5.2 纵向钢水箱

北江四桥主桥跨和50m跨径箱梁的桥面纵向雨水槽均采用钢水箱,钢水箱采用304不锈钢制作,钢水箱为U形开口水箱,沿桥梁方向通长设置,水箱槽口内侧使用矩形管固定内撑,间距1m。水箱由钢吊架固定在花槽底部,钢吊架采用5号角钢制作,在距离每道钢吊架约1mm处的水箱侧面焊接钢挡块,用于限制水箱纵向移动,水箱侧面各焊接2块,一个断面4块,纵向布设位置、间距与钢吊架相同。桥梁伸缩缝处的两段水箱之间放置一个小型矩形水箱,一端的内侧水箱与外侧水箱三边焊接牢固,达到防水效果,另一端的内侧水箱与外侧水箱之间放置一层50cm长的橡胶密封圈,做成折皱形,满足伸缩缝处的变形要求,整个结构做成抽屉构造,内侧水箱同样设置矩形管内撑,间距0.5m。桥梁纵向排水钢水箱的末端采用封边钢板封口,并在外侧焊接由3块角钢焊接而成的固定钢条,防止封口钢板被水流冲脱落,另外,在端头2m长度范围用钢板将钢水箱封顶。

纵向钢水箱安装的施工工艺流程如图9.5-1所示。

具体的安装步骤如下:

(1)施工准备。包括施工现场的清理,将杂物、混凝土渣清理干净,钢构件、PVC管、叉车等机械、材料进场及质量安全验收,移动平台架加工制作及验收等。

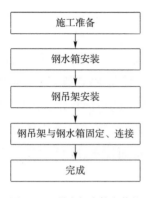

图9.5-1 纵向钢水箱安装的施工工艺流程图

(2)钢水箱安装。钢水箱为开口矩形状,尺寸为48cm×40cm×5mm,由304不锈钢加工而成,每节段4m。安装钢水箱时,使用施工叉车将钢水箱转运至安装部位,利用前叉升降将钢水箱节段下放到安装部位,与前一节段钢水箱组对合并,校准安装位置及线形,利用小钢板临时调整位置,点焊固定,最后进行满焊对接,不锈钢的焊接方法同样采用普通的手工电弧焊,使用不锈钢焊条进行焊接。

(3)钢吊架安装。在钢水箱节段安装完成后,需要安装钢吊架固定钢水箱。钢吊架安装在花槽底部的扁担梁上,钢吊架由50mm×50mm×5mm角钢加工成的一个50cm×70cm(外径)闭合钢架组成。钢吊架的顶部与扁担梁通过螺栓连接,螺栓孔在加工钢吊架时开孔,钢吊架侧边与预埋在箱梁内的钢板焊接,钢吊架沿桥梁方向间距1m。要求扁担梁与预埋钢板的预埋位置以及螺栓开孔位置准确无误。

(4)钢吊架与钢水箱固定、连接。钢吊架在框架内侧通过螺栓与钢水箱连接,分别在钢水箱上口边缘位置和钢吊架内侧角钢开螺栓孔,安装螺栓连接,螺栓规格为M12×50mm,位于钢水箱上口两边共设2个,纵向间距与钢吊架设置间距一致,同为1m,钢水箱两侧与钢吊架接触处,焊接矩形钢挡块限制钢水箱纵向移动,一个断面设置4个,纵向间距与钢吊架设置间距一致,同为1m。

50m跨小箱梁内侧花槽底部设置纵向PVC排水管,用于汇集内侧花槽的积水。PVC排水管规格为DN100mm,安装固定在花槽三角斜撑上,利用管箍固定,管箍与角钢通过螺栓连接,管卡设置间距为1m,安装方法与钢水箱安装方法类似,由于PVC管较钢水箱更轻,安装过程只需使用移动平台架,人工安装。具体安装方法可参照桥墩竖向排水管安装有关内容。

9.5.3 桥墩竖向排水管

1)操作平台

由于桥墩竖向排水管全部该于岸上桥墩,所以在操作平台的搭设中,可以通过两种形式完成:一种是采用门式移动脚手架,另一种是采用升降平台车。

(1)门式移动脚手架。在脚手架底部安装滑轮,以便在各施工点间移动,脚手架高度可根据使用要求进行局部拆装、调整,脚手架采取双排并装,搭设顺序为定位门架立杆准线,安装底座,自一端起立门架并随即装交叉支撑,安装水平架,安装水平加固杆,重复上述步骤逐层向上安装,按规定位置安装剪刀撑,装配顶部栏杆。

(2)升降平台车。平台站人位置必须设置护身栏杆,在使用之前要做好机械性能的检测以及安全验收。

2)PVC 排水管安装

本工程中的桥墩竖向排水管主要分为三种规格:DN300PVC 管、DN150PVC 管和DN100PVC 管。分别用于主桥和 50m 跨径箱梁的桥面排水、30m 跨径箱梁的桥面排水、50m 跨径箱梁内侧花槽排水三种桥梁部位。PVC 管安装时的注意事项如下:

(1)PVC 管进场前需要进行产品质量检查,严格把控材料质量关,需要做闭水试验。

(2)PVC 排水管应自下向上安装,先安装横管,再安装立管。

(3)按图纸量好尺寸,进行断管,断口要平齐。

(4)在 PVC 管黏结时要把承口和插口上面的尘土及油污擦干净,不能有水,胶水涂刷要均匀。

(5)在承口与插口都涂好胶水后,承口插入后要迅速调整好管件的角度,以免胶干了不能转动。

(6)应按顺序安装,避免出现跳装、分段装,导致管段之间连接困难。

(7)通过在箱梁、墩身钻孔,使用膨胀螺栓固定管箍,管箍设置间距不大于 1.5m,局部管道转弯位置按 1m 间距加密设置。

(8)PVC 管须紧贴墩壁或箱梁壁并且固定,对于管箍松动位置,需要增加管箍加固。

9.5.4 技术难点

桥面排水施工的难点在于钢水箱的安装,由于钢水箱单位质量约为 60kg/m,每节段 4m,约 240kg,而且体积较大,在搬运或安装过程中相对困难,所以需要借用叉车进行搬运及安装。另外,在钢水箱安装过程中,线形控制以及焊接等施工难度大,而且属高空作业。施工技术人员在施工管理过程中要采取相应的措施进行控制。

9.5.5 质量标准

在施工过程中,应严格按照以下几方面进行施工过程中的质量控制。

(1)钢水箱及 PVC 管应具出厂检验合格证,并且在进场前要做进场质量检验。

(2)桥面横向泄水孔应低于桥面铺装层 10~15mm,安装时注意预留泄水孔的高程。

(3)外侧泄水矩形管应安装牢固,不允许发生松动,且与防水层之间结合密实,无渗漏现象,不锈钢矩形管应满足质量要求。

(4)对照图纸,泄水孔安装高程应满足(0,−10mm),间距应满足±100mm的要求。
(5)钢水箱焊接应严格按照钢结构焊接规范进行工程质量控制。
(6)纵向排水管的线形应顺直,且应与桥梁边线相协调。
(7)PVC排水管管箍的化学螺栓应安装牢固,具体的安装参数如表9.5-1所示。

化学螺栓安装参数　　　　　　表9.5-1

螺栓	钻头直径(mm)	锚固深度(mm)	最大锚固厚度(mm)	安装件中钻孔直径(mm)
M8	10	80	根据产品而定	≤9
M10	12	90	根据产品而定	≤12
M12	14	110	根据产品而定	≤14
M16	18	125	根据产品而定	≤18
M20	25	170	根据产品而定	≤22
M24	28	210	根据产品而定	≤26
M30	35	280	根据产品而定	≤33

注:不同厂家的参数略有不同。

管箍的安装间距应严格按照图纸要求布设。

9.6　钢护栏及花槽

9.6.1　钢护栏

1)工艺概述

桥面钢护栏,即钢制柱式防撞栏杆。防撞等级为SB级,防撞栏杆钢管及立柱钢材均采用Q345C。钢护栏主要应用于主桥0号块、钢箱梁的内外侧防撞护栏。全桥钢护栏共计1694m,分为4道,每道423.5m。分为两种形式与箱梁连接,一种是在混凝土梁中预埋钢板,然后通过法兰与防撞柱连接,这种形式应用于主墩0号块桥面;另外一种是直接在桥面钢板上焊接连接,这种形式应用于钢箱梁桥面。钢护栏工艺流程如图9.6-1所示。

2)施工准备

原材料进场质量检验,包括钢材的结构尺寸、焊接质量、涂层质量、螺栓强度、防腐处理等,都应在进行安装施工前进行质量检验;场地清理,对施工区域的杂物进行清理,特别是对立柱预埋钢板处的混凝土渣、油污的清理。

根据图纸设计位置合理施放安装线,采用全站仪进行平面位置放样,测量放样出每个钢护栏立柱的平面位置。

3) 护栏立柱

首先检查放样点与桥面上的预埋底座钢板位置是否准确,此做法只针对0号块位置以及边墩接引桥防撞墙混凝土桥面部分。如果不准确,则适当调整,应以线形顺直并满足行车道宽度为原则进行调整;如准确无误或调整完毕,则进行立柱的安装,立柱通过法兰与预埋在混凝土中的钢板连接,钢箱梁桥面则是直接通过将底座钢板与钢桥面焊接牢固,安装时应注意水平方向和竖直方向的线形,连接螺栓不宜过早拧紧(钢桥面则不宜满焊,应先局部点焊),以便在安装过程中进行调整,使其线形顺直,避免出现高低不平、弯曲不直的现象。调整完毕后再拧紧螺栓或满焊底座。

4) 护栏横梁

横梁是通过连接螺栓固定在立柱上,每个横梁与立柱连接处都是通过一个连接螺栓连接牢固,横梁分为上、中、下三排,横梁拼接方向应与行车方向一致,立柱间距不规则时,可用调节板进行调节,连接螺栓不宜过早拧紧,以便在安装横梁过程中充分利用横梁上的椭圆孔进行调整,使其线形顺直,避免出现高低不平或线形不直的现象,调整完毕后再拧紧连接螺栓。

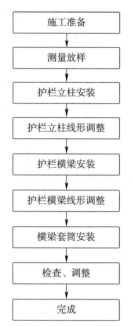

图9.6-1 钢护栏工艺流程图

5) 横梁套筒

标准装配段横梁通过连接套筒连接,并用螺栓连接牢固,每个横梁套筒均开有6个通孔,配套6个连接螺栓。伸缩缝处的横梁连接采用外套短钢管的办法来连接,形式与标配的横梁连接套筒类似,但螺栓只固定一端,另一端不固定,随桥梁纵向活动。

对照图纸进行最终检查,如发现不满足设计要求的,应及时调整或更换钢构件。

9.6.2 花槽

1) 工艺概述

本工程中花槽的形式有三种:一种是外侧外挂花槽,主要分布在主桥0号块、钢箱梁以及50m跨径箱梁的人行道外侧;一种是内侧外挂花槽,主要分布在50m跨径箱梁内侧防撞护栏侧面;还有一种是盖板花槽,主要分布在全桥非机动车道与机动车道之间、30m跨径箱梁中央分隔带。本小节主要论述前两种形式的花槽安装方案。

2) 施工准备

在花槽施工前,需要做的准备有:因为花槽材料大部分都是钢材,所以钢材原材的质量控制尤其重要,组织进行钢板、角钢、钢筋等钢材原材料的进场质量验收,杜绝使用不合格钢材;对钢材的镀锌质量进行检验,保证钢材使用寿命;场地清理,移动平台架加工及安全验收;对照图纸核对预埋在箱梁及底座内的预埋件位置是否准确。

3)花槽焊接

(1)外侧外挂花槽。首先在预埋于底座内的扁担角钢上焊接钢板和角钢立杆,然后在底面焊接钢筋网,最后在角钢立杆侧面焊接通长钢筋 $\phi 20$。花槽主要承受荷载部位在扁担角钢上,所以在安装花槽过程中不允许切割或损伤扁担角钢。所有钢板均需作防锈、防腐处理,对于在安装过程中有损伤防锈层的,应进行补漆处理。

(2)内侧外挂花槽。在已浇筑完成的内侧防撞墙上安装化学螺栓,每个断面共安装4个,沿桥梁纵向间距1m。然后在底下3个化学螺栓上固定一道50cm×50cm的由角钢构成的三脚架,再在三脚架上方焊接通长角钢和扁钢,在角钢与扁钢上焊接钢筋网,在三脚架外部焊接圆弧状通长钢板,将整个三角架包裹起来,两端满焊牢固,钢板外安装铝塑板保护,在顶上的1个化学螺栓上横向安装扁钢作为内撑。所有钢材均需作防锈处理和热浸锌处理,外喷灰色防锈漆二度。

9.6.3 技术难点

本工程施工的关键点在于控制钢护栏的线形顺直度、平整度,需要在施工过程中进行分段检验,检验通过后方可进行下一段施工;钢材的防锈处理也尤其重要,需要控制好材料工厂防锈处理的质量,制订在施工过程中产生的对防锈涂层的损伤的补救措施。

9.6.4 质量标准

根据《公路桥涵施工技术规范》(JTG/T 3650—2020)及《公路工程质量检验评定标准 第一册 土建工程》(JTG F80/1—2017)的要求,钢护栏的施工质量应符合表9.6-1的施工质量标准,花槽的施工以焊接为主,故其外观质量通过焊缝质量来控制,应符合表9.6-2的外观质量标准,在施工过程中应严格按照表中的质量标准要求进行质量控制。

钢护栏安装实测项目　　　　表9.6-1

项次	检查项目	规定值或允许偏差	检查方法和频率
1	平面偏位(mm)	≤4	全站仪、钢尺;每200m测5处
2	立柱中距(mm)	±10	尺量;抽检10%
3	立柱纵、横桥向竖直度(mm)	≤2	铅锤法;抽检10%
4	横梁高度(mm)	±5	尺量;抽检10%
5	与底座连接焊缝探伤	满足设计要求	按设计要求的方法检查,设计未要求时采用超声法探伤;抽检20%,且不少于3条

注:护栏长度不满200m者,按200m处理。

花槽焊缝外观质量要求　　　　　　　　　　　　表 9.6-2

检验项目	焊缝质量等级		
	一级	二级	三级
裂纹	不允许		
未焊满	不允许	≤0.2mm+0.02t(t为铜板厚度,下同)且≤1mm,每100mm长度焊缝内未焊满累积长度≤25mm	≤0.2mm+0.04t且≤1mm,每100mm长度焊缝内未焊满累积长度≤25mm
根部收缩	不允许	≤0.2mm+0.02t且≤1mm,长度不限	≤0.2mm+0.04t且≤1mm,长度不限
咬边	不允许	深度≤0.05t且≤0.5mm,连续长度≤100mm,且焊缝两侧咬边总长≤10%焊缝全长	深度≤0.1t且≤1mm,长度不限
电弧擦伤	不允许		允许存在个别电弧擦伤
接头不良	不允许	缺口深度≤0.05t且≤0.5mm,每1000mm长度焊缝内不得超过1处	缺口深度≤0.1t且≤1mm,每1000mm长度焊缝内不得超过1处
表面气孔	不允许		每50mm长度焊缝内允许存在直径<0.4t且≤3mm的气孔2个;孔距应≥6倍孔径
表面夹渣	不允许		深≤0.2t,长≤0.5t且≤20mm

9.7 伸缩装置

9.7.1 施工工艺

本工程中的伸缩装置均采用 RBKF 型单元式多向变位梳形板伸缩装置。具体为主桥边墩 RBKF320 型、50m 跨径箱梁 RBKF160 型和 30m 跨径箱梁 RBKF80 型三种,伸缩装置工艺流程如图 9.7-1 所示。

9.7.2 注意事项

(1)施工安装前,应按照设计图纸提供的尺寸,核对箱梁安装伸缩装置的预留槽尺寸,计算出调整后的伸缩缝所需宽度,在桥梁两端准确标出缝区边缘位置。

(2)切割开挖沥青路面时,不得破坏桥梁主体,不得破坏缝区以外的沥青路面。

(3)将组装好的 U 形螺栓组吊装到位,就位应考虑便于安装密封橡胶带,并应根据梁端缝隙调整 U 形螺栓组的线形后并定位。

(4)根据桥面高程,调整 U 形螺栓组的平整度和安装高程,如不符合设计要求,则应及时调整,并用固定钢筋将托架与预埋钢筋点焊定位。

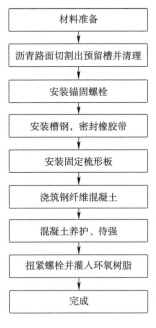

图 9.7-1 伸缩装置工艺流程图

(5)如果因为锚筋预埋位置有所偏差,导致"U"形螺栓组无法与锚筋连接,则应重新植筋并与其焊接,确保连接牢固。

(6)使用有关材料将箱梁缝间间隙填满,一般采用橡胶止水带,并应采取相应临时措施固定,例如焊接角钢临时固定。

(7)吊装固定梳形板时,通过螺栓将梳形板与锚固"U"形螺栓组连成一体,螺母应用加力杆一次性拧紧。

(8)对所有螺栓,应由专人复检螺栓是否全部扭紧,不能有漏拧或松动的现象。

(9)在浇筑混凝土前,应将缝区两侧1m范围内的路面清扫干净,并用塑料薄膜覆盖,防止浇筑混凝土时污染路面。

(10)在浇筑混凝土前,应在缝区位置喷洒适量水,以保证新、旧混凝土能很好地结合。

(11)浇筑混凝土时应充分振捣密实,特别是一些缝隙小位置应用工具填充密实,最后收浆、刮平,以达到混凝土面与两侧路面接平。

(12)用固定销钉紧固或焊牢上部螺母,并在螺栓缝隙中灌入环氧树脂,以确保螺母不会自动脱落。

(13)伸缩缝处的混凝土强度未达到设计要求前不得开放车辆通行。

9.7.3 质量标准

根据《公路桥涵施工技术规范》(JTG/T 3650—2020)及《公路工程质量检验评定标准 第一册 土建工程》(JTG F80/1—2017)的要求,伸缩装置安装质量应符合表9.7-1的施工质量标准,在施工过程中应严格按照表中的质量标准要求进行质量控制。

伸缩装置施工质量标准　　　　表9.7-1

项目		规定值或允许偏差	检查方法及频率
长度(mm)		满足设计要求	尺量:测每道
缝宽(mm)		满足设计要求	尺量:每道每2m测1处
与桥面高差(mm)		≤2	尺量:伸缩装置两侧各测5处
纵坡(%)	一般	±0.5	水准仪:每道测5处
	大型	±0.2	
横向平整度(mm)		≤3	3m直尺:每道顺长度方向检查伸缩装置及锚固混凝土各2尺
焊缝尺寸		满足设计要求;设计未要求时,按焊缝质量二级	量规:检查全部,每条焊缝检查2处
焊缝探伤			超声法:检查全部

9.8 保障措施

9.8.1 质量保障措施

施工中质量除了在组织机构、制度、材料设备、管理及工艺方面必须有保障外,在具体的施工中也必须有足够的保障措施,主要有以下几个方面:

(1)防撞护栏施工必须严格把控植筋质量关,防止植筋不牢或不植筋直接安装钢筋的现象出现。

(2)防撞护栏施工中必须严格控制防撞护栏的线形顺直度及平整度,主要从钢筋安装以及模板安装两方面进行控制,对于有严重偏差的现象必须停止处理后才能继续施工。

(3)防撞护栏施工中的混凝土外观质量管理尤其重要,必须从模板处理开始,直至浇筑混凝土,对每一步的施工工序都必须严格把关。

(4)防撞护栏混凝土施工中技术员必须全程旁站,保证防撞护栏混凝土质量。

(5)人行(非机动车)道侧石、底座施工前,必须认真检查模板加工质量,杜绝使用变形或有损坏的模板。

(6)由于方量过小,侧石与底座的混凝土振捣过程不同于通常的混凝土振捣,混凝土浇筑过程必须严格要求作业人员按方案要求进行振捣。

(7)防撞护栏与人行底座在施工中必须注意预埋件的安装,技术员在验收时必须对照图纸逐一检查。

(8)在混凝土预制板的施工中,必须注意控制好预制板的尺寸,预制尺寸依现实情况而定。

(9)在安装预制板模板时,必须认真检查预制板预制使用的槽钢和对拉杆,对于发生变形的槽钢或对拉杆,需要及时更换。

(10)预制板预制场地必须平整且系统规划分区,做到质量管理有序。

(11)钢水箱焊接时,每个焊口应依次焊完,如需暂停,则应采取措施使其缓慢冷却;再次施焊时,应清理接头处的氧化渣等杂物。

(12)钢水箱焊接完成后须对焊接接头进行外观检验,不能有裂纹、未熔合、焊瘤、夹渣等缺陷,发现有缺陷应及时修补。

(13)钢水箱采用砂轮切割机切断,断面应与管中心垂直,偏差不得大于2mm,断面应齐整、光滑、无毛刺和裂纹。

(14)钢护栏在进场时需作防锈质量检验,防锈涂层表面应平整、均匀,不允许有剥落、起泡、裂纹、气孔。

(15)钢护栏立柱与钢箱梁面焊接时,为了防止焊接变形,每个立柱焊接头采用人工对称施焊,焊接方向为由中间向两边施焊。

(16)所有钢构件焊接,焊接完成后都必须对焊缝进行机械打磨,清理焊接表面渗碳,露出金属光泽,防止表层碳化严重造成裂纹。

(17)本工程中的钢构件焊接需要进行焊接检验,焊接检验包括焊前检验(焊工合格证确认,焊接环境、焊接设备等条件确认,坡口形式、尺寸及表面质量检查等)、焊中检验(焊接电流、电压、速度等焊接工艺参数,多层多道焊中焊层、焊道的布置及焊接顺序检查等)、焊后检验(焊缝的外观质量与外形尺寸检查,无损检测,检验报告审查等)。

(18)本工程施工中要严格遵循"工序三检"制度,上道工序不合格,不准进入下道工序,确保每道工序的工程质量。

9.8.2 安全控制措施

1)安全保障措施

(1)必须逐级进行安全技术交底,技术交底应有书面资料或有作业指导书。技术交底的针对性要强,并履行签字手续,保存相关资料。项目部安全员负责检查落实,严格按照安全技术交底的规定要求进行作业。

(2)特种作业人员(包括机械工、电工、电焊工、试验员、起重工等)必须进行专业培训,按规定参加有关主管部门考试合格后,持证上岗。特种作业上岗证必须按期复审,方能继续从事特种作业。特种作业必须严格执行特种安全技术操作规程,确保安全施工。

(3)施工现场应实施机械安全管理及安装验收制度。施工机具、起重等设备,各工件须经检测合格后方可安装;投入使用前,应按规定要求进行验收,并办理好验收手续。经验收,确认机械状态良好,能安全运行的,才允许投入使用。所有机械操作人员都必须经过培训,培训合格后持证上岗。机械操作人员要进行登记存档,按期复审。机械使用期间,应当指派专人负责维护、保养,保证机械设备的完好率和使用率。

(4)临时用电应落实三项技术措施:第一,防止漏电措施;第二,防止误触带电体的措施;第三,实行安全电压措施。

(5)所有接地和重复接地电阻值,经检验应符合规范要求。每季复测一次,切实做好记录。

(6)对高空作业等技术复杂又涉及危险因素较多的工程,开工前必须编制专项安全技术措施,并经监理工程师审批同意后方可开工。

(7)施工现场安全管理必须抓好场地设施管理,做到与施工现场平面布置图相符,井然有序,状况良好;此外还应做好环保、消防、材料、卫生、设备等施工管理工作。

(8)施工现场的安全设施主要包括安全网、围护、护栏、防护罩等。各种安全防护装置都必须齐全、有效,不得擅自拆除或移动。如因施工实际需要移动时,必须经安全负责人同意,并采取相应措施才可施工。

(9)各种标准爬梯、移动平台架等的设置必须符合安全规范要求。

(10)防撞护栏施工中的机械设备的布局要合理,且要安装安全装置,操作之前要对设备进行安全检查,严禁带故障运行。

(11)防撞护栏施工中的临边作业人员必须采取安全防范措施,设置固定物以供作业人员挂设安全带,例如:沿桥梁纵向设置牢固的钢丝绳。

(12)针对防撞护栏及人行道底座施工的凿毛作业和各种桥面排水、花槽钢结构安装及焊接施工,需要在垂直作业范围内设置警示牌,提醒桥底过往人员或船只,必要时须设置定岗观察人员。

(13)防撞护栏、桥面排水以及花槽施工的移动平台架在作业过程中,需要限人限载,架上的作业人员必须系好安全带,在平台架上有人员作业的情况下,桥面必须有定岗人员负责平台架的行走与停止,以及观察机械异常情况。

(14)各种载人移动平台架在投入使用前必须组织人员进行专项安全验收,而且要定期组织安全检查,对于焊接脱焊、螺栓松动的部位要及时进行维修。

(15)混凝土施工应注意机械及车辆安全防范,大型车辆需要有专人现场指挥,小型机械需要有专人定期检查,保证其使用性能良好。

(16)在进行钢水槽、花槽等钢结构焊接作业时,电焊工都处于高处作业,不能长时间进行焊接作业,要定时休息,以免因过度疲劳而产生头晕眼花等症状。

(17)在转运混凝土预制板的过程中,不允许超载运送,以避免发生装载小车倾翻。在安装预制板的过程中,要按顺序依次安装,不能操之过急。

(18)伸缩装置施工或花槽、钢水箱钢结构施工中,对气焊(割)设备应严格按规程操作,并确保氧气、乙炔存放的安全间距,如气温过高,则应对氧气、乙炔瓶加以覆盖,防止爆炸事故发生。

(19)伸缩装置开槽施工时,随时防止风镐凿混凝土的过程中将混凝土渣打入人眼,所有开槽人员必须佩戴劳保眼镜。

2)重大危险源

本方案实施过程中,存在的重大危险源主要有电焊作业安全、起重作业、高处作业等,如表9.8-1所示。

桥面系工程危险源 表9.8-1

序号	作业活动/状态	施工状态	危险因素	危险类型
1	施工用电	钢筋及钢结构焊接、现场照明	电气设施未采取双屏护措施	触电、人员伤亡
2	高处作业	模板安装、浇筑混凝土、排水管安装	作业人员未正确使用劳动防护用品(安全带)	高处坠落、人员伤亡
3	起重作业	预制板运输与吊装、钢水箱吊装	吊具破损、操作人员操作不当	起重伤害、机械伤害

(1)电焊安全控制。

①电焊机应安设在干燥、通风良好的地点,周围严禁存放易燃、易爆物品。电焊机设置单独的开关箱,作业人员工作时穿戴防护用品,施焊完毕,拉闸上锁。遇风雨天气,应停止露天作业。在潮湿地点工作时,电焊机应放在木板上,操作人员应站在绝缘胶板上。

②焊接带电设备时,必须先切断电源。焊线、地线不得与钢丝绳、各种管道、金属构件等接触,不得用这些物件代替接地线。更换场地、移动电焊机时,必须切断电源,检查现场,清除焊渣。

③乙炔瓶采用定型产品,必须备有灵敏、可靠的防止回火的安全装置。乙炔瓶与氧气瓶不得同放一处,距易燃易爆品不得小于10m。严禁用明火检验是否漏气,防止火花和锋利物件碰撞胶管。气焊枪点火时应按"先开乙炔、先关乙炔"的顺序作业。氧气瓶设有防震胶圈,并旋紧安全帽,避免碰撞、剧烈震动和强烈阳光暴晒。点火时焊枪不得对人,正在燃烧的焊枪不得随意乱放。施焊时,场地应通风良好。施焊完毕,将氧气阀门关好,拧紧安全罩。

(2)起重作业安全控制。

①吊装作业应指派专人统一指挥,参加吊装的起重工要掌握作业的安全要求,其他人员要有明确分工;吊装作业前必须严格检查起重设备各部件及钢丝绳的可靠性和安全性,并进行试吊。

②各种起重机均不得超负荷使用;作业中遇有停电或其他特殊情况,应将重物落至地面,不得悬在空中。作业地面应坚实、平整,支脚必须支垫牢靠,回转半径内不得有障碍物,不得站人。两台或多台起重机吊运同一重物时钢丝绳应保持垂直,各起重机升降应同步,各起重机不得超过各自的额定起重能力。

③在吊模板、料斗等物品时,应防止物品受风影响,应系缆风绳,且必须支撑牢固,不得违章作业。

(3)高处作业安全控制。

①凡在坠落高度基准面2m以上(含2m)有可能坠落的场所处进行作业,均称为高处作业。内侧防撞栏施工、外侧人行道底座施工和预判板吊装等均属于高处作业。

②从事高处作业的人员应定期体检。凡患有高血压、低血压、癫痫病、贫血、弱视以及其他不适合高处作业的疾病者,不得从事高处作业;严禁酒后作业。高处作业时必须穿防滑鞋,系安全绳。

③施工作业人员在进行模板安装时应使用移动平台架,不得直接站在防撞栏钢筋上安装模板。

④作业人员上、下平台时必须使用稳固的爬梯,且不得手持器物。爬梯应设防护栏,使用前应检查,底部应坚实,梯子上端应有固定措施,爬梯不得有缺档。

⑤高处作业与地面的联络、指挥应有统一规定的信号、哨音,最好采用无线通信对讲机,不得以喊话取代指挥。

⑥高处作业所用的工具、材料应堆放在平稳、牢固的地方,并不得聚集堆放。小型工具应随时放入工具袋,上、下传递料具应有呼唤应答制度,严禁抛掷。

9.8.3 文明保障措施

(1)作业人员按照项目部及管理处要求必须佩戴相应的安全帽、工作牌,穿工作服、工作鞋进入施工作业区。

(2)在施工作业区及潜在危险区设置明显的警示标志,并做好相应的安全防护措施。

(3)作业人员、运输车辆等在经过交通要道、交叉路口时应主动减速慢行,避免发生交通意外。

(4)各种材料在运输过程中必须固定在平板车上或在平板车上安好侧门,防止运输构件的滑落。

(5)工作人员在施工过程中必须听从统一指挥,做到有条不紊,文明礼貌,相互尊重。

(6)应做到施工现场工完、料净、场清。共同监督、维护好现场安全,保证文明施工。

9.8.4 环境保护措施

(1)在进行钢构件防腐施工时必须封闭作业区,对施工便道必须及时进行洒水或硬化处理,避免行车期间粉尘污染,影响周边环境。

(2)对所有施工机械设备在作业前必须进行全面检查,避免发生漏油等故障,造成水源和土壤污染。

(3)各种施工运输设备的废气排放必须满足相关标准,不得因施工的废气排放对环境造成影响。

(4)严禁在施工现场焚烧任何废弃物和会产生有毒有害气体、烟尘、臭气的物质,对熔融沥青等有毒有害物质,要使用封闭和带有烟气处理装置的设备。

(5)广泛展开法治宣传和文明施工教育,提高广大职工群众保卫工程建设和遵纪守法的自觉性。

(6)定期举行文明施工管理活动,检查文明施工情况,发现问题及时整改,并做好检查记录。

参 考 文 献

[1] 中国建筑科学研究院.建筑桩基技术规范:JGJ 94—2008[S].北京:中国建筑工业出版社,2008.

[2] 中交公路规划设计院有限公司.公路桥涵地基与基础设计规范:JTG 3363—2019[S].北京:人民交通出版社股份有限公司,2019.

[3] 中国建筑科学研究院.建筑地基处理技术规范:JGJ 79—2012[S].北京:中国建筑工业出版社,2012.

[4] 中交一公局集团有限公司.公路桥涵施工技术规范:JTG/T 3650—2020[S].北京:人民交通出版社股份有限公司,2020.

[5] 招商局重庆交通科研设计院有限公司.公路斜拉桥设计规范:JTG/T 3365-01—2020[S].北京:人民交通出版社股份有限公司,2020.

[6] 全国交通工程设施(公路)标准化技术委员会(SAC/TC 223).公路桥梁钢结构防腐涂装技术条件:JT/T 722—2008[S].北京:中国标准出版社,2008.

[7] 中交公路规划设计院有限公司.公路钢筋混凝土及预应力混凝土桥涵设计规范:JTG 3362—2018[S].北京:人民交通出版社股份有限公司,2018.

[8] 中国建筑科学研究院.混凝土结构工程施工质量验收规范:GB 50204—2015[S].北京:中国建筑工业出版社,2015.

[9] 中冶京诚工程技术有限公司.钢结构设计标准:GB 50017—2017[S].北京:中国建筑工业出版社,2017.

[10] 交通运输部公路科学研究院.公路工程水泥及水泥混凝土试验规程:JTG 3420—2020[S].北京:人民交通出版社股份有限公司,2020.

[11] 交通运输部公路科学研究院.公路工程质量检验评定标准 第一册 土建工程:JTG F80/1—2017[S].北京:人民交通出版社股份有限公司,2017.

[12] 戴祖生,周游.异形索塔超宽幅预应力混凝土箱梁斜拉桥施工关键技术[M].北京:人民交通出版社股份有限公司,2018.

[13] 陈冠雄.英德北江四桥引桥102m跨UHPC简支梁桥型通过施工图评审[J].广东公路交通,2017,43(4):42.

[14] 唐明裴.北江四桥桥梁造型设计及关键技术研究[J].中国建设信息化,2016(15):72-73.

[15] 欧键灵,曹志光,宁平华.广东清远北江四桥工程主桥超高性能混凝土-钢组合桥面板结构设计[J].城市道桥与防洪,2016:11-12,102-104,129.

[16] 唐明裴,宁平华,郭钰瑜.广东清远北江四桥主桥桥梁景观设计[J].城市道桥与防洪,2016(8):11,87-90.

[17] 唐明裴,梁小聪,宁平华.广东清远北江四桥工程岩溶地区桩基设计及施工关键技术[J].城市道桥与防洪,2016(7):21,195-198.

[18] 欧键灵,唐明裴,宁平华.广东清远北江四桥总体方案技术研究[J].城市道桥与防洪,2016(6):10,69-72.

[19] 李嘉,冯啸天,邵旭东,等.STC钢桥面铺装新体系的力学计算与实桥试验对比分析[J].中国公路学报,2014,27(3):39-44,50.

[20] 张雷,李黎,牛远志.双幅联体塔斜拉桥景观设计研究[J].铁道工程学报,2007(12):61-63,68.

[21] 张建新.岩溶地区桥梁桩基础设计与施工[J].交通世界(建养.机械),2013(12):270-271.

[22] 朱光富,陈俊波.岩溶地区桥梁桩基的施工技术分析[J].交通标准化,2013(17):52-54.

[23] 潘彩花,吴怿哲,吕占.复杂岩溶地区的桩基设计及处理[J].工程建设与设计,2008(12):56-59.

[24] 黄卫.大跨径桥梁钢桥面铺装设计[J].土木工程学报,2007(9):65-77.